영감을 주는 친구
캐리 로이드에게 이 책을 드립니다.

THE
HOLY
SPIRIT

성령님

빌 존슨 지음 | 조슈아 김 옮김

목차

6 · 머리말_ 상상할 수 없는 소식

PART 1 **알 수 없는 분 알아 가기**

Chapter 1 신비하신 분 ··· 26

Chapter 2 거하시는 처소 되기 ·· 46

Chapter 3 예수님의 형상으로 변화되기 ··························· 59

Chapter 4 성령님을 모시기 위해 창조되다 ······················ 70

PART 2 **우리의 보혜사**

Chapter 5 왕관을 씌워주시는 손길 ································· 90

Chapter 6 아름다운 그 음성 ·· 112

Chapter 7 하나님으로부터 임한 꿈, 창의성 ··················· 141
          그리고 소원의 성취

Chapter 8 열매, 은사 그리고 "평범함" ·························· 168

PART 3 넘쳐흐르는 삶

Chapter 9 차고 넘치다 ··· 190

Chapter 10 화평케 하는 자, 자유를 가져오는 자 ···················· 214

Chapter 11 성령의 강 ·· 234

Chapter 12 성령님과의 관계 ·· 259

머리말

상상할 수 없는 소식

한 번쯤은 예수님의 제자 중 한 명이 되어보는 것을 상상해 본 적이 있을 것이다. 특히 제자들이 어떻게 예수님을 따르게 되었는지 생각하면서 말이다. 1세기에는 좋은 동역자를 찾아내는 현대적인 방법들이 없었다. 예수님은 많은 지원자들이 참석한 채용 면접을 여러 차례 여시고 그중 가장 뛰어난 사람을 골라 사역 팀에 합류시키신 것이 아니었다. 만 개의 입사 지원서를 모아 검토하고 우수한 후보자들을 불러 면접을 본 후 최종 12명을 뽑으신 것도 아니다. 예수님의 사도가 된 사람들은 어떤 의미에서든 최고의 인재들은 아니었다. 그들 대부분은 당시 문화에서는 평범한 사람들이었다. 어떤 면에서는 성경에 등장하는 인물들 중 가장 특징 없는 사람들이었다.

하지만 그들은 자기들이 따르던 분으로 인해 성경 속 인물들 중 최고가 되었다. 예수님은 그들 한 사람 한 사람을 개인적으로 부르셔서 자신을 따르게 하셨다. 그리고 그들을 지명하여 부르신 예수님이 그들의 정체성, 삶의 목적 그리고 그들의 능력에 관한 모든 것을 완전히 변화시키셨다.

예수님이 부르시다

제자들을 불러내신 주님의 목소리에는 삶을 변화시키는 무언가가 있었다. 마태복음은 예수님이 제자들을 부르신 이야기를 다음과 같이 기록한다.

> 갈릴리 해변에 다니시다가 두 형제 곧 베드로라 하는 시몬과 그의 형제 안드레가 바다에 그물 던지는 것을 보시니 그들은 어부라 말씀하시되 나를 따라오라 내가 너희를 사람을 낚는 어부가 되게 하리라 하시니 그들이 곧 그물을 버려두고 예수를 따르니라 거기서 더 가시다가 다른 두 형제 곧 세베대의 아들 야고보와 그의 형제 요한이 그의 아버지 세베대와 함께 배에서 그물 깁는 것을 보시고 부르시니 그들이 곧 배와 아버지를 버려두고 예수를 따르니라 (마 4:18-22)

네 남자는 도대체 무엇 때문에 가업으로 물려받은 직업까지 버리고 처음 본 사람과 함께 미지의 여정을 떠나게 된 것일까? 누군가를 따라간다는 것은 언제나 무언가를 뒤에 남겨두고 떠나야 한다는 것을 의미한다. 이 남자들은 모두 자기의 아버지, 그물, 배를 남겨두고 떠났다. 어부라는 직업은 같은 배를 탄 모든 사람들의 생활과도 직결되어 있기에 가족들은 그들의 결정을 잘 받아들이지 않았을 것이다. 어업은 분명 그들의 가업이며 물려줄 유산이었을 것이다. 그럼에도 그들은 자신들의 삶의 새로운 사명에 "예"라고 외치며, 그 모든 것을 버려두고 예수님을 따랐다.

또 중요한 것은 그들을 부르실 때, 예수님이 성공에 대해 약속하지도 않으셨다는 점이다. 개인적인 성취나 꿈이 실현되리라는 보장도 없었다. 심지어 예수님은 그들이 당면한 천국과 지옥에 관한 문제도 언급하지 않으셨다. 그럼에도 그분이 따르라고 초청하셨을 때, 다른 이들은 알아보지 못했지만 이미 제자들의 마음속에 있던 것, 곧 하나님을 향한 마음의 온전한 헌신이 바로 그 거룩한 때에 표면으로 나타났다.

제자들은 정말로 예수님을 따라갔다. 그렇지만 어디로? 그분이 가시는 곳이라면 어디든지 따라갔다. 지금까지의 모든 여정들 중에서 특별히 이번 여정은 다른 어떤 것보다도 목적지가 중요하지 않았다. 중요한 것은 바로 그 여정 자체였다. 그들은 예수님과 동행하고 있었다.

제자들은 예수님이 출현하시는 곳마다 그곳의 영적 분위기가 달라진다는 것을 알아차렸다. 예외는 없었다. 열두 제자와 계시든,

제자들과 일대일로 시간을 보내시든, 수천 명 앞에 서 계시든, 예수님은 만져질 정도로 실제적인 천국의 임재를 이 땅으로 가져오셨다. 그분은 제자들에게 가르치신 기도를 몸소 실천하셨다. "뜻이 하늘에서 이루어진 것 같이 땅에서도 이루어지이다"(마 6:10). 그리고 그분이 말씀하실 때마다 하나님의 임재, 즉 성령님이 풀어지셨다. 요한복음 6장 63절의 원리가 작동하고 있었다. "살리는 것은 영이니 육은 무익하니라 내가 너희에게 이른 말은 영이요 생명이라." 제자들은 예수님이 "나는 오직 아버지께서 하시는 말씀만 말하고 행하시는 일만 행한다"고 분명히 말씀하신 바를 몸소 본을 보이시는 것을 목도하였다(요 5:19). 제자들이 이것을 온전히 이해했든 그렇지 않든, 그들은 느낄 수 있었으며, 그러한 경험은 그들의 마음에 인친 바 되어 선명하게 새겨졌다. 예수님의 말씀이 "영"과 "생명"이 된 것이다. 그분의 말씀은 성령님의 임재를 풀어내었으며, 그 임재는 생명을 주는 힘이 되어 모든 것을 변화시켰다.

맨 앞자리

상상해 보자. 모두가 예수님께 가까이 가려고 서로 밀쳐대는 군중 속에 있지만, 그분이 당신을 선택하셨기 때문에 낮이든 밤이든 언제든지 원하는 때면 아주 가까운 거리에서 그분과 함께할 수 있는 특권을 누리고 있다 말이다. 제자들은 자신이 중요한 존재라고 여기며 다른 어느 때보다 고취되었을 것이다. 그렇다고 그들은 그러한 기회를 자신의 노력으로 얻어냈다거나 그럴 만한 자격이 있다고 생각하지는 않았을 것이다. 그와 같은 일은 그 어떤 사람도 경험해 보지 못한 일이었다. 그것은 그들의 영웅이었던 모세나 다윗, 이사야도 경험해보지 못한 일이었다. 그들은 자기에게 주어진 것이 그저 하나님의 은혜임을 의식하며 살았기에 자기 과시에 빠질 일이 거의 없었다.

그 누구도 이제까지 본 적 없는 기적들을 직접 목격했다고 상상해 보라! 제자들은 인간의 논리와 이성을 뛰어넘는 하늘이 땅을 침노하는 기적들을 맨 앞줄에서 지켜볼 수 있었던 것이다. 바로 앞줄에서 천국의 복음을 받아들인 사람들에게 어떤 결과가 나타나는지 그리고 예수님의 한 번의 만지심이나 한마디 말씀으로 가족 전체의 운명이 바뀌는 기적을 모두 지켜볼 수 있었다. 그것은 정말 놀랍고도 경이로운 모습이었을 것이며 무엇보다도 매력적이었을 것이다. 그리고 그것만으로는 충분하지 않다는 듯, 스승이신 예수님은 그들도 동일한 일을 행할 수 있도록 그들을 준비시켜 주셨다. 그렇다, 그분에게서 나타났던 그 놀라운 기적과 구원 사역들을 그들도 똑같이 행할 수 있게 해 주셨다. 그들은 자신들의 사역에서 기적적인 하나님의 손길이 나타나는 것을 목격한 것만으로도 이미 압도되었을 것이다. 하지만 자격이 없는 그들이 직접 기적을 행하는 일에 동참하는 경험은 그들의 상상력의 한계를 훨씬 뛰어넘는 일이었을 것이다.

그들은 자신들이 알지 못하는 것을 알고 있었다

사도들의 일상이었던, 고기잡이, 관료 대하기, 종교적 관례 따르기 등은 모두 빛을 잃었다. 예수님의 삶의 방식이 아닌 다른 어떤 것으로도 결코 만족될 수 없는 무엇인가 그들 안에서 깨어났다. 인자 위에 임하신 하나님의 영은 모든 것을 영원히 바꿔 놓았다. 다만 예수님과의 관계 안으로 자신의 문제(돈에 대한 사랑)를 가져오고도 그것을 처리하지 않은 가룟 유다만은 예수님을 따르는 것에 대한 당장의 이익 혹은 돈 이상을 볼 수 없었다.

예수님 자체가 하나의 변화의 움직임이었다. 그분은 어떤 왕이나 선지자나 제사장도 하지 못했던 방식으로 하나님의 영이신 성령님을 모셔 들였다. 사람들은 예수님의 기적적인 사역들에 압도되었으며, 그 사역들은 곧 피조물들에 대한 하나님 아버지의 마음이 어떠한지 보여주는 최고의 계시였다. 그들은 예수님의 말씀에 놀라며 그와 같은 말씀은 들어 본 적이 없다고 고백했다. "이는 그 가르치시는 것이 권위 있는 자와 같고"(마 7:29). 그 외의 다른 소리들에는 권위가 없음이 분명히 드러났다. 다른 소리들은 그저 소음, 사람의 생각, 무능한 명령에 불과했다. 그 안에는 삶을 변화시키는 힘이 없었다. 그들이 평생 동안 들어온 소리와 지금 듣고 있는 목소리의 차이는 극명했다.

예수님은 자신의 삶의 초점, 곧 아버지를 기쁘시게 하는 것에 대해 제자들에게 가르치셨고 그들은 그것을 몸소 체험함으로 배웠다.

예수님의 모든 행동과 말씀은 아버지로부터 온 것이었고 성령님의 능력을 입었다. 그들은 예수님과 그분의 가르침에는 뭔가 특별한 것이 있다는 것을 분명히 알 수 있었다. 하지만 그 특별함이 성령님이라는 것도 깨달았을까? 확실히 알 수는 없지만, 그런 것 같지는 않다.

❖

예수님 자체가 하나의 변화의 움직임이었다. 그분은 그 어떤 왕이나 선지자나 제사장도 하지 못했던 방식으로 하나님의 영이신 성령님을 모셔 들였다.

일생일대의 충격

예수님이 자신들을 떠나실 거라는 믿기 어려운 소식을 전했을 때 제자들이 받았을 충격은 아마도 그분과의 여정 가운데 그들이 받은 영향의 천 배는 되었을 것이다.

열두 제자와 함께한 3년 반의 기간이 끝나갈 무렵, 예수님은 제자들에게 자신이 행하신 기적들만큼이나 불가사의한 계시를 주셨다. 예수님이 자신들을 떠나신다는 소식은 그들에게는 분명 충격이었을 것이다. 그러나 진짜 이해하기 어려웠던 부분은 그분이 떠나시는 것이 제자들에게 유익하다고 말씀하신 점이었다. 예수님은 그들이 거듭날 수 있도록, 그들의 죄를 대속하시기 위해 자신이 떠나는 것이 중요하다고 이해하기 쉽게 말씀하셨을 수도 있었을 것이다. 그분은 죽은 자 가운데서 부활하실 것이며, 아버지 앞에서 그들을 위해 중보하실 것이라고, 그것이 그들에게 더 유익하다고 말씀하셨을 수도 있다. 그렇게 말해도 둘 다 진리 자체였을 것이다. 하지만 주님의 초점은 다른 모든 것들을 훨씬 뛰어넘는 한 가지 선물에 맞춰져 있었다. 예수님은 제자들에게 자신이 떠난 후 "보혜사", 즉 성령님을 보내주실 것이라고 말씀하셨다.

> 그러나 내가 너희에게 실상을 말하노니 내가 떠나가는 것이 너희에게 유익이라 내가 떠나가지 아니하면 보혜사가 너희에게로 오시지 아니할 것이요 가면 내가 그를 너희에게로 보내리니 (요 16:7)

떠나는 것이 제자들에게 "유익"이라니? 만약 당신이 이 세상에서 가장 놀라운 사람, 육신을 입고 이 땅에서 거니시는 하나님을 가장 가까운 곳에서 따르는 제자였다면, 이 말을 믿기 어려웠을 것이다. 다른 곳도 아닌 당신이 살고 있는 바로 그 지역에서 그분이 거니셨다. 아담과 하와가 저녁 선선한 때에 에덴 동산에서 하나님과 함께 거닐던 이후로 이렇게 실제적이면서도 깊은 영향을 주는 하나님과의 관계를 직접 경험할 수 있는 기회는 그 누구에게도 주어진 적이 없었다(창 3:8). 예수님이 성령님, 즉 보혜사를 보내주신 것이 아담과 하와가 에덴에서 경험한 것보다 어떻게 더 유익할 수 있단 말인가?

하지만 그랬다. 만일 여전히 예수님이 육신을 입고 이 땅에 계시는 것이 더 낫다고 생각한다면, 우리는 그분이 우리에게 허락하신 것에 대한 요점을 놓치는 것이다. 예수님이 우리를 부르신 삶을 살기 위해서는 "그분" 없이는 불가능하다. 성령님이 우리와 함께 거하시고 내주하는 임재가 있는 것은 예수님이 육신을 입고 우리 가까이 계시는 것보다 더 위대한 의미가 있다.

예수님의 죽음과 부활 이후, 남은 열한 제자들도 결국 성령을 받았다. 그들은 자신들의 삶에 함께하시는 성령님의 임재와 능력의 실재를 이해하게 되었다. 그 결과 그들 모두가 그 가치를 위해 큰 시련과 고난, 심지어 죽음까지도 기꺼이 감수하게 되었다. 그들은 자기들의 유익을 위해 영원히 인친바 되었다.

우리의 유익

요한복음 16장 7절에서 "유익"으로 번역된 헬라어 원어의 의미 중 하나는 "이익이 되다"이다.[1] 이익이란 기본적으로 투자를 통해 수익을 얻는 것을 의미한다. 예수님은 사도들에게 자신과 함께 하는 시간을 투자한 만큼, 그들이 더 많은 것을 얻게 될 것이라고 약속하셨다. 그것은 지난 3년여 동안 그들이 보고, 듣고, 경험한 모든 것에 대한 이익이 증가될 것을 말씀하신 것이다. 이보다 더 큰 이익이나 증가는 있을 수 없는 것이다.

---

1) *Strong's Exhaustive Concordance of the Bible*, G4851, Blue Letter Bible Lexicon, https:// www.blueletterbible.org/lexicon/g4851/kjv/tr/0-1/.

조금 민망한 이야기지만, 최근 몇 달은 내 인생 중 가장 힘든 시간이었다. 그 기간 중 나는 "하나님, 제가 지금 뭘 하고 있는지 모르겠어요. 주님이 지금 여기 제 식탁 맞은편 의자에 앉아 계셔서 저에게 어떻게 생각하고 뭘 해야 할지 알려주셨으면 좋겠어요."라고 여러 번 말씀드리고 생각했다. 주님을 향한 이 부르짖음은 진지했고 간절했다. 나는 정말 지극히 진심이었다. 나의 개인적 필요를 느끼고 인식하는 것이었기에 정당한 것이었다. 하지만 이상하게도 내 마음의 부르짖음은 마치 광야에서 애굽으로 돌아가기를 갈망하는 이스라엘 백성의 부르짖음과 매우 흡사했다. 잘못된 방향으로 나아가는 발걸음이었다. 예수님이 내 식탁 맞은편에 앉아 계신다는 것은 참으로 영광스러운 일이다. 하지만 그분은 이미 나와 함께 앉아 계신다. 내가 앉아 있는 모든 곳에 내주하시는 하나님의 임재가 함께 하신다. 그분을 인식하는 것, 그분이 말씀하셨고 지금도 말씀하시는 모든 것에 내가 의식적으로 주의를 기울이면 나는 영원한 하나님의 뜻을 위해 내 호흡, 내 생명을 바칠 수 있게 된다. 그러한 상황에서 나 자신을 주님께 바칠 때에만 진정으로 예수님께 영광을 돌리는 역사의 흐름에 동참할 수 있게 되는 것이다.

또 다른, 그러나 똑같은

이 땅에서의 생애 마지막 한 주 동안 예수님은 제자들에게 많은 말씀을 하셨다. 그분은 제자들에게 보혜사이자 변호자, 위로자이시며, 그들을 돕기 위해 보내심을 받아 이제 곧 그들과 함께 하시기 위해 오실 성령님에 대해 설명해 주셨다.

> 내가 아버지께 구하겠으니 그가 또 다른 보혜사를 너희에게 주사 영원토록 너희와 함께 있게 하리니 그는 진리의 영이라 세상은 능히 그를 받지 못하나니 이는 그를 보지도 못하고 알지도 못함이라 그러나 너희는 그를 아나니 그는 너희와 함께 거하심이요 또 너희 속에 계시겠음이라 (요 14:16-17)

여기에서 "또 다른"으로 번역된 헬라어 단어는 "또 다른, 하지만 완전히 같은"이라는 의미를 지닌다. 딕 밀스(Dick Mills)는 탁월한 성경 강해 중 ≪성령 충만한 삶 성경≫(Spirit-Filled Life Bible)에서 이 단어의 의미를 다음과 같이 설명한다, "나 외에 또 다른, 하지만 나와 똑같은 존재. 내가 너희와 물리적으로 함께 있다면 했을 일을, 나 없는 동안 그가 할 것이다."[2]

성령님은 동일하게 조금도 모자람 없이 우리에게 행해 주실 것을 보장해 주신다.

예수님은 3년 반의 사역 기간 내내 그분 위에 임하여 계셨던 보

---

2) Dick Mills, "Word Wealth for John 14:16," in *NKJV Spirit-Filled Life Bible*, 3rd ed., exec. ed. Jack W. Hayford (Nashville, TN: Thomas Nelson, 1991), 1603.

혜사, 즉 성령님이 예수님과 같은 분임을 제자들에게 알려주시고 계셨다. 제자들은 예수님과 함께한 모든 것들을 성령님과도 함께하게 될 것이고, 예수님을 사랑했던 것과 마찬가지로 성령님도 사랑하게 될 것이었다. 예수님은 그들이 이미 성령님을 알고 있다고도 말씀하셨다. 그들이 예수님을 알고 있었고, 하나님의 영이신 성령님은 예수님과 동일하시기 때문에 성령님 또한 알고 있었던 것이다.

예수님은 제자들에게 "그가 너희와 함께 거하시며 너희 속에 있을 것이다"라고 말씀하셨다. 성령님의 궁극적인 처소이신 예수님 덕분에 제자들도 천국의 기류이신 성령님 안에서 살 수 있었다. 그런데 예수님이 하늘로 돌아가신 후, 예수님과 함께하는 삶의 "제 2단계"에서는 성령님이 그들 안에 직접 거주하시게 된 것이다. 성령님은 단순히 그들과 함께 하시는 것이 아니었다. 그분은 이제 그들 안에 내주하시는 하나님의 임재가 되신 것이다.

그렇다. 제자들은 에덴 동산의 아담과 하와 이후 다른 어떤 인간도 누리지 못한 것을 누렸다. 그들은 예수님으로 오신 하나님과 아주 가까이 지냈다. 이제는 하나님이 그들 "안에" 계시게 되었다.

❖

제자들은 예수님과 함께한 모든 것들을 성령님과도 함께하게 될 것이고, 그들이 예수님을 사랑했던 것과 마찬가지로 성령님도 사랑하게 될 것이었다.

우리 안에 거하시는 성령님

우리의 유업

우리 안에 하나님이 계신다는 것은 어떤 의미일까? 짐작컨대 당신은 나와 마찬가지로 그저 거듭난 것만으로도 감사할 것이다. 그래서 하나님의 보상을 바라지 않는다는 사람들의 말을 들을 때 이해가 된다. 특히 우리가 행하는 옳은 행위들과 하나님을 기쁘시게 하는 모든 것들이 애초에 하나님으로부터 왔다는 사실을 깨달을 때 더욱 그러하다. 믿음이 없이는 하나님을 기쁘시게 할 수 없는데(히 11:6), 그 믿음조차도 그분으로부터 온 것이다. 물론 우리가 하나님께 반응하고 그분을 위해 살기로 선택하는 것에는 우리의 역할도 중요하다. 하지만 그런 역할마저도 하나님이 가능하게 하시는 것이다. 뿐만 아니라 하나님은 모든 일에 우리에게 힘을 주신다. 거듭나서 하나님의 양자가 된 것만으로도 이미 우리의 이해를 훨씬 뛰어넘는 선물이다. 하지만 오직 예수님만이 하실 수 있기에, 그분은 우리를 그리스도와 함께 하는 하나님의 상속자라고 말씀하심으로써 우리의 생각의 한계를 조금 더 넓혀 주신다. 우리가 하나님을 상속받는다니 얼마나 놀라운 일인가! 한없이 관대하시고 사랑이 넘치시는 하나님이 우리에게 그분 자신을 주셨다. 이것이 바로 하나님이 우리 안에 계신다는 말의 의미이다.

"자녀이면 또한 상속자 곧 하나님의 상속자요 그리스도와 함께 한 상속자니 우리가 그와 함께 영광을 받기 위하여 고난도 함께 받아야 할 것이니라"(롬 8:17). 하나님은 형언할 수 없는 선물인 성령님을 주신 것을 그 유업의 "보증"(엡 1:14) 또는 "담보"로 묘사하시며, 앞으로 더 많은 것들을 주실 것을 말씀하신다! 그분은 용서, 자비, 은혜, 축복, 약속, 영적 은사 등을 풍성하게 주실 뿐만 아니라, 그분 자신을 우리에게 주시는 것이다.

그런데 여기에는 놀라운 진리가 하나 더 있다. 하나님도 우리를 상속하신다는 것이다! "너희 마음의 눈을 밝히사 그의 부르심의 소망이 무엇이며 성도 안에서 그(의) 기업의 영광의 풍성함이 무엇이며"(엡 1:18). 에베소서 1장은 아마도 성경 전체에서 가장 놀라운 장일 것이다. 하나님이 우리를 그분의 유업으로 삼아 상속하신다는 개념은 우리의 이해를 넘어서는 많은 계시들 중 최고이다.

우리는 하나님의 창조물 중 사소한 일부가 아니다. 그분의 취미나 관심사 중 하나에 불과한 것이 아니다. 인류는 하나님이 주말에 시간 나실 때 만지작거리는 대상이 아니다. 우리는 그분의 창조하심 그 자체이다. 우리는 그분의 창조의 역사 중 가장 빛나는 부분이다. 그것은 한때 훼손되었으나 그분의 모든 것을 쏟아 부어 구속하셨다. 하나님은 우리가 그분을 유업으로 상속받고, 우리를 그분의 유업으로 삼으실 정도로 우리에게 "올인"하셨다.

상상할 수 없는 소식

인장

성령님은 또한 우리를 하나님의 아들로 명시해 주는 인장이시다. 인장은 어떤 것에 대한 소유권의 표시이자 그 안의 내용물을 보호해주는 역할을 한다. 이전 시대에 곡식을 사는 한 상인의 방법에 멋진 이야기를 들은 적이 있다. 그는 끝에 인장을 붙인 지팡이를 들고 다니며 구매하려는 곡식 자루들에 도장을 찍었다. 그 다음 곡식의 모든 값을 다 지불하고 집으로 돌아가서 일꾼들에게 총 몇 개의 자루를 가져와야 하는지 일러주었다. 그 일꾼들은 어떤 자루들이 자기 주인의 것인지 알 수 있었다. 거기에는 주인의 인장이 찍혀 있었기 때문이다. 예수님이 재림하셔서 자기에게 속한 자들을 집으로 데려가실 때가 도래할 것이다. 믿는 자들의 삶에 찍힌 그분의 임재의 인을 통해 그들이 하나님의 소유라는 것이 확인될 것이다.

> 그 안에서 너희도 진리의 말씀 곧 너희의 구원의 복음을 듣고 그 안에서 또한 믿어 약속의 성령으로 인치심을 받았으니 이는 우리 기업의 보증이 되사 그 얻으신 것을 속량하시고 그의 영광을 찬송하게 하려 하심이라 (엡 1:13-14)

성령님의 인장은 하나님의 소유라는 표, 다시 말해 우리가 받은 유업에 대한 보증이자 담보이다.

우리를 너희와 함께 그리스도 안에서 굳건하게 하시고 우리에게 기름을 부으신 이는 하나님이시니 그가 또한 우리에게 인치시고 보증으로 우리 마음에 성령을 주셨느니라 (고후 1:21-22)

무릇 하나님의 영으로 인도함을 받는 사람은 곧 하나님의 아들이라 너희는 다시 무서워하는 종의 영을 받지 아니하고 양자의 영을 받았으므로 우리가 아빠 아버지라고 부르짖느니라 성령이 친히 우리의 영과 더불어 우리가 하나님의 자녀인 것을 증언하시나니 자녀이면 또한 상속자 곧 하나님의 상속자요 그리스도와 함께한 상속자니 우리가 그와 함께 영광을 받기 위하여 고난도 함께 받아야 할 것이니라 (롬 8:14-17)

성령님의 영향력 아래 산다는 것은 성령님의 인도를 받는다는 의미이며, 우리가 하나님의 자녀라는 것을 확증하는 표징이다. 여기에서 양자의 영에 관한 부분은 나에게 아주 놀랍게 다가온다. 매우 실제적인 의미에서 믿는 자 안에 내주하시는 성령님의 임재 자체가 우리의 입양이 최종적으로 승인되었다는 증거이다. 성령님은 우리가 하나님의 소유임을 선언해 주는 법적 문서인 것이다. 우리를 자녀 삼으셨다는 개념에서 중요한 점은 바로 하나님이 우리를 택하셨다는 것이다.

성령님의 모든 능력을 받고 이 땅에서 우리 가운데 사셨던 예수님은 지금 영광스러운 부활의 몸을 입고 천국에서 아버지 우편에 앉아 계신다(엡 1:20). 오순절 처음으로 믿는 자들에게 부어졌던 성령님은 여전히 이 땅 위에 머물고 계신다. 그분은 하나님의 자녀들 안에 거하시며 우리 가운데서 역사하고 계신다. 그분은 이 땅에 계시는 하나님, 믿는 모든 자들과 언제든 함께하시는 분이다. 예수님이 이 땅을 떠나시고 성령님이 "또 다른 보혜사"(요 14:16)로 우리에게 오신 이 실재는 그 당시 사도들에게 그랬던 것과 마찬가지로 우리에게도 크나큰 유익이 된다.

　당신은 이러한 유익을 온전히 누리며 살고 있는가? 어떻게 하면 매일 그 유익 안에서 살아갈 수 있는지 더 알기 원하는가? 사랑하는 성령님과 지속적이고 친밀한 관계를 맺음으로 하나님의 임재와 능력이 넘치도록 충만해지는 이 모험에 당신을 환영한다. 성령님이 누구시며 우리가 그분 없이 왜 살 수 없는지 찾아가는 여정에 당신을 초대한다.

그분은 이미 나와 함께 앉아 계신다. 내가 앉아 있는 모든 곳에 내주하시는 하나님의 임재가 함께 하신다. 그분을 인식하는 것, 그분이 말씀하셨고 지금도 말씀하시는 모든 것에 내가 의식적으로 주의를 기울이면 나는 영원한 하나님의 뜻을 위해 내 호흡, 내 생명을 바칠 수 있게 된다. 그러한 상황에서 나 자신을 주님께 바칠 때에만 진정으로 예수님께 영광을 돌리는 역사의 흐름에 동참할 수 있게 되는 것이다.

THE
HOLY
SPIRIT

PART
1

알 수 없는 분
알아 가기

Chapter 1

신비하신 분

THE HOLY SPIRIT

성령님은 여러 방면에서 신비로운 분이다. 우리는 거의 2천 년 동안이나 이 땅의 교회와 함께하신 성령님보다 이 땅에서 33년 반을 사신 예수님에 대해 더 많이 알고 있다. 삼위일체의 두 번째 위격이신 예수님에 대해 우리가 아는 것 대부분이 3년 반이라는 짧은 공생애 기간에 일어난 일이다. 반면 삼위일체의 세 번째 위격이신 성령님에 대해서는 우리와 함께하신 2천 년의 역사를 통해 안다는 사실을 깨닫게 되면 이것이 더더욱 역설적으로 보인다.

표면적으로는 우리와 같은 육체를 지닌 인간, 사람에 대해 이해하고 공감하기가 더 수월하기에 성령님보다는 예수님에 대해 더 많은 것을 훨씬 쉽게 알 수 있다. 우리는 대부분 본질적으로 혼과 육을 지닌 영적인 존재라는 사실을 인식하지 못하고 있다. 이 때문에 많은 경우 영적 현실에 기반을 두고 자연계를 살아가는 것이 아니라 자연계에 기반을 둔 채 영적 세계의 현실을 가능한 만큼 경험하며 살아간다. 성경은 예수님을 아버지에 대해 계시해 주신 분으로 분명하게 묘사한다. 예수님이 하신 대화, 행하신 기적 혹은 그분의 심오한 가르침에 대해 읽음으로써, 성령님의 나타나심에 대한 성경의 다양한 묘사에도 불구하고 예수님과 실질적인 연결이 우리가 직접 보거나 제대로 상상조차 할 수 없는 성령님과 관계를 가지는 것보다 더 쉽다.

하나님이 광야에서 이스라엘 백성을 인도하실 때, 그분의 얼굴이 그들과 함께 이동하는 구름 속에 계셨다(출 13:21). 구약과 신약 모두 "임재"라는 말의 문자적 의미는 "얼굴"이다. 이것은 "너희는 내 얼굴을 찾으라"는 주님의 명령에 시편 기자가 "내가 주의 얼굴을 찾으리이다"라고 답한 것과 맞아 떨어진다(시 27:8). 우리가 궁극적으로 추구해야 하는 것이 바로 하나님의 얼굴이다.

그러나 하나님은 이스라엘 백성들에게 그분의 어떤 모습도 보여 주지 않으셨는데, 그들이 본 형상을 만들어내어 우상으로 숭배할 것을 알고 계셨기 때문이다. 우리도 오늘날 하나님을 "바라보는" 것과 관련하여 이와 비슷한 도전에 직면해 있다. 성령님은 이 땅에 하나님의 얼굴로 존재하시지만, 우리가 볼 수 있는 물리적 형태는 없으시기 때문이다.

우리 문화에는 구약과 신약 시대의 우상이 존재하지는 않는다 (그러나 사도 바울은 골로새서 3장 5절에서 탐심을 우상숭배라고 말하고 있으며, 이것은 우리 시대에도 분명 적용된다). 하지만 우리는 끊임없이 의존해야 하는 성령님의 임재와 음성을 대신하는 공식과 이념들을 만들어낸다. 실체적이거나 구체적인 것을 원하는 것이다. 그 결과, 우리는 개인적인 변화를 추구할 때 하나님과의 관계보다는 성공의 법칙에 더 집착하는 경향이 있다. 때로는 명확하지 않은 상황에서 우리가 어떤 것을 신뢰하고 있는지가 드러나는 경우가 있다.

이해의 범위를 넘어서는 것 이해하기

우리가 성령님을 측정하거나 규정화할 수는 없지만, 그렇다고 성령님을 만나는 것이 불가능하다는 의미는 아니다. 많은 이들이 성령님을 어떤 힘, 에너지 또는 "신비로운 안개" 정도로만 생각한다. 하지만 그분은 삼위일체 하나님의 한 인격이시다. 그렇기에 그분은 그 어떤 사람보다도 당신을 더 온전히 이해하시며, 다른 누구도 할 수 없는 방식으로 당신과 소통하실 수 있다. 사실 성령님은 인격을 지니고 계시기에 본질적으로 관계적인 분이시다. 더 나아가 그분은 지상에 있는 모든 사람들과 풍성하고 모험적인 관계들을 맺는데 필요한 모든 것을 소유하고 계신다. 그분은 하나님의 형상대로 지음 받은 사람들과 진심 어린 관계를 맺는 것을 언제나 기뻐하신다.

영원히 임재하시는 성령님의 관계적인 성품과 우리를 향한 그분의 사랑과 자비하심은 그분을 반드시 개인적이고 친밀하게 알아야 한다는 것을 보여준다. 이러한 성령님의 성품에 대한 계시 자체가 그분을 더 알도록 초대하고 있다. 이 초대를 이해하고 받아들이는 것이 모두에게 대단히 중요하다. 왜냐하면 그분을 아는 것으로부터 우리의 존재 목적이 펼쳐지기 때문이다.

❖

> 성령님은 하나님의 형상대로 지음 받은 사람들과 진심 어린 관계를 맺는 것을 언제나 기뻐하신다.

하나님은 모든 피조물을 완벽한 아름다움과 디자인으로 지으셨다. 각각의 피조물들은 하나님의 성품의 어떤 측면들을 표현하고 있다. 창세기 1장을 보면, 하나님은 그날그날의 창조를 마치시고 하루가 끝날 때마다 창조하신 것을 보시고 "좋았다"고 말씀하셨다. 하지만 눈에 보이는 것과 보이지 않는 모든 것들 가운데 오직 사람만이 그분의 형상대로 만들어졌다. 그리고 그분의 모든 피조물 중 오직 사람에 대해서만 "심히 좋았다"고 말씀하셨다(창 1:10, 12, 18, 21, 25, 31). 하나님의 피조물 가운데 다른 어떤 것도 이와 같은 찬사나 약속, 목적을 지니지 않았다. 우리는 하나님을 위해 디자인되었다. 우리의 존재 이유 중 이것보다 중요한 것은 없다. 하나님은 항상 우리와의 관계나 동역을 염두에 두고 계셨다. 그러므로 우리는 그분의 영, 곧 성령님을 통해 그 관계와 동역에 들어가게 된다.

창조주 하나님과의 관계에서 대단히 중요한 다음의 성경적 개념을 항상 염두에 두자. "우리의 이해를 넘어서는 것들은 경험을 통해 알 수 있다." 스스로의 이해만으로 하나님과의 관계를 발전시키는 사람은 결국 자기 형상을 가진 신을 만들어낼 뿐이다. 이것에 반대로 접근해야 한다. 우리는 하나님의 형상대로 창조되었으며, 그리스도 안에서 하나님의 임재에 노출됨으로써 그분의 영광과 권능과 뜻에 순복하여 "영광에서 영광으로"(고후 3:18) 변화되는 존재들이다. 우리의 생각은 그분을 더 많이 이해하고 발견할수록 변화된다.

하나님과의 관계는 우리의 영 혹은 마음(heart)을 통해 시작되고 기능하고 성장해야 한다. 마음은 우리의 믿음이 흘러나오는 곳이다. 성경은 "사람이 마음으로 믿어 의에 이르고"라고 말씀한다(롬 10:10). 생각(mind)이 아니다. 우리의 생각은 하나님께 순복된 마음을 통해 올바르게 이해하도록 훈련되어야 한다. 마음은 믿음이 있는 곳이기에 성령님과의 관계는 마음에서 비롯되어야 한다. 큰 믿음은 우리의 수고나 고군분투가 아니라, 하나님께 내어드림을 통해 성장한다. 순복하고 내어드림이 하나님과의 관계를 발전시키는 방법이다.

자연적인 시각으로는 그분을 알 수 없다. 우리는 오직 순복함을 통해 이해를 초월하여 그분을 알아가는 여정을 시작하고 앞으로 나아갈 수 있다. 그리스도의 마음을 갖는 것도 믿는 자의 유업에 포함된다(고전 2:16). 그리고 성령님의 영향 아래에서 우리의 생각은 하나님의 완벽한 파트너이자 동역자가 된다. 그러나 우리의 생각이 성령님의 영향력 아래 있지 않으면, 하나님을 대적하게 된다. 중간지대는 없다.

하나님의 형상대로 지음 받았기에 우리의 모든 것, 즉 영, 혼, 육은 그분과의 관계를 누리기에 완벽하게 적합하다. 심지어 감각을 지닌 우리 육신도 하나님을 경험하고 알 수 있게 지어졌다. 하나님의 임재를 느끼고 누릴 수 있도록 디자인된 것이다. 우리의 감각은 하나님으로부터 온 것과 오지 않은 것, 즉 잘못된 것이나 가치가 떨어지는 것을 구별할 수 있도록 훈련할 수 있다(히 5:14).

하나님께 대한 불순종으로 죄가 인류에게 들어왔을 때, 그분을 알기 위한 영원한 모험을 시작하려는 우리의 의도와 목적은 매복했던 원수에게 공격당하고 파괴되었다. 그리스도의 죽음과 부활을 통해 보여주신 하나님의 은혜가 아니었다면 이 목적은 영원히 사라져 버렸을 것이다. (하나님의 원수인 사탄에게서 오는) 마귀의 것들은 모두 당연히 하나님을 대적한다. 하지만 우리가 열등한 것들, 곧 영원한 의미가 없는 가치와 결정들을 받아들이고 안주할 때마다 우리의 그러한 생각과 삶의 방식 또한 하나님을 대적한다는 사실을 인식하는 것이 매우 중요하다. 성령님과의 친밀한 관계는 우리를 향한 하나님의 의도와 목적을 명확하게 하여 그리스도의 생각의 중심에서 살 수 있게 해준다.

이러한 이해와 통찰을 통해 하나님과의 만남에 이르게 된다는 것을 알게 되면, 하나님에 대한 우리의 이해가 성장해야 한다는 사실이 더욱 중요해진다. 하나님에 대해 우리가 받는 모든 지식은 그분과의 더 깊은 관계로 이끌게 되어 있다. 그러므로 진정으로 하나님을 아는 비결은 그분의 마음을 아는 것이다.

어느 주일 예배를 앞두고 한두 시간 전에 개인적인 경배 시간을 가지는 동안, (적어도 나에게는) 보기 드문 그림이 마음에 임했다. 평소처럼 나는 사무실에서 홀로 주님 앞에 무릎을 꿇고 그날 아침 예배를 위해 기도하고 있었다. 하늘을 향해 고개를 들고 주님 앞에 두 손을 든 채 하나님의 선하심과 위대하심을 선포했다. 그때 내 안에 내면의 환상이 임하는 것을 경험했다. 눈을 감고 있었음에도 그 그림은 매우 선명했다. 내가 예수님의 머리에 왕관을 씌워 드리는 모습이 보였다. 그 환상은 내가 그분께 올려드린 찬양을 시각적으로 보여 주는 것이라는 사실을 알았다. 영광스러운 순간이었다. 그 왕관은 순금으로 되어 있었고 표면이 마치 거울 같았다. 지금도 그 경험을 떠올려 보면, 그 면류관을 볼 수 있다.

그런데 그 환상 중에 금 왕관에서 손을 떼자, 내 지문으로 그 아름다움이 더럽혀진 것이 보였다. 나는 하나님이 마땅히 받으셔야 할 영광의 관에 그러한 흠을 남겼다는 사실에 너무나도 좌절했다. 나의 찬양의 제사를 더럽힌 것이 바로 내 지문이었기에, 나의 인간적인 면에 대한 수치와 환멸마저 느꼈다. 하지만 다시 보니 지문 하나하나가 값비싼 보석들로 바뀌었다. 내가 환멸을 느끼던 것이 하나님께는 보물이었다. 그 순간 그분의 관점에서 내가 깨끗하다는 것을 깨달았다. 예수님의 피가 정말 나를 죄에서 깨끗하게 씻어 주셨다. 죄의 흉터가 남은 나의 인간적 면모를 혐오해 왔기에 이 경험은 나의 삶을 변화시켰다. 우리를 절반만 깨끗하게 하시거나 천국에 겨우

들어갈 수 있게 해주는 것이 아니다. 그분의 보혈은 마치 이전에 한 번도 죄를 짓지 않았던 것처럼 우리를 완전히 회복시켜 주신다.

우리 안에 계신 하나님의 영은 우리 안에서 우리를 통해 예수님의 본성을 나타내신다. 때로는 내가 경멸하는 것을 하나님이 소중히 여기시는 경우도 있다는 것을 깨닫게 되었다. 사복음서는 이러한 현실을 수천 배나 더 확대해서 보여 준다. 이러한 진리는 내 생각이 아니라 내 영과 마음에 계시되었다.

에베소서 3장은 우리의 이해를 초월하는 것을 알 수 있다고 확실하게 말한다. 다시 말해 우리의 마음은 머리로는 절대 갈 수 없는 곳까지 우리를 인도할 수 있다는 것이다. 이 구절에서 바울은 믿는 자들을 위해 상당히 도전적으로 기도한다. "능히 모든 성도와 함께 지식에 넘치는 그리스도의 사랑을 알고 그 너비와 길이와 높이와 깊이가 어떠함을 깨달아 하나님의 모든 충만하신 것으로 너희에게 충만하게 하시기를 구하노라"(엡 3:18-19). 흥미롭게도 바울의 이 간구는 하나님의 놀라운 초대를 다시 상기시켜 준다. 우리는 지식을 뛰어넘는 것을 경험하는 것에서 멈추지 않는다. 이 이해하기 어려운 구절의 결론은 "하나님의 모든 충만하신 것으로 너희에게 충만하게 하시기를 구하노라"이다. 정말로 하나님 그분의 충만함으로 충만해질 수 있을까? 하나님은 그분의 말씀의 능력으로 은하계를 가득 채우시며 이 세상 모든 것들을 그 자리에 있도록 붙드시는 분이다(골 1:17, 히 1:3). 그런 하나님이 우리를 그분의 충만하심으로 채우시기로 결심하셨다는 말인가? 우리가 순복할 때 하나님을 만나게 되고 그로 인해 이와 같은 충만함을 경험할 수 있게 된다.

확대역 성경은 에베소서 3장 19절의 진수를 다음과 같이 독특한 방식으로 표현한다.

> 능히 모든 성도와 함께 (경험이 없는 단순한) 지식(보다 훨씬) 넘치는 그리스도의 사랑을 (개인적인 경험을 통해 실제적으로) 알(게 되)고 그 너비와 길이와 높이와 깊이가 어떠함을 깨달아 하나님의 모든 충만하신 것으로 너희(존재 자체)에게 완전히 충만하게(되어 하나님의 임재를 너희 삶 속에서 풍성히 경험하고, 너희가 하나님 자신으로 가득하여 밖으로 흘러나오게) 하시기를 구하노라

"하나님 그분으로 완전히 충만하고 넘쳐나는 것"보다 더 위대한 약속이 있을까? 나로서는 상상할 수도 없다! 하나님으로 충만해진다는 개념을 사람들은 보통 "성령 충만"이라고 표현한다. 성령님은 우리를 채우시는 분이다. 매우 실제적인 의미에서 우리는 성령님 자체를 담고 모시는 그릇으로 지음 받았다. 이에 대해서는 오는 장에서 자세히 설명하겠다.

앞서 말했듯이 성경은 성령님이 영생의 보증이 되신다고 분명히 말씀한다. 우리는 그분을 넘치도록 받았지만, 앞으로 더 많은 것을 받게 될 것이다. "더 많은 것"이 어떤 것인지조차 모르겠지만 그것이 우리를 향한 하나님의 뜻과 계획이라는 점이 내 마음을 사로잡는다. 에베소서 3장 19절 말씀은 바로 이 진리를 강조한다.

이해와 통찰을 통해 하나님과의 만남에 이르게 된다. 하나님에 대해 우리가 받는 모든 지식은 그분과의 더 깊은 관계로 이끌게 되어 있다.

삼위일체의 신비와 연합

이 책을 집필한 주요 목적 중 하나는 신비한 성령님을 사람들이 더 알 수 있도록 돕는 것이다. 하지만 삼위일체의 신비를 언급하지 않고 이 주제에 대해 논하는 것은 불가능하다. 삼위일체는 성경에서 가장 이해하기 어려운 내용들 중 하나이다. 하지만 이 삼위일체만큼 아름다운 주제 또한 드물다.

예수님은 하나님 아버지가 그 아들을 통해 온전히 가시화되고 실체화 되셨다고 가르치셨다. 그럼에도 하나님의 아들 예수는 성경에서 가장 이해하기 어려우면서도 아름다운 개념이다. 예수님은 온전한 하나님이시면서 동시에 온전한 사람이시기 때문이다. R.T. 켄달(Kendall)은 예수님에 대해 마치 절대로 인간이 아닌 것처럼 하나님이셨고, 결코 하나님이 아닌 것처럼 인간이셨다고 말한다.[1]

그분은 도저히 이해할 수 없으면서도 경이롭고 동시에 매력적인 신비 그 자체이시다.

---

1) R. T. Kendall, "Imitating Christ 4," R. T. Kendall Ministries, https://rtkendallministries.com/imitating-christ-4.

게다가 성령님까지 연관해서 생각하게 되면 하나님이 어떤 분이신지 이해하는 것은 훨씬 더 어렵고 복잡해진다. 나는 무언가를 이해하는 것을 좋아하지만, 하나님을 아는 일에 있어서 나의 목표는 완전히 이해하려고 애쓰지 않는 것이다. 대신 하나님이 누구시고 어떤 분인지, 하나님의 성품의 실재에 내 마음을 노출시키려 한다. 그리고 순복함을 통해 그러한 하나님의 성품의 실재가 나의 태도, 믿음, 가치관을 형성하고, 그분의 본성과 역사하심에 대한 나의 인식을 영원히 변화시키도록 내어드린다.

예수님은 요한복음 전반에 걸쳐 자신은 아버지를 드러내기 위해 오셨다고 여러 차례 말씀하셨다. 그리고 요한복음 14장 9절에서는 "나를 본 자는 아버지를 보았거늘"이라고 하셨다. 히브리서에서 예수님은 "(하나님의) 본체(인격)의 정확한 형상"으로 묘사된다(히 1:3). 예수님은 하나님 아버지가 어떤 분이신지에 대한 완벽한 본이시며, 더 중요한 것은 하나님 아버지의 완전한 나타나심이라는 것이다. 예수님은 "하나님의 영광의 광채"(3절)로 불리신다. 쉽게 표현하자면, 예수님은 전구에서 뿜어져 나오는 빛처럼 아버지로부터 발산되는 분이다. 하나님 아버지와 아들이신 예수님은 서로 다르고 고유하게 구별되어 있지만, 동시에 완전히 동일하신 분이다.

마태, 마가, 누가, 요한 복음서의 화자들은 이 땅에서의 예수님의 삶의 실제적인 면을 이야기해 준다. 복음서에는 사람이 되신 영원한 하나님의 아들의 일상적인 행위들, 논리들 그리고 대화가 담겨 있다. 이들 네 사람은 예수님의 가치 기준, 생각들, 여행, 소통 그리고 관계들을 자세히 기록하는 특권을 허락 받았으며, 우리에게 메시아에 대해 생생하게 묘사해 준다. 복음서는 자신을 사람의 아들(인자)이라 칭하신 분을 묘사한다. 그리고 모든 장마다 예수님을 계시하고, 또한 궁극적으로 아버지를 계시하고 있다. 그것은 예수님의 주요 사명이 바로 아버지를 드러내는 것이었기 때문이다.

예수님은 성령님이 보냄을 받으실 것이라는 사실을 말씀하시면서 "내가 아버지께 구하겠으니 그가 또 다른 보혜사를 너희에게 주사 영원토록 너희와 함께 있게 하리니… 그는 너희와 함께 거하심이요 또 너희 속에 계시겠음이라"고 말씀하셨다(요 14:16-17). 성령님은 하나님의 영원한 아들 예수 그리스도의 기도에 대한 응답으로 우리에게 보내졌다. 예수님은 무엇을 구하든 받으실 수 있었지만, 한 가지, 곧 성령님을 택하셨다. 이 성령님은 이미 제자들과 함께 계셨지만 이제 그들 안에 거하시며 그들을 그분의 성전으로 삼으실 것이었다. 예수님이 이렇게 기도하신 이유는 그것이 하실 수 있는 최고의 기도였기 때문이다. 앞서 말했듯이 이러한 이유로 예수님은 제자들에게 실제로는 "내가 떠나가는 것이 너희에게 유익이라"고 말씀하신 것이다(요 16:7). 그들 안에 성령님이 거하시는 것이 예수님이 그들 곁에 함께 계시는 것보다 더 나았기 때문이다.

많은 이들이 성령님은 "스스로 말씀하시지 않는다"(요 16:13)는 점에 주목한다. 어떤 이유에서인지 이 구절은 몇몇 사람들에게 성령님을 단순히 예의상 언급하거나 심지어 신학 교리의 한 측면으로만 생각하면서 그분의 목적, 실제 그리고 매일의 삶 가운데 그분과의 관계를 완전히 무시하는 핑계거리가 되었다. 성령님이 스스로 말씀하지 않으신다는 말은 정확히 어떤 의미일까? 이것은 성령님이 아버지를 대신하여 우리를 예수님께로 인도하신다는 뜻이다. 이것이 바로 성령님이 우리에게 자신을 드러내시는 방식이다. 성령님은 그 행하시는 일로 자신을 계시하신다. 그분은 아버지와 예수님을 높이신다. 우리로 하여금 하나님과 예수님을 경배하게 하시는 분이다. 삼위일체의 위격은 서로를 높이신다. 하지만 그중에서도 특별한 성령님의 역할은 우리 안에 거하시며 오늘날 우리가 하나님의 영광을 위해서 살아가는 것에 가장 큰 영향을 미치신다는 점이다.

성령님을 이해하기 위한 책을 시작하면서 왜 삼위일체에 대한 앞선 이 모든 논의가 중요한지 의문을 가지는 이들도 있을 것이다. 이유는 예수님이 아버지를 정확히 계시하시는 분이며, 성령님이 그 아들을 정확히 나타내고 계시하시는 분이기 때문이다. 따라서 아버지 하나님이나 아들 예수님의 본성에 대한 계시를 받는다는 것은 궁극적으로 우리와 함께하시는 성령 하나님을 통해 이 사실을 깨닫고 더 온전히 이해하게 된다는 의미이다. 삼위일체의 위격은 서로 구분되지만, 동일한 임재, 마음, 본성을 가진 채 세분이 각각 특별하게 표현된다. 따라서 성령님과의 교제는 아버지와 아들의 놀라우심과 능력을 모두 발견하는 길인 것이다.

나는 이 책 전반에 걸쳐 성령님에 대해 이야기하면서 그분의 특정한 성품을 묘사하기 위해 아버지와 아들을 교대로 언급하며 설명할 것이다.

신비를 가치 있게 여기기

하나님에 대한 지식과 이해가 계속 증가하더라도, 우리는 결코 그분을 온전히 이해할 수 없다. 영원토록 그분에 대해 더 많은 것을 계속해서 배워 나가게 될 것이다. 바로 이것이 우리가 살고 있는 매우 특이한 현실이다. 하나님에 대한 우리의 지식이 늘어날수록 그분에 대한 신비함(mystery)은 더욱더 커진다. 이 땅에서의 삶 가운데 그분이 우리를 위해 계획해 놓으신 모든 것을 누리기 위해서는 신비한 장력(張力) 속에서 살아가는 것이 대단히 중요하다.

신비함의 가치를 소중히 여길 때 우리는 삶 가운데 지속적으로 주님을 경외하면서 그분과의 관계의 여정을 지속적인 영적 모험으로 계속해 나갈 수 있다. 이해할 수 있는 것에만 순종한다면, 하나님을 나의 크기로 축소하게 된다. 이전에 나는 내 형상대로 하나님을 만들어 섬기고 있었다. 하나님을 둘러싼 신비는 그분에 대해 모든 것을 이해하지 못하더라도 그분을 신뢰하게 한다. 이 이유 하나만으로도 이러한 신비는 대단히 중요하다. 하나님에 대해 더 많은 것을 이해하게 되면 그분을 경외하고 찬양하게 된다. 반면 하나님에 대한 신비가 커질수록 그분과의 동역 가운데 그분을 신뢰할 수 있는 기회가 주어지는 것이다. 이러한 신비들은 우리 마음의 하나님에 대한 영적 지각을 훈련할 수 있는 놀랍고도 멋진 기회이다.

왕국의 방식으로 사고하기

성령님은 영이시기에 본질적으로 신비로운 분이지만, 동시에 하나님이시기에 실용성과 합리성의 근본이라는 것을 깨달아야 한다. 잊지 말아야 할 것은 그분의 사고방식은 모든 면에서 우리보다 훨씬 우월한 다른 차원의 사고방식이라는 점이다. 그러한 성령님의 사고방식을 이해하려면, 단순한 호기심이 아닌 열린 마음이 있어야 한다. 마태복음 8장 5-13절의 로마 백부장 이야기는 이러한 진리를 아주 잘 보여준다. 그는 이스라엘 백성도 아니었고 영적으로 훈련을 받은 적도 없지만, 영적 권위에 대한 그의 이해는 메시아이신 예수님조차도 놀라게 했다. 요점은 로마 백부장이 열린 마음으로 치유의 기적을 경험할 수 있다면 우리도 마찬가지라는 것이다. 그것은 우리의 손이 닿는 곳에 있다. 하나님이 무슨 말씀을 하시든지 기꺼이 순종하는 마음으로 우리 자신을 내어드리는 것이 그 열쇠이다.

성령님은 우리에게 이러한 사고방식을 간절히 알려 주고 싶어 하신다. 우리는 유업으로 받은 그리스도의 마음을 통해 성령님의 사고방식을 이해하게 된다. 나는 성령님으로부터 종종 완전히 이해하기 어려울 정도로 깊이 있는 계시를 받는 경우가 있다. 하지만 나는 그러한 신비, 즉 불명확성도 기꺼이 받아들인다. (그러나 이런 계시가 성경을 대신하지 않는다는 사실을 명심하라.) 이해하지 못하는 것들에 대해 먼저 하나님을 기꺼이 신뢰하면 오히려 나의 이해력이 향상되는 경우가 있다. 어떤 사람들은 "성경이 있기 때문에 하나님이 우리에게 말씀하실 필요가 없다"고 한다. 이 말은 하나님의 음성을 듣는 법을 배우지 않는 사람들이 가장 많이 사용하는 핑계 중 하나이다. 하지만 우리는 그리스도 안에서 하나님의 음성을 들을 수 있는 영적인 능력을 받았다.

예수님은 친히 "내 양은 내 음성을 들으며"라고 말씀하셨다(요 10:27). 그분의 음성을 들을 수 있는 능력은 그분을 따르겠다는 우리의 순종에서 비롯된다. 믿는 자들 대부분이 무지로 인해 설명할 수 없는 것을 두려워하는 경향이 있기에, 하나님의 음성을 피한다. 이런 이들은 자신의 삶을 더 이롭게 해주는 것, 곧 성령님과 그분이 일하시는 방식에 대한 계시를 알려 줄 수 있는 그리스도의 몸의 다른 지체들을 배척한다. 우리 모두는 그리스도의 몸의 각각의 지체들이 제공하는 것을 통해 강건해져야 한다. 이러한 계시들은 우리가 성령님과 동행하고 성령님을 의지하는 삶을 살 수 있도록 도와준다.

성령님의 음성을 듣는 것은 성경을 더 읽도록 만든다. 성경을 읽으면 내가 받은 감동이 성경적으로 올바른지 확인할 수 있을 뿐만 아니라, 성령님의 음성이 성경의 모든 페이지들을 살아 움직이게 하기에 말씀을 더 사모하게 된다. 성경은 나에게 활자화된 예수님이다. 그분 자체가 하나님의 말씀이시다. 성경에 나타난 약속들, 경고들, 신비한 비밀들, 이 모든 것이 예수님을 나타낸다. 그분을 사랑한다면서 그분의 말씀을 사랑하지 않는 것은 모순이다. 나를 계속해서 하나님의 말씀으로 인도하는 것이 바로 그리스도의 영과의 친밀한 관계이다. 성경을 읽고 공부하는 시간은 성령님과 함께하는 여정의 일부이다.

성령님은 "영광에서 영광으로" 우리를 인도하신다(고후 3:18). 그리고 "(예수님이) 이르시되 하나님 나라의 비밀을 아는 것이 너희에게는 허락되었으나"라고 하신 것이 우리를 향한 그분의 마음이기에, 우리는 이러한 계시들을 더 많이 받기를 기대해야 한다(눅 8:10). 바로 이 성령님이야말로 우리 모두에게 진리를 계시해 주시는 분이다.

> 그러나 진리의 성령이 오시면 그가 너희를 모든 진리 가운데로 인도하시리니 그가 스스로 말하지 않고 오직 들은 것을 말하며 장래 일을 너희에게 알리시리라 (요 16:13)

어떤 사람들은 하나님과의 친밀한 관계의 여정 중에 그분의 음성을 발견할 책임이 자신에게 있음을 인정하기보다는 그분의 음성을 직접 듣는 것을 반박하기 위해 신학적인 이유들을 만들어내는 것을 더 쉽게 여긴다. 우리는 성령님과의 교제를 통해 하나님의 음성을 듣는 법을 배우도록 초청을 받았다. 성령님이 주시는 영감 없이 하나님의 말씀의 깊이와 그 변화의 능력을 이해할 수 있다고 생각하는 사람은 망상에 빠져 있는 것이다! 성령님은 우리를 모든 진리 가운데로 인도하시는 분이다(요 16:13).

우리는 하나님이 이미 자기 백성들에게 그분의 비밀을 계시해 주시고자 작정하셨다는 것을 기억해야 한다. 이것은 오순절주의자나 은사주의자들이 만들어낸 개념이 아니다. 이것은 성경의 초반

책들에서도 발견되는 내용이다.

> 감추어진 일은 우리 하나님 여호와께 속하였거니와 나타난 일은 영원히 우리와 우리 자손에게 속하였나니 이는 우리에게 이 율법의 모든 말씀을 행하게 하심이니라 (신 29:29)

이처럼 하나님은 항상 자기 백성들에게 그분의 비밀을 보여 주심으로써 그들이 청지기로서 그것을 후대에 유산으로 물려주기를 바라셨다. 이러한 올바른 청지기 정신은 주님의 음성으로 안내하여 그 세대의 깨달음 위에 더 깊고 의미 있는 진리를 세우게 한다. 그래서 히브리서 기자가 "터를 다시 닦지 말고"라 말한 것이다(히 6:2). 그리스도 안에는 우리를 위해 더 많은 것들이 예비되어 있다. 이제는 우리가 발견한 진리들이 우리를 늘 안내해야할 그곳으로 데려가야 할 때이다. 그리고 우리가 이미 이해한 것 위에 그것을 세워야 할 때이다.

❖

나를 계속해서 하나님의 말씀으로 인도하는 것이 바로 그리스도의 영과의 친밀한 관계이다. 성경을 읽고 공부하는 시간은 성령님과 함께하는 여정의 일부이다.

자유의 차원

삼위일체의 신비에서 아버지 하나님은 하늘의 보좌에, 하나님의 아들은 그분의 오른편에, 성령님은 이 땅에 계시는 하나님으로서 그분의 영원한 처소이자 성전인 그분의 백성들 안에 거하신다. 성령님은 하나님 아버지께서 우리에게 부여하신 모든 일들을 성취할 수 있게 해주시는 분이다. 이 "신비로운 하나님"을 알게 되면 우리는 그분과 더 깊은 관계로 들어가게 된다.

나는 오랜 경험과 성경 연구를 통해 성령님은 성급하게 반응하지 않으시는 경청의 전문가라는 것을 알게 됐다. 그분이 응답하실 때는 친절하며 작위적이지 않고 진실하고 솔직하게 우리 삶의 열등한 것들로부터 우리를 자유롭게 하시되, 수치심은 들지 않는 방식으로 역사하신다.

그분은 우리의 부족한 모습에도, 심지어 두려움과 분노, 원한과 불신앙을 가지고 그분께 나아갈 때에도 지속적으로 우리를 환영해 주신다. 하지만 동시에 그분은 그분의 거룩과 사랑의 본성에 반하는 모든 죄를 용인하지 않으신다. 그분은 우리에게 "왕을 알현하는 기회"를 허락하시면서도 절대로 우리가 들어온 그대로 나가게 허락지 않으신다. 그분을 아는 것 자체가 우리를 완전히 변화시킨다. 만약 우리가 기도의 자리에서 변화 받지 못한 채, 들어온 모습 그대로 나간다면— 우리는 기도하던 것이 아니라 그저 불평만 하고 있었던 것이라고 말할 수도 있을 것이다.

성령님은 항상 우리를 그분의 자유의 영역으로 인도하기 위해 일하신다. 사실 성령님이 어떤 사람의 삶에 얼마나 영향을 끼치고 계신지는 그 사람이 얼마나 자유 가운데 사는지로 측정된다고 할 수 있다. 성령님은 평강의 왕을 나타내신다. 그분은 항상 계시는 분이며, 우리에게서 결코 눈을 떼지도, 우리를 돌보는 것을 소홀히 하지 않으신다. 그분은 우리가 생각하는 것보다 더 믿음을 가치 있게 여기신다. 왜냐하면 그분은 하나님이시고, 현존하는 가장 신뢰할 수 있는 분이시기 때문이다. 그분을 향한 우리의 믿음은 그분의 완전하신 신뢰성 하나 만으로도 강력하다. 우리가 하나님의 완벽하게 신실하신 본성을 생각할 때, 믿음은 우리의 유일하고도 합당한 반응이다.

Chapter
2

거하시는 처소 되기

　성령님께서는 신약 성경의 한가운데 자리 잡고 계신다. 그분 없이는 아무 일도 일어나지 않는다. 성령님은 그리스도의 영이시다. 그분은 예수님을 죽음에서 일으키시고, 믿는 자들의 성품과 능력이 예수님을 닮아갈 수 있게 하시며, 천국의 기류를 이 땅에 드러내신다. 성령님은 자신에 대하여 말씀하지 않으시지만, 예수님과 하나님 아버지는 그분에 대해 자주 언급하신다. 다시 한번 말하지만, 삼위일체 하나님은 완벽한 조화를 이루며 하나의 마음, 생각, 뜻을 매우 아름답게 드러내며 서로를 높이는 모습을 보여주신다.

　또 다른 면에 구약 성경은 성령님에 대해 가장 풍성한 통찰들을 제공한다. 구약시대에 성령님에 대한 성경의 계시는 신약시대에 그분에 대해 계시된 모든 것의 기초를 이룬다. 성경 속 계시의 과정을 꽃을 피우는 식물에 비유하면, 신약 성경은 꽃이고 구약 성경은 뿌리이다. 뿌리는 꽃이 제자리에 있도록 고정해 주며, 식물 전체에 영양분을 공급하고 생명을 유지시킨다. 성령님의 본성과 마음은 그분의 임재와 역사하심에 대한 구약 성경의 시각적인 묘사에 분명하게 드러난다.

노아의 사명

예를 들어 창세기에서 성령님의 임재는 독특한 형태로 나타나며 상징화되었고, 내가 선호하는 장면은 위대한 사람 노아와 관련이 있다. 노아는 이 땅에 임할 대홍수 동안에 인간과 동물 모두의 생명을 유지해 줄 거대한 배, 즉 방주를 만들라는 명령을 받았다. 노아가 순종하여 방주를 만들고 가족과 함께 그 안으로 피신한 후 40일 밤낮으로 비가 내려 온 땅이 물에 잠겼다(창 6~7장).

노아는 하나님의 계획 가운데 다시 순종할 때가 되었다는 것을 깨닫기까지 방주 안에서 기다렸다. 그는 "수위를 시험해" 봄으로써 적절한 때가 되었음을 알았다.

> 그가 또 비둘기를 내놓아 지면에서 물이 줄어들었는지를 알고자 하매 온 지면에 물이 있으므로 비둘기가 발붙일 곳을 찾지 못하고 방주로 돌아와 그에게로 오는지라 그가 손을 내밀어 방주 안 자기에게로

받아들이고 또 칠 일을 기다려 다시 비둘기를 방주에서 내놓으매 저녁때에 비둘기가 그에게로 돌아왔는데 그 입에 감람나무 새 잎사귀가 있는지라 이에 노아가 땅에 물이 줄어든 줄을 알았으며 또 칠 일을 기다려 비둘기를 내놓으매 다시는 그에게로 돌아오지 아니하였더라

(창 8:8-12)

이 아름다운 구원 이야기에서 노아는 비둘기를 사용하여 자신과 가족들이 배에서 나와 육지에서의 삶을 다시 시작할 수 있을 만큼 물이 줄어들었는지 확인했다. 비둘기는 쉴 곳을 찾지 못하자 다시 방주로 다시 돌아왔다. 노아가 이 비둘기를 방주 안 자기에게로 받아들였다고 기록된 것으로 보아 개인적인 친밀함이 있었던 것으로 보인다. 노아는 7일을 기다렸다가 다시 비둘기를 내보냈는데 이번에는 하루 종일 나가 있다가 돌아왔다. 돌아온 비둘기는 그 입에 올리브 잎을 물고 있었다. 당연히 이것은 물이 줄어들면서 초목이 다시 자라고 있으며 노아와 그의 가족들이 곧 배에서 내릴 수 있다는 신호였다. 노아는 마지막으로 7일을 더 기다렸다가 비둘기를 내보냈는데, 이번에는 다시 돌아오지 않았다.

올리브 가지를 입에 문 비둘기는 세계적으로 평화의 상징이다. 이러한 상징은 의심할 여지없이 성경 이야기에서 비롯된 것으로, 교회에도 평강에 대한 심오한 상징이 된다. 비둘기는 성령님이 그리스도를 통해 우리에게 가져다주시는 평강과 회복을 상징한다.

노아는 순종함으로 온 땅을 뒤덮은 파괴적인 홍수로부터 가족

들의 생명을 지킬 수 있었다. 그와 그의 아내, 그리고 아들들과 며느리들뿐만 아니라 종족 보존을 위해 배에 태워진 동물들의 생명도 모두 구원을 받았다. 부정한 동물 암수 둘씩, 정결한 동물 일곱 쌍, 새 일곱 쌍을 방주에 태웠다(창 7:2-3). 노아는 이렇게 하여 정결한 동물을 한 쌍씩 제물로 바치고도 교배를 위해서도 세 쌍을 남길 수 있었을 것이다. 인간과 동물 모두 다시 이 땅에서 번성할 수 있었다.

어떤 의미에서는 땅이 다시 태어나고 있었다. 홍수 이전 시대에는 악이 최대치에 이르렀기 때문에 심판을 받아야만 했다. 노아와 그의 자녀들은 이제 다시 시작할 수 있는 기회를 얻었다. 새로운 시작의 날이었다.

❖

비둘기는 성령님이 그리스도를 통해 우리에게 가져다주시는 평강과 회복을 상징한다.

예수님의 사명

특히 사람이 거듭나면 새로운 피조물이 되어 완전히 새롭게 출발하게 된다. "그런즉 누구든지 그리스도 안에 있으면 새로운 피조물이라 이전 것은 지나갔으니 보라 새 것이 되었도다"(고후 5:17). 인간이 창조되어 그리스도 시대에 이르기까지 새롭게 창조된 것, 즉 새로운 피조물은 하나도 없었다. (노아에게 주어진 것은 새로운 피조물이 되는 것이 아니라 시작의 기회였다.) 예수님의 희생적인 죽음과 부활 이후, 인간은 그리스도를 죽음에서 살리신 하나님의 영에 의해 다시 태어날 기회를 얻게 되었다. 누군가가 거듭날 때마다 그 사람은 실제로 이전에는 없었던 새로운 존재가 되는 것이다!

베드로는 이 존재적 변화를 다음과 같이 설명한다.

> 그러나 너희는 택하신 족속이요 왕 같은 제사장들이요 거룩한 나라요 그의 소유가 된 백성이니 이는 너희를 어두운 데서 불러내어 그의 기이한 빛에 들어가게 하신 이의 아름다운 덕을 선포하게 하려 하심이라 너희가 전에는 백성이 아니더니 이제는 하나님의 백성이요 전에는 긍휼을 얻지 못하였더니 이제는 긍휼을 얻은 자니라 (벧전 2:9-10)

위 구절에 나타난 이 새로운 창조물에 대한 설명은 정말 아름답다. 새로운 피조물의 목적 또한 놀라운데, 그것은 하나님에 대한 찬양을 선포하는 것이다!

베드로는 이 새로운 피조물에 관한 이야기가 펼쳐지기 시작할 때 "그 방 안에" 있었다. 그는 십자가에 못 박히신 예수님을 목격했고(눅 23:49) 그분의 시신이 무덤 어디에 안치되어 있는지 알았다(눅 23:55). 심지어 예수님이 부활하신 아침에 빈 무덤도 본 사람이었다.

시몬 베드로는 따라와서 무덤에 들어가 보니 세마포가 놓였고 또 머리를 쌌던 수건은 세마포와 함께 놓이지 않고 딴 곳에 쌌던 대로 놓여 있더라 그때에야 무덤에 먼저 갔던 그 다른 제자도 들어가 보고 믿더라 (그들은 성경에 그가 죽은 자 가운데서 다시 살아나야 하리라 하신 말씀을 아직 알지 못하더라) (요 20:6-9)

무덤이 비어 있었음에도 베드로와 요한은 그것이 그들에게 어떤 의미인지 처음에는 전혀 알지 못했다. 하지만 이날은 그들에게 새로운 시작의 날이 되었다. 불과 며칠 전과는 완전히 다른 세상이 되었음을 발견한 날이었다. 하나님의 은혜의 홍수는 노아가 깨끗하게 시작한 이후로 인류의 생명을 죽이고 도둑질하고 멸망시키던 어둠의 세력을 파괴하였다(요 10:10). 제자들 안에 거하시는 성령님으로 인해 그들은 하나님 나라의 월등함을 입증할 수 있었고, 하나님 나라가 상하고 깨어진 사람들의 삶 속에서 실제적인 방식으로 나타나는 것을 보여 줄 수 있었다.

예수님이 찾아오신 그 방

예수님이 십자가에 못 박히신 직후, 남아 있는 열한 제자들을 두려움이 사로잡으면서 그들은 숨어버렸다. 베드로와 요한이 빈 무덤을 보았다는 사실도 예수님의 죽음이라는 충격적인 경험으로 겁에 질린 제자들의 두려움을 진정시키는 데 도움이 되지 못했다. 그들은 자신들의 스승의 끔찍한 죽음을 목도했다. 어린 여종이 베드로가 예수님의 제자라는 것을 알 정도로 그들의 정체는 사람들에게 널리 알려져 있었다(막 14:66-72). 그들은 다음으로 자신들이 죽임을 당할 것이라고 확신했는데, 그것이 로마 제국의 방식이었기 때문이다.

제자들은 이름 모를 곳의 방 안에 숨었다. 위층이었는지 아래층이었는지는 아무도 모른다. 우리가 분명히 알고 있는 것은 역사상 가장 끔찍한 처형을 목격한 열한 제자들이 두려움과 공포에 사로잡혀 숨어 있던 가장 어두운 방이 이제 모든 것이 변화되는 공간이 될 것이라는 사실이다. 제자들의 안전을 위해 모든 문이 굳게 닫혀 있던 바로 그 방에 예수님이 걸어 들어오심으로 모든 것이 바뀌었다.

> 이날 곧 안식 후 첫날 저녁때에 제자들이 유대인들을 두려워하여 모인 곳의 문들을 닫았더니 예수께서 오사 가운데 서서 이르시되 너희에게 평강이 있을지어다 이 말씀을 하시고 손과 옆구리를 보이시니 제자들이 주를 보고 기뻐하더라 예수께서 또 이르시되 너희에게 평강이 있을지어다 아버지께서 나를 보내신 것같이 나도 너희를 보내노라 이 말씀을 하시고 그들을 향하사 숨을 내쉬며 이르시되 성령을 받으라 너희가 누구의 죄든지 사하면 사하여질 것이요 누구의 죄든지 그대로 두면 그대로 있으리라 하시니라 (요 20:19-23)

예수님이 갑자기 나타나신 것은 이미 두려움에 사로잡혀 있던 제자들을 더욱 소스라치게 했을 것이다. 그들은 심지어 예수님을 바로 알아보지 못했기에 그 순간의 공포는 더 크게 다가왔을 것이다. 예수님은 자신이 누구인지 알 수 있도록 제자들에게 손과 옆구리의 상처를 보여 주셔야 했다. 부활하신 예수님이 돌아가시기 전 제자들이 알던 것과는 다른 모습으로 나타나신 일화는 성경에 여러 차례 등장한다. 또한 예수님은 오늘날까지도 다양한 방식으로 계속해서 우리에게 자신을 나타내신다. 하지만 그분이 나타나는 방식은 언제나 성경과 일치한다. 결코 성령님의 성품과 방식에 위배되는 방식으로 나타나지 않으신다. 그래서 우리는 하나님의 말씀을 연구하고 항상 아버지의 마음을 계시해 주시는 성령님께 민감하고 친밀하게 연결되어 있어야 한다.

발붙일 곳

예수님은 제자들에게 자신이 누구인지 밝히기 전에 "너희에게 평강이 있을지어다"라고 말씀하셨다(요 20:19). 예수님이 평강을 풀어 놓으시는 순간을 상상해 보자. 그것은 마치 노아가 처음으로 방주에서 비둘기를 내보냈지만 어디에도 발 디딜 곳이 없었을 때와 비슷했을 것이다. 노아 당시에는 불어난 물이 아직 땅에서 물러가지 않았기 때문이다. 예수님 당시에도 제자들의 마음과 생각 속에서 두려움의 홍수가 아직 물러가지 않은 상태였다. 부활하신 분, 죽음과 죄와 모든 어두움의 권세를 이기신 분이 그 공간으로 들어오셨는데도 말이다. 만약 제자들이 자신들에게 임한 놀랍고 신성한 순간을 제대로 인지했다면, 아무것도 두려워하지 않았을 것이다!

비둘기(평화)는 발붙일 만한 안전한 곳을 찾지 못했다. 하지만 예수님이 제자들에게 고난의 상처를 보여 주심으로 자신이 누구인지 드러내시자 그들 안에 있던 두려움의 홍수가 줄어들면서 이제 비둘기가 내려앉을 곳이 생겼다. 성경은 "제자들이 주를 보고 기뻐하더라"고 말씀한다(20절). 분명 처음에는 기뻐하지 않았던 것이 분명하다! 예수님은 다시 한번 "너희에게 평강이 있을지어다!"라고 말씀하시면서 비둘기를 풀어놓으셨다(21절). 이번에는 평강을 선포하신 다음 노아의 새로운 시작의 날과는 비교도 되지 않을 선물을 주셨다. 주님은 그들에게 숨을 내쉬며 "성령을 받으라"고 말씀하셨다(22절).

노아는 깨끗하게 시작할 수 있는 새 날을 받았지만, 제자들은 새 날 자체, 즉 새로운 피조물이 되었다. 앞서 읽은 바와 같이 베드로는 예수님을 믿는 자들을 "택하신 족속이요 왕 같은 제사장이요 거룩한 나라요 그의 소유가 된 백성"이라고 묘사했다(벧전 2:9). 창조의 날에 수면 위를 맴돌며 만물을 새롭게 창조해내신 성령님이 이제는 하나님의 백성들 안에 거하고 계셨다(창 1:2). 부활하신 그리스도의 영이 그들 안에 거처를 마련하셨다. 그분의 피로 사신 이들이 살아계신 하나님의 성전이 된 것이다. 비둘기, 곧 성령님은 발붙일 안전한 곳, 그뿐만 아니라 그분을 높이며 자기 삶 가운데 합당한 영향력을 행사하실 수 있는 위치를 내어드릴 이들을 찾으셨다. 성령님의 인도를 받는다는 것은 더 이상 허황된 꿈이 아니었다. 그것은 예수님을 주로 고백하는 모든 이들에게 값없이 주어지는 실재가 되었다.

이 새로운 창조 이야기에서 가장 도전적이면서도 가장 매력적인 부분 중 하나는 "아버지께서 나를 보내신 것 같이 나도 너희를 보내노라"는 예수님의 말씀이다(요 20:21). 예수님은 어떤 일을 하라고 보내심을 받으셨는가? 아버지를 드러내고 성령님을 풀어놓으라고 보냄을 받으셨다. 그렇다면 우리에게 주어진 사명은 무엇인가? 마찬가지로 아버지를 드러내고 성령님을 풀어놓는 것이다.

❖

> 성령님의 인도를 받는다는 것은 더 이상 허황된 꿈이 아니었다. 그것은 예수님을 주로 고백하는 모든 이들에게 값없이 주어지는 실재가 되었다.

평강을 전하기

예수님은 제자들과 함께하는 여정 초기에 그들이 머무는 집에 평안이 임하게 하라고 가르치셨다. 나는 제자들이 그것이 무슨 의미인지 이해하지 못했다고 확신한다.

> 어느 집에 들어가든지 먼저 말하되 이 집이 평안할지어다 하라 만일 평안을 받을 사람이 거기 있으면 너희의 평안이 그에게 머물 것이요 그렇지 않으면 너희에게로 돌아오리라 그 집에 유하며 주는 것을 먹

고 마시라 일꾼이 그 삯을 받는 것이 마땅하니라 이 집에서 저 집으로 옮기지 말라 어느 동네에 들어가든지 너희를 영접하거든 너희 앞에 차려놓는 것을 먹고 거기 있는 병자들을 고치고 또 말하기를 하나님의 나라가 너희에게 가까이 왔다 하라 (눅 10:5-9)

제자들이 이전에는 예수님이 말씀하신 내용을 이해하지 못했을지라도, 큰 두려움에 사로잡혀 있던 때에 그분이 벽을 통과하여 걸어 들어오셔서 그들에게 평강을 풀어놓으시는 것을 경험한 이후에는 그들의 이해가 급상승했을 했을 것이다. 누가복음 10장에서 예수님은 마치 예언하시듯이 "평안을 받을 사람"이 그 집에 없으면 그 평안이 제자들에게 돌아올 것이라고 말씀하셨다. 나는 평안이 돌아오는 것이 바로 예수님께 일어난 일이라고 믿는다. 비둘기가 그분께 다시 돌아온 것이다. 그래서 그분은 다시 비둘기를 보내셨다. 하나님은 재차 기회를 주시는 분이기에 우리 중 대부분이 지금 살아 있는 것이다.

로마서 14장 17절은 "하나님의 나라는 먹는 것과 마시는 것이 아니요 오직 성령 안에 있는 의와 평강과 희락이라"고 말씀한다. 하나님의 나라는 성령님의 차원 안에 존재한다. 그리고 성령님의 차원에는 천국과 마찬가지로 질병이 존재할 수 없다. 성령님이 모든 인류의 대적을 이기신 예수님의 주권을 나타내시기 때문이다. 위 구절에는 다음의 모든 요소들이 담겨 있다: "이 집이 평안할지어다"(5절), "거기 있는 병자들을 고치고"(9절), "하나님의 나라가 너희에게 가까이 왔다"(9절).

바울이 하나님 나라를 "의", "평강", "희락" 세 단어로 요약한 점에 주목하라.

"의"는 순결, 아름다움, 능력, 영광에서 나타나는 하나님의 완전한 성품을 드러낸다. 죄가 없는 상태 그 이상의 것으로 타협, 불화, 희석, 이해관계의 분열이 전혀 없는 하나님의 선하심의 정수이다. 세상에서는 이것을 다른 말로 "탁월함"으로 표현한다. 이것은 열등한 모든 것과 구별된다. 하나님의 통치 영역에는 더러운 것도 완벽하지 않은 것도 없다.

"평강"은 단순히 소음이나 분쟁, 전쟁과 같은 것이 없는 상태가 아니다. 그것은 어떤 분의 임재이다. 평강의 왕이신 예수 그리스도를 주어진 장소와 상황에 맞게 계시해 주시는 하나님의 영이 충만하게 임재하시는 것이다. 평강은 그와 반대되는 모든 것을 정복하여 바로 이 통치자의 영광스러운 다스리심과 영향력 아래에 둔다.

"희락"은 순전하고 완벽한 기쁨, 즐거움, 환희이다. 대단히 실제적인 의미에서 희락은 에덴 동산에서 아담과 이브가 경험한 하나님의 본성의 정수이다. 우리는 하나님과 교제하기 위해 창조되었을 뿐만 아니라, 희락(기쁨)을 위해서도 지음 받았다. 시편 16편 11절은 "주의 앞에는 충만한 기쁨이 있고 주의 오른쪽에는 영원한 즐거움이 있나이다"라고 말씀한다. 하나님의 임재와 개인이 경험하는 기쁨 사이의 관계에 주목하라. "충만함"과 "즐거움"은 하나님과의 관계를 묘사하는 말이다. 이 두 단어는 성령님이 믿는 자들의 삶에 끼치는 영향력의 본질을 보여준다. 그러므로 기쁨이 충만하다는 것은 "부족함이 없음"을 시사한다. 또한 이 개념은 요한복음 16장 24절에도 언급되어 있는데, 응답된 기도를 통해 우리의 소망이 성취될 때 이와 같은 충만한 기쁨을 누릴 수 있음을 나타낸다.

예수님이 그들 가운데 나타나셔서 평강을 전해 주신 경험을 통해 제자들은 방문하는 가정과 사업장에 비둘기, 곧 평강의 영의 임재를 풀어놓을 수 있고 또 그렇게 해야 한다는 것을 배웠을 것이다. 우리 위에 그분이 임재하심을 인식하는 것은 영적인 성숙의 과정에서 대단히 중요한 부분이다. 예수님은 그분의 어깨에 앉아 계신 비둘기를 의식하며 사셨다. 그래서 자신의 몸에서 능력이 나가 그분의 옷자락을 만지기 위해 밀쳐대는 무리를 통과한 여인을 치유한 것을 아셨던 것이다(눅 8:43-48). 같은 방법으로 우리가 성령님의 임재에 익숙해지면, 평안의 사람들이 있는 곳에 들어갈 때 평강의 임재를 더 잘 인식할 수 있게 되는데, 노아나 예수님의 묘사처럼, 평강의 비둘기가 그들 위에 머물면서 우리에게 돌아오지 않기 때문이다.

그리스도 부활 후의 새날은 사람과 짐승으로 다시 채워질 텅 빈 땅으로 시작되는 것이 아니었다. 이것은 각 사람의 내면으로부터 외면으로까지 변화로 나타나고, 과거에도 그렇듯이 지금도 진행 중이다. 이것이 우리에게 주어진 새날의 가장 좋은 면이다. 이 깨끗한 캔버스는 생명이 없는 빈 땅이 아니었다. 그것은 하나님의 영에 의해 예수님의 형상으로 변화될 준비가 된 아무도 손대지 않은 인간의 마음이라는 영역이었고, 지금도 여전히 유효하다.

Chapter 3
예수님의 형상으로 변화되기

    예수님은 제자들에게 하나님의 영을 소개하셨고, 이분은 그들을 하늘 아버지께 인도하여 오직 예수님에게서만 보았던 삶의 방식을 따라 살아갈 수 있게 하셨다. 성령님은 예수님을 인도하셨던 것처럼 제자들을 이끌어 아바 아버지께 지속적으로 연결시켜 주신다. 또한 그들이 하나님의 아들들이 되었고 이제 예수님과 함께 공동 상속자가 되었음을 그들의 영에 증거해 주신다.

    앞서 살펴본 것처럼, 우리 안에 거하시는 성령님은 우리가 입양되었다는 것을 보증해 주시는 인장이다.

> 무릇 하나님의 영으로 인도함을 받는 사람은 곧 하나님의 아들이라 너희는 다시 무서워하는 종의 영을 받지 아니하고 양자의 영을 받았

으므로 우리가 아빠 아버지라고 부르짖느니라 성령이 친히 우리의 영과 더불어 우리가 하나님의 자녀인 것을 증언하시나니 자녀이면 또한 상속자 곧 하나님의 상속자요 그리스도와 함께 한 상속자니 우리가 그와 함께 영광을 받기 위하여 고난도 함께 받아야 할 것이니라 (롬 8:14-17)

내 취미 중에 하나는 유튜브에 올라온 입양 이야기를 보는 것인데, 이 이야기들은 몇 번이고 눈물을 흘리게 만든다. 주로 "여러 달 동안 다섯 곳의 임시 위탁 가정에서 생활한 끝에 입양됐습니다!"라고 적힌 팻말을 든 아이가 주인공이다. 아이들의 얼굴에 깃든 기쁨은 완벽 그 자체이다. 그 기쁨은 입양 가족들에게 그들의 가정과 생활방식을 바꿔가며 모든 것을 희생할 만한 가치가 있는 것이다.

또 다른 감동적인 이야기는 양아버지가 입양될 자녀에게 특별한 크리스마스 선물을 줄 때이다. 그 가정에는 이미 사랑이 충만한 것이 눈에 보인다. 그럼에도 십 대의 어린 소년이나 소녀가 양아버지의 선물을 열어 보고 자신을 입양하여 그의 성으로 불러주고 싶다는 마음이 담긴 편지를 읽을 때면 그저 눈물이 앞을 가린다. 컴퓨터 화면으로 펼쳐지는 장면을 보는 것이지만 그 기쁨이 나에게도 생생하게 전해진다. 가장 감동적인 상황은 어린 소녀가 크리스마스에 양아버지에게 "저를 입양해 주실래요?"라는 편지를 보낼 때이다. 그런 장면을 볼 때면 언제나 눈물범벅이 된다.

이 입양 이야기들의 감동에 천 배를 곱해야 우리가 하나님의 자녀로 입양된 것을 묘사하는 데 사용된 단어를 이해하기 시작할 수 있을 것이다. 성경은 우리가 성령을 "받았으므로 '아빠 아버지'라고 부르짖느니라"고 말씀한다(롬 8:14-15). "부르짖다"로 번역된 헬라어 단어의 의미들 중 하나는 "비명을 지르다"이다[1] 그리고 여기서 "하나님의 영으로"라는 것은 그분이 우리를 아버지께 인도하심으로써 우리의 정체성을 확증시켜 주셔서 우리의 부르짖음과 외침의 근원이 되신다는 의미이다. 이 부르짖음은 원초적이고 실제적이며 극단적이기 때문에 교회에서 "품위 있고 질서 있게"(고전 14:40) 해야 한다는 많은 사람들의 기준에 맞지 않을 수 있다. 하지만 이것은 성령님으로부터 온 것이며 하나님 아버지와 함께하는 우리 삶의 일부이다! 이것은 우리를 아버지께로 인도하고 아버지 안에서의 정체성을 강화해 주는 성령님의 역할에 대한 놀라운 묘사이다.

　이 땅에서 예수님의 주요 임무는 하나님 아버지를 드러내시는 것이었다. 하지만 성령님을 풀어내신 후에야 그분의 임무가 완수되었다. 왜냐면 내주하시는 성령님 안에서만 아버지가 누구신지 알 수 있기에 우리가 진정 누구인지도 깨달을 수 있기 때문이다. 이것이 바로 예수님이 수시로 찬양하며 높이신 아버지를 우리가 개인적으로 알 수 있게 해주는 관계적 계시이다.

---

1) *Strong's*, G2896, Blue Letter Bible Lexicon, https://www.blueletterbible.org/lexicon/ g2896/kjv/tr/0-1/.

❖

이 땅에서 예수님의 주요 임무는 하나님 아버지를 드러내시는 것이었다. 하지만 성령님을 풀어내신 후에야 그분의 임무가 완수되었다.

출산하기

예수님이 아버지를 계시하신 것처럼, 이제 우리도 다른 이들에게 그분을 계시하도록 부름 받았다. 성령님은 우리를 맏형이신 예수님의 형상으로 변화시키심으로써 우리에게 그리고 우리를 통해 아버지의 마음을 드러내신다. 이러한 변화의 과정은 흥미롭지만 때로는 혼란스러울 수도 있다.

나는 나의 세 자녀가 태어나는 모습을 모두 지켜봤다. 아내인 베니와 나는 출산 과정에서 많은 부모들이 겪는 응급 상황이나 그 외 끔찍한 합병증이 발생하지 않은 것에 감사했다. 하지만 나를 포함한 무지한 사람들에게는 출산 과정이 전혀 품위 있고 질서 있게 보이지 않았다. 그것은 혼란 그 자체였다. 하지만 의사와 간호사들은 그 과정뿐만 결과에도 놀라울 정도로 평안했고 심지어 기뻐했다. 세 명의 멋진 자녀라는 가장 놀라운 선물을 받았기에 출산일은 우리 부부에게 언제나 멋지고도 놀라운 날이었다. 알지 못하는 관점에서는 무질서하고 혼란스럽게 보이는 것이 과정을 잘 알고 있는 관점에서는 매우 질서정연하고 아름다운 것이었다. 나는 전문가들의 평안을 통해 안심할 수 있었다. 그들의 자신감이 곧 나의 자신감이 되었다.

예수님은 "거듭남"이라는 표현을 사용하여 우리의 회심을 출산에 비유하셨다(요 3:3, 7). 혼돈과 무질서를 좋아하지 않지만, 영적인 관점에서는 누가 규정한 질서를 따라야 할지 기억해야 한다. "말할 수 없는 탄식"(롬 8:26)을 일으키시고 "아빠 아버지"(롬 8:15)라고 외치게 만드시는 분은 바로 성령님이다. 그분의 정의가 곧 기준이다.

아마도 역사상 성령님이 온전히 주관하신 "교회 예배"는 그 오순절의 예배였을 것이다. 그 당시에는 그런 현상을 잘 아는 사람이 아무도 없었다!

> 그때에 경건한 유대인들이 천하 각국으로부터 와서 예루살렘에 머물러 있더니… 소동하여 다 놀라 신기하게 여겨… 다 놀라며 당황하여 서로 이르되 이 어찌된 일이냐 하며 또 어떤 이들은 조롱하여 이르되 그들이 새 술에 취하였다 하더라 (행 2:5-7, 12-13)

성령님이 온전히 역사하셨을 때, 그 자리에 모인 군중에게 나타난 열매들은 당황, 놀라움, 경악, 큰 혼란, 조롱 등이었다. 많은 사람들이 그들이 위안 받는 것으로만 하나님의 뜻을 정의내리는 실수를 범한다. 물론 성령님은 위로자이시다. 하지만 그분은 종종 우리가 확장되고 성장하도록 먼저 우리를 불편하게 만드신다. 성령님은 끊임없이 변화에 주의를 기울이심으로 우리가 거짓 편안함 속에서 사는 것이 아니라 그분이 무슨 일을 하고 계시는지, 우리가 어디로 가고 있는지 잘 아시는 그분을 온전히 신뢰하며 살아가도록 도전하신다.

마찬가지로 우리는 너무나도 쉽게 마음에 드는 자기 모습을 하나님의 본성이라고 정의한다. 우리는 종종 예수님이 본을 보이신 삶의 모습과 대조되는 역기능적인 태도나 행동을 비호하며 고상한 이름을 부여함으로써 그대로 허용하는 경우가 있다. 예를 들어 감동을 받기 어렵거나 새로운 아이디어에 반대하거나 초자연적인 것들에 회의적이라면, 우리는 종종 이러한 성향이 하나님으로부터 온 것이라고 말한다. 사람들은 지나치게 신중한 사람들을 보통 "현명하다"고 부른다. 하지만 그들이 산을 옮기는 경우는 드물다. 이러한 역기능들은 장기적으로는 손해가 크다.

우리 믿음의 초자연적인 측면에 대해 이야기할 때면, 너무도 많은 경우 사람들이 나에게 와서 자신은 천성적으로 지적이기에 초자연적인 것에 개연성을 느끼거나 그것을 삶에 필요로 하지 않는다고 말했다. 하지만 그리스도의 마음에 닻을 내리지 않은 관점을 지적이라고 부를 수 있을까? 기적은 그리스도의 지성으로부터 임한다. 초자연적인 것을 무시하는 사고방식은 손상된 자아를 반영할 뿐이다. 손상되었다는 표현이 이상하게 들릴 수도 있다. 영적인 것들에 대한 경계심과 의심은 교회 안팎의 사람들에게 높이 평가받는 덕목이다. 하지만 주님은 우리의 사고방식과 시각을 하나님 나라의 관점으로 변화시키시기 위해 일하시기에 기적들은 주님의 주요 목표물이 된다. 종종 잘못된 사고방식에서 벗어나게 해주시는 주님의 인자하심에 너무나 감사한다. 그리스도의 마음과 하나 되면 우리는 성령님이 거하시는 처소로 남게 되어 그분이 우리 안에서 역사하시는 방식에 열려 있는 태도를 유지할 수 있다.

❖

> 성령님은 우리를 맏형이신 예수님의 형상으로 변화시키심으로써 우리에게 그리고 우리를 통해 아버지의 마음을 드러내신다.

거울 중의 거울

우리는 성령님이 예수님과 똑같은 분이라는 것을 알았다. 그분은 요한복음 14장 16절에서 "또 다른 보혜사"로 불리신다. 또한 우리는 예수님이 아버지와 똑같은 분이라는 사실도 알고 있다. 예수님이 제자들에게 자신을 보는 것은 아버지를 본 것이라고 말씀하셨음을 기억하라(요 14:9). 히브리서 기자는 이 사실을 다음과 같이 근사하게 표현한다.

> 이는 하나님의 영광의 광채시요 그 본체의 형상이시라 그의 능력의 말씀으로 만물을 붙드시며 죄를 정결하게 하는 일을 하시고 높은 곳에 계신 지극히 크신 이의 우편에 앉으셨느니라 (히 1:3)

성령님은 우리로 하여금 끊임없이 하늘에 계신 아버지 우편에 앉아 계신 예수님을 닮아가게 하신다. 이와 관련된 놀라운 성경 구절 중 하나를 사도 바울이 고린도 교회에 보낸 두 번째 서신에서 찾을 수 있다.

> 돌에 써서 새긴 죽게 하는 율법 조문의 직분도 영광이 있어 이스라엘 자손들은 모세의 얼굴의 없어질 영광 때문에도 그 얼굴을 주목하지 못하였거든 하물며 영의 직분은 더욱 영광이 있지 아니하겠느냐… 없어질 것도 영광으로 말미암았은즉 길이 있을 것은 더욱 영광 가운데 있느니라… 그러나 그들의 마음이 완고하여 오늘까지도 구약을 읽을 때에 그 수건이 벗겨지지 아니하고 있으니 그 수건은 그리스도 안에서 없어질 것이라 오늘까지 모세의 글을 읽을 때에 수건이 그 마음을 덮었도다 그러나 언제든지 주께로 돌아가면 그 수건이 벗겨지리라 주는 영이시니 주의 영이 계신 곳에는 자유가 있느니라 우리가 다 수건을 벗은 얼굴로 거울을 보는 것같이 주의 영광을 보매 그와 같은 형상으로 변화하여 영광에서 영광에 이르니 곧 주의 영으로 말미암음이니라 (고후 3:7-8, 11, 14-18)

이 구절이 무슨 말을 하고 있는지 보이는가? 우리가 주님의 영광을 바라보고 있으나, 이내 우리가 거울을 보고 있다는 사실을 발견한다는 것인가? 우리는 그 거울 속에서 우리를 "영광에서 영광으로" 영화롭게 된 하나님의 아들의 모습으로 변화시키고 계시는 성령님의 역사하심을 보고 있는 것이다.

《패션성경》(The Passion Translation)을 번역한 브라이언 시몬스(Brian Simmons)는 이것을 다음과 같이 훌륭하게 옮긴다.

지금 제가 '주'라고 부르는 분은 성령님이십니다. 그리고 주가 계신 곳에는 어디든지 자유가 있습니다… 영광에서 더 밝고 환한 차원의 영광으로 나아감으로써 우리는 그분의 모습으로 변모되는 것입니다. 그리고 이러한 영광스러운 변모는 영이신 주님으로 부터 임합니다 (고후 3:17-18)

영광을 위해 만들어지다

모든 사람이 죄를 범하였으매 하나님의 영광에 이르지 못하더니

(롬 3:23).

우리는 하나님의 영광을 위해 살게 되어 있었다. 물론 죄로 인하여 우리를 향한 하나님의 원래 의도에 미치지 못하게 되었다. 하지만 예수님의 보혈이 죄의 권세와 흔적을 멸함으로써 우리를 하나님의 원래 설계대로 회복시키셨다. 성령님은 완전하신 하나님의 아들의 영광을 거듭난 신자들에게 옮기셔서 각 사람을 이제는 하늘에서 영화롭게 되신 예수님의 형상으로 변화시키신다.

죄가 있기 전에 그에 대한 해결책이 이미 있었다. 죄가 세상에 들어오기 전에 예수님이 십자가에 못 박히신 것이다. 성경은 다음과 같이 언급한다.

> 세상이 창조된 이후, 죽임당하신 어린양의 생명책에 기록되지 못한 땅에 사는 사람들은 모두 이 짐승을 경배하게 될 것입니다 (계 13:8, 쉬운성경)

이 위대한 신비는 영원 전부터 하나님의 형상대로 지음 받을 사람들을 향한 하나님의 마음을 드러낸다. 그 어떤 것, 마귀, 죄, 심지어 우리의 반역조차도 흠 없이 하나님의 영광 안에서 살게 하려는 우리를 향한 그분의 계획을 파괴할 수 없다. 이처럼 완벽하게 연결되는 것은 오직 다음 구절에 묘사된 하나님의 흠 없는 어린양의 보혈과 성령님의 거룩하게 하시는 역사로만 가능하다.

> 곧 하나님 아버지의 미리 아심을 따라 성령이 거룩하게 하심으로 순종함과 예수 그리스도의 피 뿌림을 얻기 위하여 택하심을 받은 자들에게 편지하노니 은혜와 평강이 너희에게 더욱 많을지어다(벧전 1:2)

우리는 겨우도 하나님의 영광 안에 거할 자격이 되지 않는다. 예수님의 보혈의 능력으로 하나님의 영광 안에 거할 완전한 자격을 얻게 된 것이다.

그러므로 성령님은 우리가 마치 거울을 들여다보는 것처럼 하나님의 영광을 바라볼 수 있게 해주셔서 그분이 우리의 삶에 행하신 일들을 볼 수 있게 되었다. 그리고 이러한 넘치는 은혜의 기적은 우리가 경배하는 대상을 닮아가기 때문에 일어난다. 우리가 바라보는 대상을 닮아가는 것이다.

예수님은 아버지와 똑같은 분이다. 성령님도 예수님과 똑같은 분이다. 그리고 우리도 아버지께로 인도하시는 성령님의 역사하심을 통해 영광스러운 하나님의 아들과 똑같아지고 있다.

Chapter 4

성령님을 모시기 위해 창조되다

앞서 우리는 성령과 연결된 인류의 여정이 태초의 에덴 동산에서 시작되었음을 살펴보았다. 하늘과 땅이 아름답게 어우러진 그곳에서 최초의 남자와 여자는 하나님의 형상대로 지음받은 존재로서의 목적, 즉 기쁨을 누리는 경험을 할 수 있었다. 히브리어 "에덴"은 "기쁨", "호화" 또는 "즐거움"을 의미한다.[1] 그 의미는 우리를 향한 하나님의 원래 목적에 주목하게 한다. 하지만 놀랍게도 우리는 이 단어의 의미를 너무나도 자주 놓쳐버린다. 하나님은 선하시며 좋은 아버지이시다. 그분은 그분 자신과 우리의 기쁨을 위해 우리를 창조하셨다.

---

1) Ernest Klein, *A Comprehensive Etymological Dictionary of the Hebrew Language for Readers of English*, 1st ed. (Carta Jerusalem, 1987), Sefaria, https://www.sefaria.org/Klein_Dictionary%2C_%D7%A2%D6%B5%D6%BD%D7%93%D6%B6%D7%9F_%E1%B4%B5?lang=bi.

에덴 동산은 하나님이 아담과 정기적으로 만나 교제하셨던 곳이다. 하와가 창조되기 전에 이 천상의 기쁨을 누리는 교제가 얼마 동안이나 지속되었는지 성경은 기록하지 않는다. 또한 창조된 후 하나님과 동일한 교제를 누리던 하와가 얼마 후에 아담과 함께 주님께 불순종하여 금지된 열매를 따먹었는지도 성경은 언급하지 않는다. 아마도 여러 해가 훌쩍 지난 후였을 것이다.

분명 성령님이 이 놀랍고도 근사한 낙원을 채우고 계셨을 것이다. 그분이 계시지 않았다면 그곳은 낙원이 아니었을 것이다. 성령님은 하나님의 왕권이 통치하고 있음을 보여 주시는 분이다. 그분 안에는 하나님 나라(왕의 통치권)의 본질이 담겨 있다. 하나님 나라는 성령님의 선명한 임재 안에 담겨 있고 그것으로 계시된다. 그분을 알게 된다는 것은 하나님 나라의 실재를 알고 경험하게 된다는 의미이다. 그리고 하나님 나라의 실재를 탐험한다는 것은 성령님과의 관계 안에서 평생의 여정을 함께한다는 의미이다.

그러므로 에덴 동산은 전능하신 하나님의 임재로 가득 찬 지상 최고의 낙원이었다. 앞서 언급한 바와 같이 의와 평강, 기쁨이 그곳의 대기에 충만했는데, 하나님의 기쁨으로 통치될 때 드러나는 모습 중 하나이다. 에덴 동산에는 하나님의 창조 세계의 완벽한 아름다움이 있었다. 그것은 바로 죄와 수치 없이 살아가던 아담과 하와에게 있던 황홀한 기쁨이었으며, 사람 안에서, 사람을 통해 자신을 드러내기로 선택하신 영존하시는 아버지의 영원한 경이로움이었다. 오직 에덴 동산만이 기쁨을 최우선으로 두고 만드신 곳이기에, 이 기쁨과 완벽함의 동산은 하나님의 다른 창조들에서는 잘 드러나지 않는 그분의 경이로움과 아름다움, 의도와 목적의 또 다른 측면을 보여주었다.

이 완벽한 기쁨의 동산은 천국과는 다른 곳이었지만, 천국에 반하거나 천국보다 못한 곳이 아니었다(물론 죄로 인해 천국보다 못한 곳이 되었다). 에덴은 하늘과 땅, 두 개의 실재가 완벽하게 합쳐지는 궁극의 지상 낙원이었다. 다른 말로 하면 에덴은 자연과 초자연이 합류하는 곳이었다. 오늘날에도 우리는 성령님을 통해 하나님의 임재와 그분의 천사들, 그리고 하나님 나라의 실재를 점점 더 인식할 수 있게 됨으로써 이러한 만남을 맛볼 수 있다. 이러한 영적 분위기가 있는 상태를 보통 열린 천국이라고 말한다. 죄가 들어오기 전의 에덴 동산은 모든 감각으로 하나님을 충만히 감지할 수 있는 열린 천국이었다. 다시 말해 그곳은 하늘과 땅이 가장 아름다운 방식으로 완벽하게 연합하여 어우러지는 곳이었다.

하나님이 그분의 본성을 우리에게 주셨다

완전한 사랑이신 하나님은 사랑하기 위해 우리를 창조하셨다. 사랑은 언제나 베푼다. 하나님은 우리를 그분의 형상으로 만드심으로 먼저 인류에게 자신을 주셨다. 우리가 오직 하나님께만 있는 독특함을 누리고 기뻐하도록 우리 안에 그분의 성품을 넣어 주셨다. 창조주이신 하나님 자신을 모델로 삼았기 때문에 완벽 그 자체였다. 인간에 대한 설계는 오류가 없었다. 이 세계 자체가 우리의 즐거움을 위해 창조되었기 때문에, 우리의 모든 것이 기쁨과 즐거움 그리고 황홀함으로 가득한 그분의 세계를 경험하게 되어 있었다.

또한 우리는 하나님을 "모시게" 되어 있었고, 이러한 관계는 우리가 그분의 끝없는 선하심을 경험하면서 우리 존재의 이유를 찾는 방법 중 하나라고 할 수 있다. 하나님의 본성을 탐구하는 것은 어떤 면에서 우리가 누구인지 발견하려는 것과 같다. 성령님이 우리 안에 거하시면서 우리가 그분께 순복하게 되면, 자연스럽게 우리의 생각과 태도, 행동을 통해 하나님의 마음과 본성을 비추게 된다. 우리 영혼의 원수는 이 세상에서 하나님이 누구신지 우리를 통해 나타나는 것을 더럽히고 손상시키기 위해 열심히 노력한다. 그는 우리가 불안, 두려움, 분노, 후회를 받아들이도록 설득한다. 이러한 것들은 우리를 해결책이 없는 길로 인도한다. 그러나 회개하면 해결된다. 하나님의 말씀에 순종하고 우리를 향한 마귀의 계획에 대적하면 하나님의 임재와 본성 그리고 그분의 부르심을 이 땅에 가져올 수 있게 된다.

❖

우리는 하나님을 "모시게" 되어 있었고, 이러한 관계는 우리가 그분의 끝없는 선하심을 경험하면서 우리 존재의 이유를 찾는 방법 중 하나라고 할 수 있다.

하나님이 우리에게 이 땅을 주셨다

에덴 동산이라 불리던 열린 천국에서 하나님은 아담과 하와와 교제하시면서 자신을 주셨다. 흥미로운 것은 하나님이 이들 최초의 부부에게 온 땅도 주셨다는 사실이다. "하늘은 여호와의 하늘이라도 땅은 사람에게 주셨도다"(시 115:16). 이 선물과 함께 동산 밖의 모든 것을 동산 안의 아름다움과 경이로움, 하나님의 질서 안으로 가져와야 할 책임도 주어졌다. 하나님은 "각자의 능력에 맞게" 책임을 맡기시는 분이기에(마 25:15), 에덴은 분명 아담과 하와가 잘 관리할 수 있는 딱 맞는 사이즈였을 것이다. 그들의 임무는 온 땅이 에덴과 동일한 아름다움, 즐거움으로 덮여 완벽한 조화를 이룰 때까지 동산의 경계를 확장하는 것이었다. 전 세계에 변화를 가져오는 이러한 임무를 수행하기 위해 그들은 자기들에게 주어진 것을 청지기로서 관리하는 능력을 키워야 했다. 이것은 자녀를 낳고, 그 자녀들이 또 자녀들을 낳아 그들이 아담과 하와가 원래 가슴에 품었던 그 사명을 이어 나가야만 가능한 일이었다. 인류가 하나님 아버지와의 친밀한 관계를 통해 지구 전체가 지속적인 황홀함과 즐거움 그리고 기쁨의 경이로움으로 변화되는 것을 보는 것이 목표였다.

이 땅은 오늘날도 인류가 받은 유업이다. 사도 바울은 이 진리를 다음과 같이 선포했다, "그런즉 누구든지 사람을 자랑하지 말라 만물이 다 너희 것임이라… 세계나… 지금 것이나 장래 것이나 다 너희의 것이요 너희는 그리스도의 것이요 그리스도는 하나님의 것이니라"(고전 3:21-23). 하나님의 계획은 우리를 그분의 형상대로 창조하신 다음 그분과 동역할 수 있게 권능을 주심으로 그분께 영광을 돌리게 하는 것이다. 참으로 모든 피조물이 경외심을 갖는 가장 아름다운 계획이다.

궁극적인 꿈: 우리 안에 거하심

아담과 하와가 죄를 짓기 전에 하나님이 어떻게 자신을 온전히 내어주셨는지는 쉽게 알 수 있다. 하지만 그들이 죄를 범하여 완전히 실패한 이후에도 그분이 어떻게 자신을 내어주심으로 사랑을 보여 주셨는지 보면 훨씬 더 놀랍다. 하나님은 사랑이시기에 그들이 범죄한 이후에도 계속 자신을 내어주셨다. "하나님이 세상을 이처럼 사랑하사 독생자를 주셨으니 이는 그를 믿는 자마다 멸망하지 않고 영생을 얻게 하려 하심이라"(요 3:16). 믿음과 마찬가지로 사랑도 가만히 머물러 있을 수 없다.

죄가 우리에게 남긴 깊은 상처로 인해 우리가 하나님이 원래 의도하신 삶을 살 수 없게 되었다는 사실을 생각하면 깜짝 놀란다. 하지만 예수님의 보혈이 우리를 사랑 받는 왕의 아들딸로 회복시킴으로 아버지 하나님과의 지속적인 교제가 가능해졌다. 우리는 예수님의 보혈을 통해 다시금 죄가 없게 되었다. 예수님의 보혈로 우리는 이 땅에 거하시는 성령 하나님과 완전한 관계를 누릴 수 있게 된다.

상상이 되는가? 우주의 창조주께서 자기 형상대로 지음 받은 자들 안에서 영원토록 거하실 계획을 세우셨다! 이 사실은 아무리 강조해도 지나치지 않다. 그분은 예수 그리스도를 믿음으로 죄의 저주에서 구원받은 사람들의 몸과 마음 안에 거하시기로 선택하셨다. 전능하신 하나님이 우리 안에 거하신다니, 이것은 우리의 이해를 훨씬 뛰어넘는 일이다! 우리가 그분의 영원한 거처가 된 것이다. 기쁨과 즐거움을 위해 우리를 지으시고 그분의 집으로 삼기로 선택하신 하나님과 온전한 관계를 누릴 수 있게 되었다. 그분이 가까이 계심이 우리의 기쁨이다. 성경은 주님의 임재 안에 충만한 기쁨이 있다고 분명히 말씀하고 있다(시 16:1). 그렇다면 이 기쁨은 즐거움을 찾아낸 사람의 자연스러운 표현이라고 말할 수 있지 않은가?

머무르심

2장 "거하시는 처소가 되기"에서 설명한 바와 같이 성령님은 모든 믿는 자 안에 거하시지만, 모든 믿는 자들 위에 항상 지속적으로 머무르시는 것은 아니다. 예수님처럼 온전히 그분께 순복한 사람에게만 머무르신다. 성령님께 자리를 내어 드리고 온전히 그분이 드러나실 수 있게 기회를 드리는 것이 예수님이 우리에게 보여 주신 모습이었다. 그분은 우리에게 어떻게 이 영광스러운 성령님을 높여 드리고 모셔 들여야 하는지 가르쳐 주셨다.

성령님은 나를 위해 내 안에 거하신다. 또한 그분이 내 위에 임하시는 것은 다른 사람들을 위해 그들에게 성령님을 풀어내게 하려는 것이다. 사역을 위해 내게 기름을 부으신 그 성령님이 나를 위로하시고 평생 동안 안내해 주신다. 그분이 내 위에 머무르시면 언제나 나의 주변에 변화가 나타난다. 예수님은 이 진리를 완벽하게 보여주셨다. 이 일은 그분이 침례를 받으실 때 시작되었다. 예수님의 삶에서 성령님과의 관계는 모든 믿는 자들의 삶에 반드시 영향을 미치게 된다. 예수님이 세례를 받으시는 장면은 요한복음 1장 33절에 다음과 같이 묘사되어 있다. "성령이 내려서 누구 위에든지 머무는 것을 보거든 그가 곧 성령으로 침례를 베푸는 이인 줄 알라." 성령님은 예수님 위에 임하여 머물러 계셨다.

예수님은 아버지께 위임을 받아 권위를 가지고 이 땅에 오셨지만, 아버지께서 의도하신 모든 일을 이루기 위해서는 여전히 영적인 능력이 필요했다. 침례를 받으시는 순간 그분은 성령의 능력을 옷 입으셨다. 예수님이 받으신 것은 물 침례이자 성령 침례였던 것이다. 이 일 후에 비로소 예수님이 능력으로 행하시며 사역하시는 모습을 보게 된다. 이것은 누가복음 3장 21-22절, 4장 1-30절에도 분명하게 나타난다. 눈에 띄는 점은 성령님이 예수님 위에 "머무셨다"는 점이 강조되었다는 것이다. 하나님의 영이 한순간 임했다가 곧 사라지셨을 수도 있었다는 말이다. 즉 그곳에 언제나 계시거나 계속 커지는 실재가 아닐 수도 있다는 것이다. 하지만 예수님은 결코 하나님의 영을 상하게 하지 않으시고 훌륭하게 그분을 모셨다. 예수님은 성령님을 위한 완벽한 안식처가 되어 주신 것이다.

예수님이 받으신 침례 이야기를 말할 때 나는 사람들에게 종종 묻는다. "만약 실제로 비둘기가 제 어깨 위에 앉아 있다면, 제 어떻게 걸어야 그 비둘기가 그대로 있을까요?" 많은 이들이 "조심스럽게"라고 대답하는데, 맞는 말이다. 하지만 성령님과의 관계를 생각할 때, 그것을 이렇게 표현하고 싶다. "나는 내딛는 모든 걸음마다 비둘기를 염두에 두고 걸을 것이다. 움직일 때마다 내가 가장 소중하게 여기는 존재, 곧 그분을 보호하고 존중하려 할 것이다."

예수님의 삶의 방식은 사람과 성령님의 완벽한 동역에 대해 일관적으로 이야기해 준다. 예수님은 영원하신 하나님의 아들이다! 그분이 하나님이 아니라면 우리에게는 구원도 영원한 언약도 없게 된다! 하지만 그분은 성령님께 완전히 순복한 사람이 무엇을 할 수 있는지 보여주시기 위해 자신을 인자, 즉 사람의 아들로 표현하셨다. 복음서들은 우리에게 예수님을 계시해 준다. 하지만 인간이신 예수님이 이 땅에서 아버지의 뜻을 완벽하게 성취하실 수 있게 하신 분은 바로 성령님이었다.

내가 가장 좋아하는 성경 구절들 중 하나는 사도행전 10장 38절이다.

> 하나님이 나사렛 예수에게 성령과 능력을 기름 붓듯 하셨으매 그가 두루 다니시며 선한 일을 행하시고 마귀에게 눌린 모든 사람을 고치셨으니 이는 하나님이 함께하셨음이라

이 구절에서 "하나님이 함께하셨다"는 것은 예수님이 하나님이 아니셨다는 말이 아니라, 하나님이 인간이신 그분 안에 함께하셨다는 사실을 강조하는 것이다. 그래서 사람의 아들이 하나님이 하신 일과 같은 일들을 모두 하실 수 있었던 것이다. 사실 예수님은 사역을 시작하실 때 이미 하나님이 자신과 함께하신다고 선포하셨다.

> 주의 성령이 내게 임하셨으니 이는 가난한 자에게 복음을 전하게 하시려고 내게 기름을 부으시고 나를 보내사 포로 된 자에게 자유를, 눈 먼 자에게 다시 보게 함을 전파하며 눌린 자를 자유롭게 하고 주의 은혜의 해를 전파하게 하려 하심이라 하였더라 (눅 4:18-19)

이 구절을 통해 우리는 예수님이 그 모든 일을 하실 수 있었던 것은 성령님이 함께하셨기 때문이라는 것을 다시 한번 알 수 있다. 예수님이 "마귀에게 눌린 모든 자들"을 고치셨다고 기록될 수 있었던 것도 하나님이 함께하셨기 때문이다. 모든 사람들이 치유되거나 해방된 것은 아니다. 예수님께 나아온 모든 사람, 그리고 아버지께서 그분께 이끄신 모든 이들은 기적을 받았으며, 예외는 없었다.

우리는 예수님이 3년 반 동안 사역하신 내용을 읽으면서 성령님의 일하심을 보고 있다는 사실을 의식하지 못할 때가 많다. 하지만 놀라운 점은 그 순간에도 우리는 아버지와 아들과 성령, 삼위일체의 완전한 연합과 나타나심에 대한 계시를 목격한다는 것이다. 예수님의 사역과 말씀 가운데 우리는 성령님의 삶과 성품 그리고 역사하심을 통해 드러나는 아버지의 마음을 보게 된다.

예수님을 계시하여 그분께 영광을 돌리기를 갈망하시는 성령님을 모실 수 있다는 것은 대단히 큰 영광이다. 또한 예수님은 언제나 아버지를 가리키셨다. 정말로 놀랍고 신비로우며 경이로운 일이다!

❖

성령님은 나를 위해 내 안에 거하신다. 또한 그분이 내 위에 임하시는 것은 다른 사람들을 위해 그들에게 성령님을 풀어내게 하려는 것이다.

성령님을 모시기 위해 영적 분위기 유지하기

우리는 하나님의 영을 모셔 들일 수 있게 우리 삶의 영적 분위기를 유지할 필요가 있다. 한 예로 예수님이 성령님을 모독하면 영원한 형벌을 받게 될 것을 경고하셨음을 기억하라. 예수님은 우리가 그분이나 하나님 아버지를 모독하는 것은 용서받을 수 있지만, 성령님을 모독하는 자는 용서받을 수 없다고 말씀하셨다(눅 12:10). 이 말씀은 나에게 대단히 놀랍고도 신비로운 내용으로, 경고보다는, 이 장면을 더욱 분명히 하기 위해서 강조하는 것이다. 아버지 하나님과 그 아들 예수도 성령님을 공경하셨으므로, 우리도 그분을 공경해야 한다. 절대로 그분을 모독하면 안 된다.

성령님에 대해 아버지께서 정하신 두 가지 원칙을 기억하면, 믿는 자들은 최선의 삶을 살아가게 된다. 성령님을 근심하게 하지 말고(엡 4:30) 성령님을 소멸하지 말라(살전 5:19). 먼저 우리는 잘못된 행동, 태도, 생각, 계획 등으로 그분을 근심하게 한다. 이 명령은 우리의 성품에 초점을 맞춘 것이다. 다음으로 우리가 성령님께 협조하지 않음으로써 삶 가운데 그분의 말씀과 능력의 흐름이 멈추게 되면 그분이 소멸하신다. 이 명령은 능력의 풀어짐에 초점을 맞추고 있다. 이들은 우리가 의지하는 두 기둥, 곧 성품과 능력을 나타내며 어느 하나가 다른 것보다 더 중요하다고 할 수 없다.

성령님은 민감하신 분이기에 우리가 각별하게 주의를 기울이며 섬겨야 한다. 삼위일체 중, 우리 안에 거하도록 정해진 분은 바로 성령님이시다. 상하고 보잘것없고 죄로 가득 찬 인간이 민감하신 성령님의 거처가 된다고 생각해 보라. ("민감하다"는 말이 약하다는 느낌을 줄 수 있기에 적합한 표현인지는 모르겠다. 물론 성령님은 약한 분이 아니다. 그 의미가 충분히 전달되기를 바란다.) 내가 이 말을 하는 것은 예수님의 보혈이 한 생명에 적용될 때 나타나는 절대적인 영향력을 강조하기 위함이다. 이것은 그 사람을 죄가 들어오기 이전 에덴 동산에서의 인류의 위상으로 완전히 회복시켜 하나님이 거하시는 처소가 되게 한다.

이와 관련하여 또 하나의 중요한 점은 하나님이 우리에게 맡겨주신 것을 인식함으로써 그분이 우리를 얼마나 신뢰하시는지도 알 수 있다는 것이다. 하나님은 우리에게 자신의 영, 성령님을 맡기셨다. 그렇게 하신 것 자체로도 우리의 삶 가운데 예수 보혈의 능력과 영향력에 대한 하나님의 확신이 드러난다.

함께 파송 받다

우리가 하나님의 영을 받아서(그분의 내주하심을 맞아들여서) 그분께 순복되면(그분이 우리 위에 머무시도록 허용해 드리면), 우리를 통해 세상을 향한 그분의 의도와 목적을 수행하시게 된다. 성경은 예수님이 사역을 다니실 때 하나님이 함께하심으로 치유와 축사의 기적적인 역사를 행하셨다고 구체적으로 말씀하고 있다. 그리고 성경을 연구하면서 발견한 가장 흥미진진한 사실 중 하나가 하나님이 누군가에게 함께하신다는 사실을 계시하실 때는 거의 언제나 그 사람에게 불가능한 임무가 주어졌을 때라는 것이다. 그렇다고 우리가 무언가를 수행하도록 도우시기 위해서만 하나님이 함께하시는 것은 아니다. 하나님은 우리와의 관계 자체를 원하신다. 그렇지만 아마도 아담과 함께 동산을 거니시면서 대화하셨을 때, 그가 무엇을 만들고 설계할 것인지에 대한 내용도 있었을 것이라고 생각한다.

마찬가지로 성령님이 우리를 위로하고 가르치고 인도하시기 위해 이 땅에 계신다는 것을 우리는 알고 있다. 그뿐 아니라 훨씬 더 많은 것들을 우리에게 행하신다. 그러나 다시 강조하자면 하나님이 어떤 사람에게 "내가 너와 함께하겠다"고 말씀하실 때는 거의 대부분 그 사람이 자연적으로는 결코 완수할 수 없는 임무를 받았을 때이다. 모세도 사명을 받을 때 불타는 떨기나무 앞에서 이와 같은 경험을 하였다.

> 모세가 하나님께 아뢰되 내가 누구이기에 바로에게 가며 이스라엘 자손을 애굽에서 인도하여 내리이까 하나님이 이르시되 내가 반드시 너와 함께 있으리라 (출 3:11-12)

이 대화를 읽다 보면, 하나님이 "내가 누구이기에"라는 모세의 질문을 쉽사리 무시하신 것처럼 보일 수도 있다. 그러나 나에게는 하나님이 모세에게 "내가 함께하고 싶은 사람은 바로 너다. 나는 네 하나님으로 알려지길 원한다"고 말씀하시는 것처럼 보인다. 그리고 이 말씀은 이스라엘을 애굽에서 이끌어내어 "약속의 땅"으로 인도해 들여가야 할 책임이 주어진 것과 관련이 있었다. 물론 이것은 인간의 입장에서는 불가능한 임무였다. 모세는 노예였던 이스라엘 백성들을 왕들에게 합당한 유업의 땅으로 이끌어야만 했다(노예들을 애굽에서 끄집어내는 것이 그들에게서 애굽의 사고방식을 없애는 것보다 훨씬 쉬운 일이었지만 말이다).

여호수아도 모세에게 주어졌던 것과 기본적으로 동일한 임무를 받았다. 실제로 하나님은 그에게 "네 평생에 너를 능히 대적할 자가 없으리니 내가 모세와 함께 있었던 것같이 너와 함께 있을 것임이니라 내가 너를 떠나지 아니하며 버리지 아니하리니"(수 1:5)라고 말씀하셨다. 하나님은 전임자인 모세가 완수하지 못한 일, 곧 이스라엘을 약속의 땅으로 인도하라는 사명을 여호수아에게 맡기셨다. 그런데 그 사명은 단순히 아무도 방해하지 않는 주인 없는 땅으로 걸어 들어가서 그것을 취하기만 하면 되는 일이 아니었다. 그 땅은 이스라엘 백성보다 더 크고 강하고 수적으로 우세한 사람들이 차지하고 있었다. 하나님이 직접 적의 군대가 이스라엘의 군대보다 우세하다고 말씀하셨다(신 7:7). 그분으로부터 직접 그런 말씀을 듣는 것은 그다지 격려가 되지 않았을 것이지만, 주님은 여호수아와 함께하시겠다고 말씀하셨다. 이 단순한 사실 하나가 이스라엘 백성에 대한 다른 모든 공격들을 압도했다. 하나님이 모든 상황의 변수가 되신다.

나중에 주님은 기드온에게도 동일한 말씀으로 자신의 임재를 확신시켜 주셨는데, 이번에도 역시 그의 임무와 관련이 있음을 확인할 수 있다.

> 그러나 기드온이 그에게 대답하되 오 주여 내가 무엇으로 이스라엘을 구원하리이까 보소서 나의 집은 므낫세 중에 극히 약하고 나는 내 아버지 집에서 가장 작은 자니이다 하니 여호와께서 그에게 이르시되 내가 반드시 너와 함께 하리니 네가 미디안 사람 치기를 한 사람을 치듯 하리라 하시니라 (삿 6:15-16)

기드온은 하나님의 백성들을 끊임없이 조롱하고 모욕하던 주변 민족들을 물리치도록 이스라엘을 이끌어야 했다. 그들은 이스라엘 백성들을 억압하고 수탈했다. 그래서 그 백성들은 숨었고, 그들의 자존감은 수치심으로 산산조각이 났다. 이러한 상황에서 하나님은 기드온을 구원자로 부르시며 그와 함께하시겠다고 말씀하셨다. 기드온은 이 임무에 부담을 느낀 나머지 하나님의 말씀을 제대로 들었는지 거듭해서 확인해야 했다.

    신약에서 예수님은 죽으시고 부활하신 후 남아 있는 열한 제자들에게 나타나셔서 부르심을 행하라고 파송하셨을 때에도 그들과 함께하시겠다고 말씀하셨다.

> 그러므로 너희는 가서 모든 민족을 제자로 삼아 아버지와 아들과 성령의 이름으로 침례를 베풀고 내가 너희에게 분부한 모든 것을 가르쳐 지키게 하라 볼지어다 내가 세상 끝날까지 너희와 항상 함께 있으리라 하시니라 (마 28:19-20)

    먼저는 열한 제자들에게 그리고 미래의 모든 제자들에게 "모든 민족을 제자로 삼으라"는 임무가 주어졌다. 이것은 사람이 받을 수 있는 가장 어려운 임무일 수도 있다. 믿는 자들인 우리 모두는 이 사명을 이어받았다. 열한 제자의 사명일 뿐만 아니라 우리 모두의 사명인 것이다. 하지만 이 임무의 수행을 가능하게 하는 것 한 가지가 바로 하나님이 우리와 함께하신다는 사실이다. 여기에서 중요한 것은 하나님이 그분의 명령대로 수행할 수 있게 해 주신다는 사실을 기억하는 것이다.

성령님의 능력 안에서 살아가기

이제 요점이 분명해졌기 바란다. 하나님이 누군가와 함께하시리라 말씀하시는 것은 어떤 불가능한 일을 이루기를 기대하시기 때문이다. 이것이 바로 복음의 본질이며 아버지의 성품이다. 복음은 우리에게 성령님의 능력을 통해 인간의 능력을 뛰어넘는 일을 하도록 초청한다. 또한 불가능의 영역을 침노하라고 요구가 가능하도록 보장해 주시는 분이 바로 아버지이시다. 하나님이 누군가와 함께하신다고 계시하실 때는 마치 온 천국이 우리가 그분의 이름으로 이기고 정복해내는 모습을 보기 위해 준비하는 것같다.

우리는 예수님 없이 아무것도 할 수 없다는 사실을 알고 있다. 심각한 문제는 우리가 성령님과는 아무것도 하지 말기를 배웠다는 사실이다. 하지만 지금 그러한 역설이 변화되고 있다. 하나님이 그분의 "임재의 임무"를 분명하게 알리고 계시기 때문이다.

성령님의 능력이 하나님의 백성 위에 역사하신다는 사실은 구약에서 신약까지 성경 전반에 잘 드러나 있다. 예수님에게 머무신 성령님의 임재가 그 모든 기적들을 가능하게 했을 뿐만 아니라 타당한 일로 만들었다. 삶의 불가능들이 하나님의 아들과 함께하는 하나님의 영 앞에 굴복하는 것은 당연한 일이었다. 하나님의 능력의 빛은 무한하다. 반면 어두움과 그것이 가져다주는 고통과 불행은 유한하다. 성령님이 예수님의 절대적인 위엄을 보여주는 곳에는 언제나 승리와 자유가 있게 된다.

THE
HOLY
SPIRIT

PART 2

우리의 보혜사

Chapter 5

왕관을 씌워주시는 손길

　　예수님은 제자들에게 "그러나 내가 너희에게 실상을 말하노니 내가 떠나가는 것이 너희에게 유익이라 내가 떠나가지 아니하면 보혜사가 너희에게로 오시지 아니할 것이요 가면 내가 그를 너희에게로 보내리니"라고 말씀하셨다(요 16:7). 성령님이 우리의 보혜사라는 것은 구원받은 하나님의 가족 구성원으로서 우리의 목적과 잠재력을 성취할 수 있게 해 주신다는 의미이다. 우리에게 허락된 천국의 동역은 성령님과의 관계 속에서 온전히 이루어지게 된다. 그러므로 하나님이 친히 우리 안에 거하시며 그분 안에서 우리의 목적을 온전히 이룰 수 있게 하신 것은 우리를 그분의 동역자로 지으신 창조 사역의 정점이다. 그분과의 관계는 가족들, 다른 믿는 자들, 그리고 우리가 매일 만나는 이들과의 관계에 깊은 영향을 준다.

성령님의 속성과 역할을 나열하자면 끝이 없다. 그분은 거룩과 선하심, 아름다움, 경이로움 가운데 영원하시고 무한하신 하나님의 본질이시기 때문이다. 이처럼 소중한 성령님이 우리를 충만케 하시고 여러 가지 방법으로 우리를 도와주신다. 이어지는 장들에서는 성령님이 우리의 보혜사라는 것이 어떤 의미인지 그리고 그분이 도와주시는 구체적인 영역들, 즉 '우리에게 권한을 주심', '우리를 위해 중보하심', '진리와 지혜의 말씀', '아버지의 음성 듣기', '하나님 나라의 독특한 창의력으로 영감 얻기', '성령의 열매와 은사들을 통한 역사', 이 영역들을 통해 그리스도 안에서 우리의 삶에 "세속적인" 것이 없게 하시는 것을 살펴볼 것이다.

보혜사는 우리의 부족함을 채워 주신다

창세기의 창조 기사를 다시 읽어 보면 성령님을 우리를 돕는 분이라고 말씀하신 하나님의 의도를 더 잘 이해할 수 있다. 우리는 하나님이 저녁 선선한 때에 에덴 동산에서 아담과 함께 거니셨고, 이러한 교제가 행복 자체였음을 알고 있다. 아담의 삶은 말 그대로 완벽했다. 아담이 이러한 행복 가운데 살고 있었음에도 아버지께서는 "사람이 혼자 사는 것이 좋지 아니하니 내가 그를 위하여 돕는 배필을 지으리라"고 말씀하셨다(창 2:18). 그 후 아담의 갈비뼈 중 하나로 하와를 만들어 그의 아내로 주셨다(21-22절). 아버지께서는 그분의 지혜로 아담의 삶의 모든 것이 완벽하고 선하지만, 아직 미완성으로 여기셨다. 인간인 그가 홀로 있으면 그 잠재력이 온전히 발휘될 수 없었기 때문이다. 하와는 하나님의 창조 세계의 완성이었다.

하나님이 하와를 만드셨다고 해서 아담의 관계적인 필요성을 채워 주실 능력이 없으시거나 그분만으로는 아담에게 충분하지 않았다는 의미는 아니다. 하나님과 아담의 관계는 그 자체로 완벽했다. 다만 하나님의 계획대로 큰 능력이 있는 아담은 자기와 같은 형상을 가진 누군가와 관계를 맺음으로 오히려 하나님과의 동행을 더욱 든든하게 만들었다. 또 하나님은 남편과 아내의 관계 안에 "하나님의 모습을 감추고" 직접적으로는 아담과 하와의 개인적인 관계를 통해, 간접적으로는 아담이 아내인 하와를 대하는 모습과 그녀를 귀히 여기는 모습을 통해 영광을 받고자 하셨다.

예수님은 마지막 때에 다시 오셔서 "너희가 여기 내 형제 중에 지극히 작은 자 하나에게 한 것이 곧 내게 한 것이니라"고 말씀하실 것이다(마 25:40). 이 구절은 옥에 갇힌 사람을 방문하거나 목마른 자들에게 주님의 이름으로 물 한 잔이라도 준 사람을 높이실 것을 강조하신다(마 25:31-44). 그분은 이렇게 친절을 베푸는 모습을 가르치고 본을 보이시면서 하나님이 어떻게 깨어지고 상한 인간의 모습 안에 자신을 숨기셨는지 계시해 주셨다. 우리가 베푸는 모든 긍휼과 자비의 행위가 예수님께 하는 것과 마찬가지라는 것이다. "지극히 작은 자"들을 대하는 것을 하나님 자신에게 하는 것으로 여기신다면, 우리 삶에서 가장 소중한 사람들을 제대로 존중하고 귀하게 여길 때 얼마나 기뻐하시겠는가.

　아담에게 하와는 분명 그런 사람이었다. 따라서 하와를 잘 알고 존중해 주는 것은 하나님을 알고 공경해 드리는 또 하나의 방법이었다. 매우 현실적인 의미에서 하나님은 아담을 위해 하와 안에 자신을 숨기셨고, 또 하와를 위해 아담 안에 자신을 숨기셨다. 우리는 하나님이 우리 삶에 두신 사람들을 통해 그분에 대한 놀라운 사실들을 발견하고 깨닫게 된다. 또한 예수님의 이름으로 다른 이들을 받아들이고 섬기는 법을 배우는 과정 속에서 성령님이 어떻게 우리와 동행하시며 우리의 보혜사가 되시고 도우시는지 더 많이 배우게 된다.

❖

하나님이 어떻게 깨어지고 상한 인간의 모습 안에 자신을 숨기셨는지 계시해 주셨다. 우리가 베푸는 모든 긍휼과 자비의 행위가 예수님께 하는 마찬가지라는 것이다.

보혜사는 우리에게 역할의 권한을 주신다

　아버지께서는 아담에게 아내를 주겠다고 말씀하실 때 "돕는 배필"이라는 말을 통해 설명하셨다. 오랫동안 이 단어에 대한 많은 가르침과 설명들을 들어 보았는데, 대부분 좋은 의도를 가지고 있기는 하지만 본질을 완전히 놓쳐버리는 경우가 많았다.

역사적으로 돕는 배필이라는 표현은 종종 남편에게 "복종하는" 아내의 역할을 묘사하기 위해 사용되어 왔다. 그리고 이러한 잘못된 해석은 여성의 사역을 허용하지 않는 무지한 행위에 휘발유를 부었다.

하지만 하와는 아담보다 못한 존재가 아니었으며, 두 사람 사이에는 경쟁이 없었다. 하와는 아담과 동등할 뿐만 아니라 상호 보완적인 존재였다. 마찬가지로 여성도 스스로 분별할 수 있는 영성이 부족하여 남성에게 복종하는 역할을 함으로써 통제나 지시를 받아야 하는 존재가 아니다. 어떤 사람들은 "돕는 배필"이라는 개념을 마치 선악과를 먼저 따먹은 하와에게 하나님이 주신 형벌인 것처럼 설명하려 한다. 말도 안 되는 소리이다.

오늘날에도 잘못 해석된 채, 비슷한 방식으로 여성들에게 적용되고 있는 복종의 개념일지라도, 복종은 우리에게 개인과 공동체의 배가된 능력을 누리게 하시려는 하나님의 계획이다(엡 5:18-21). 결혼한 여성은 하나님이 그 백성의 보혜사이신 것과 마찬가지로 (모든 남성이 아니라) 자기 남편의 돕는 배필이다. 구약성경에서 하나님은 이스라엘의 "도움(helpmate)"이시라고 열세 번이나 언급된다(신 33:29, 시 33:20 등). 이스라엘의 도움이라고 해서 그분이 보좌를 버리고 인간보다 못한 존재가 되셨다는 의미는 아니다. "적절하게 돕는 자"(창 2:18)를 뜻하는 히브리어 단어들을 결합하면, 이 아름다운 표현의 원래 의미는 "마주 서서 부족한 모든 것을 채워줄 수 있는 자"이다.[1] 우리는 이 개념을 하나님과의 관계와 연관 지어 이해해야 한다. 참으로 하나님이 우리의 부족한 부분을 채워 주신다. 마찬가지로 결혼 관계에서도 각각의 배우자가 서로의 부족한 부분을 채워 주는 역할을 해야 한다.

창세기 2장 18절에서 "돕는 자"로 번역된 히브리어 단어가 구약의 다른 곳에서 하나님과 관련하여 사용되는 경우에는 보통 위기에 처한 백성들을 돕기 위해 군사력을 동원하는 것과 관계가 있다. 다음에 아내와 그녀의 역할에 대해 돌아보며 이 개념에 대해 생각해 보자. 결혼 관계에서 아내는 하나님이 지정하신 "군사 전략"으로서, 남편이 도달하기 어려운 방식으로 가정을 승리로 이끄는 역할을 한다. 반대의 경우도 마찬가지이다. 남편은 아내를 도와 영원한 정복을 이루며, 가정을 승리로 이끌어야 한다. 남편의 역할은 예수님이 신부인 교회에 어떤 역할을 하시는지 살펴보면 쉽게 알 수 있다(엡 5:31-32).

하나님 안에서 남편과 아내의 연합 자체가 하나님의 영광의 승리를 획득하는 영적인 군사 도구이다. 어쩌면 그래서 사도 베드로도 남편들이 그들의 아내들을 존중이나 이해심 없이 대하면 기도가 막히게 된다고 경고한 것인지도 모른다(벧전 3:7). 우리가 다른 이들을 대하는 방식은 우리의 기도가 열매 맺는 것에 영향을 미친다. 실질적으로 기도가 막힌다는 것은 하나님의 영향을 받는 연결이 끊어

---

1) "Genesis 2:18," NASB Lexicon, Bible Hub, https://biblehub.com/lexicon/genesis/2-18. htm; Jeff A. Benner, "What Is a Help Meet?" Ancient Hebrew Research Center, https://www.ancient-hebrew.org/studies-interpretation/what-is-a-help-meet.htm.

졌다는 의미로, 결국 기도의 열매 맺음으로 하나님과의 관계가 증명이 된다.

만약 하나님이 친히 백성들의 삶에 부족한 것들을 채우시는 것처럼, 남편들이 자신의 부족한 부분들을 보완하기 위해 아내들을 세우셨음을 깨닫는다면 많은 부부들에게 큰 도움이 될 것이다.

성경에 주어진 남편과 아내의 관계에 대한 구체적인 비유는 궁극적으로 예수님이 "보혜사"라고 부르신 약속의 성령님과 하나님의 백성과의 관계를 보여 준다. 성령님은 우리와 마주 서서 하나님이 의도하신 모든 충만함으로 나아가도록 보장하시는 분이다.

이와 관련하여 우리가 경험하는 삶의 모든 진전에는 언제나 축복과 상급뿐만 아니라 잠재적 위험도 수반된다는 사실을 기억하자. 다른 이들과의 관계는 이러한 현실을 여실히 보여 준다. 건강한 인간관계는 우리의 인생에서 가장 큰 축복이 될 수도 있지만, 잘못 관리하면 고통스러운 가슴앓이를 하게 될 수도 있다. 어쩌면 지나치게 단순화한 결론일 수도 있지만, 여전히 도움이 되기를 바라는 마음으로 다음의 말을 하고 싶다. 하나님과의 관계가 결코 다른 사람들과의 관계를 대신해서는 안 된다. 다른 사람과의 관계는 하나님을 점점 더 알아가는 관계를 대신할 수 없다.

예수님은 우리가 그분의 이름으로 다른 사람들을 섬기고 존중하면 하나님이 그것을 그분에 대한 섬김으로 여기신다고 가르치신다. 그러면서도 하나님보다 가족과 친구를 더 사랑해서는 안 된다고 경고하신다. 그렇게 하는 자들은 그분에게 합당하지 않다고 말씀하신다(마 10:37). 이 경고는 하나님과의 관계보다 사람을 우선시하는 자들에게 하시는 말씀이다. 이러한 잘못된 가치관의 배경에는 사람에 대한 두려움이 있는 경우가 많다. 예수님이 이와 같이 경고하셨다는 것은 우리가 하나님보다 사람을 더 사랑할 수 있다는 것을 말해준다. 우리는 또한 사도 요한의 가르침을 통해 하나님을 사랑한다고 말하면서 형제를 미워한다면 거짓말쟁이라는 것도 알고 있다(요일 4:20). 결론은 우리가 하나님보다 사람을 더 사랑할 수는 있지만, 사람을 사랑하지도 않으면서 하나님을 사랑할 수는 없다는 것이다.

따라서 하나님뿐만 아니라 다른 사람들과 관계도 우리 존재의 이유를 온전히 이루고 다른 사람들을 통해 깊고 심오하게 완성되어 가기 위해 필수적이다. 이런 방식으로 살아가면 하나님을 우리의 궁극적인 보혜사로 온전히 인정할 수 있게 된다. 동시에 배우자를 포함한 다른 사람들도 우리의 삶에 지극히 중요하고 보완적인 조력자 역할을 수행할 수 있게 한다. 우리가 보이지 않는 것을 볼 수 있다면, 하나님이 종종 다른 이들을 통해 그분을 계시하신다는 것을 깨닫게 될 것이다. 우리는 성령님이 이런 식으로 일하신다는 사실에 경각심을 가져야 한다. 다시 말하지만, 이러한 신비의 아름다움은 하나님이 종종 우리의 가족과 친구들, 심지어는 낯선 사람들과의 단순한 인간관계 속에 자신을 숨기신다는 것이다. 그분에 대한 경외심을 품는 것은 이들을 통해 하나님을 만나는 유익이 때로는 예배와 기도를 통해 하나님을 만나는 유익만큼이나 클 수 있다.

우리는 보혜사이신 하나님이 그분의 백성들을 위하여 싸우신다는 것을 안다. 성령님은 우리를 아버지께로 이끄시기 위해 그분의 무기고에 있는 모든 무기들을 사용하시고, 우리를 그분의 아들 예수 그리스도의 모습으로 변화시켜 주신다. 그리고 성령님이 이 일을 행하시는 구체적인 방법들 중 하나가 바로 우리를 위해 중보하시고 기도 가운데 인도해 주신다는 것이다.

하나님 나라의 기도

만약 예수님이 바로 앞에 앉아 계신다면 많은 것을 가르쳐 주시기를 바랄 것이다. 이 세상에서 그분과 같은 스승을 본 적이 없기 때문이다. 아버지에 대한 예수님의 생각과 마음은 나에게 큰 감동을 주었고 그런 부분들에 대해 더 많이 알고 싶어졌다. 나는 그분이 사나운 폭풍 가운데 물 위를 걷기 직전에 도대체 무슨 생각을 하셨는지(마 14:22-33), 혹은 이미 죽은 어린 소녀의 손을 잡고 일어나라고 말씀하실 때는 어떻게 그 소녀가 다시 살아날 것을 아셨는지(막 5:21-24, 35-43) 알고 싶다.

예수님이 말씀하시는 천국에 대해 듣는 것은 아주 놀라운 경험일 것이다. 이런 것들은 한없이 나를 매료시킨다. 또 하나님의 음성은 그분께 어떻게 임하셨을까? 대부분이 아마도 역사상 가장 위대한 스승이신 그분께 드리고 싶은 질문과 배우고 싶은 지식들만으로도 책 한 권은 쓸 수 있을 것이다. 그렇지만 그분과 항상 함께한 사람들, 그분의 삶과 사역을 잘 알던 이들은 오직 한 가지, 즉 기도하는 법을 가르쳐 달라고 청했다. 예수님이 기도에 대해 어떻게 가르치셨는지 이해한다면, 우리의 기도를 하나님의 뜻과 성령님의 인도하심에 맞추는 데 도움이 될 것이다.

> 예수께서 한 곳에서 기도하시고 마치시매 제자 중 하나가 여짜오되 주여 요한이 자기 제자들에게 기도를 가르친 것과 같이 우리에게도 가르쳐 주옵소서 예수께서 이르시되 너희는 기도할 때에 이렇게 하라 아버지여 이름이 거룩히 여김을 받으시오며 나라가 임하시오며 우리에게 날마다 일용할 양식을 주시옵고 우리가 우리에게 죄 지은 모든 사람을 용서하오니 우리 죄도 사하여 주시옵고 우리를 시험에 들게 하지 마시옵소서 하라 (눅 11:1-4)

이 요청에 예수님은 "제자의 기도"를 가르쳐 주셨다(내 생각은 우리에게 본이 되는 기도이기에 "주의 기도"보다는 이것이 더 적절한 명칭인 것 같다). 나는 예수님이 산에서 밤이 새도록 기도하실 때 이 기도를 반복해서 하셨을 것이라고는 생각하지 않는다(눅 6:12). 또 제자들이 하나님 아버지에 대한 마음을 표현하는 것을 제한하심으로써 종교적 습관이 되어버릴 기도를 주셨다고도 생각하지 않는다.

나는 마태복음 버전으로 기도하는 것을 좋아한다(마 6:9-13). 이 기도는 우리가 아버지께 나아갈 때 염두에 두어야 할 올바른 우선순위를 강조하기 위해 본으로 주신 것으로 보인다. 설명하자면, 예수님이 가르쳐 주신 이 기도에는 다음의 우선순위가 나타난다. '아버지를 경배함', '천국의 실재가 지금 이 땅을 침노하도록 기도함', '공급하심이 필요함을 인정함', '용서하는 삶에 대한 위임을 받아들임', '우리가 영적 전쟁 가운데 있음을 깨닫고 보호를 요청함.'

　이것들은 의도를 가지고 드리는 기도의 핵심 요소들로, 모든 믿는 자들의 기본적인 필요들이다. 성령님이 기도 가운데 우리를 인도해 주시도록 허용해 드릴 때 이것을 지침으로 사용하는데 익숙하다. 그러나 기도 중에 이 요점을 따르는 것이 중요하고 효과적이긴 하지만, 우리가 앞으로 알고 해야 할 것들이 훨씬 많다. 그래서 다시 이 부족한 부분들을 보혜사 성령님이 보완해 주시는 것이다.

　요한복음 14-16장에서 예수님은 하나님의 형상대로 지음 받은 우리의 궁극적인 특징, 곧 우리 안에 거하시는 성령님으로 인해 무엇을 구하든지 이루어지게 된다는 점을 계시해 주신다(요 15:7). 우리는 하나님 나라의 모든 특성들이 이 땅에 이루어지도록 기도하고 성령님의 능력을 통해 그것들이 성취되는 모습을 볼 수 있다. 흥미로운 점은 예수님이 제자들에게 그들이 구하는 것이 이루어질 것이라고 네 번이나 약속하시는 장면(요 14:13-14; 15:7, 16; 16:23-24)에 보혜사라는 성령님을 아버지께서 보내 주실 거라고 말씀하신다는 사실이다(요 14:16, 26; 15:26; 16:7). 이 보혜사라는 명칭은 이들 장면에서 네 차례 언급된다. 나는 이것이 우연이 아니라고 생각한다. 제자들은 무엇이든 구하면 이루어질 것이라고 네 번이나 권유 받았고, 성령님을 네 차례나 보혜사로 칭한 것이다.

원대한 꿈을 꾸는 것은 성령님께 순복된 관계와 그분이 우리의 미래에 끼칠 영향력으로 나타나는 자연스러운 결과이다. 예수님은 "너희가 내 안에 거하고 내 말이 너희 안에 거하면 무엇이든지 원하는 대로 구하라 그리하면 이루리라"고 말씀하신 분이다(요 15:7). 이런 상황에서 "내 원대로 마시옵고 아버지의 원대로 되기를 원하나이다"(눅 22:42)라고 기도하는 것이, "하나님, 저는 오직 아버지만을 원합니다. 아버지의 뜻만이 이루어지길 원합니다."라고 기도하는 것이 과연 겸손일까? 질문에 답하기 전에 예수님이 요한복음 세 장에 걸쳐 네 번이나 제자들에게 무엇이든 원하는 대로 구하면 이루어질 것이라고 말씀하신 것을 다시 생각해보라.

예수님은 요한복음 16장 24절에서 "구하라 그리하면 받으리니 너희 기쁨이 충만하리라"고 말씀하신다. 우리의 기도와 소원에 대한 응답을 받는 것이 곧 기쁨으로 충만해지는 비결이다. 이처럼 기도의 능력과 의미에 이르는 길은 하나님의 뜻대로 기도하는 법을 배우는 것이다. 그러한 과정에서 우리는 그분을 닮아가게 된다. 그래서 하나님이 우리의 뜻을 듣고 싶어 하실 정도가 된다! 이것은 아주 놀라운 하나님의 초대이다. 하지만 동시에 우리가 살기 위해서는 죽고(요 12:24-25) 높아지기 위해서는 낮아져야 하는(눅 14:11) 복음적 삶의 신비와 역설 중 하나이다.

우리가 구하는 것을 받게 된다는 이 구절들은 읽을 때는 모두 좋은 말씀으로 보이지만, 예수님을 온전히 나타내기 위해 겸손하게 살아야 한다는 것도 본능적으로 알게 된다. 그러나 원하는 것을 그분께 가지고 나아오라고 말씀하시는데도 자신의 판단으로 그것이 이기적이라고 생각되어 그렇게 하지 않는다면, 과연 그것을 순종이라고 부를 수 있을까? 또 순종하지 않은 것이 겸손으로 여겨질 수 있을까? 원하는 것은 무엇이든 구하라는 예수님의 초청은 우리 삶에 임하신 그분의 실제적인 임재와 우리가 그분의 말씀에 두는 가치를 통해 하나님의 마음을 움직이는 소원을 우리 안에 일으키신다는 것을 증거하는 기회이기도 하다. 우리의 소원을 이루어 달라고 구하고 그것들이 하나님의 영광을 위해 성취되는 것을 보라고 하시는 하나님의 초청에 응하지 않는 것은 거짓 겸손을 미덕으로 삼는 것이다.

이기적인 욕망을 위해 세운 개인의 제국과 같은 사역을 하나님의 뜻이라고 부르며 복음을 왜곡하는 모습을 볼 때 대부분의 사람들이 불쾌함을 느끼게 된다. 이러한 잘못에 대해 그와 같이 반응하는 것에 공감한다. 하지만 잘못된 일에 대한 우리의 반응이 성령님의 인도를 받지 않으면, 그것은 종종 또 다른 잘못들을 낳게 된다. 우리는 겸손해지려다가 하나님이 원래 계획하신 사람이 되지 못할 수도 있다. 이것은 참된 겸손이 아니다. 가장 어려운 순종—다른 이들에게 오해받을 수 있는 순종— 을 회피하는 것이기 때문이다. 사람에 대한 두려움으로 인해 많은 이들이 겸손이라는 이름하에 무기력해진 복음을 받아들임으로써 절대로 하나님이 계획하신 모습대로 되지 못하고 있다. 이처럼 사람에 대한 두려움은 지혜와 겸손으로 가장할 수 있다.

나 역시도 내 뜻이 전혀 하나님의 뜻과 같지 않던 때가 너무도 많아서 셀 수 없을 정도이다. 그분은 내 뜻을 담아 기도하라고 초청하시지만, 그것이 나를 향한 그분의 뜻과 계획을 망가트릴 수 있다면 얼마든지 거절하실 수 있다. 너무나도 선하신 아버지이기에 그분의 완벽한 계획을 무시하고 우리의 무지나 잘못된 판단, 이기적인 기도를 받아 주실 수가 없다.

예수님은 열두 살에 가족과 함께 순례를 오셨다가 예루살렘에 남아 있으심으로 하나님을 향한 이 어려운 순종을 실천하셨다. 요셉과 마리아가 예수님이 사라지신 것을 알고 마침내 성전에서 율법 교사들과 말씀에 대하여 토론하고 계신 것을 발견했을 때, 그분은 그들에게 "내가 내 아버지 집에 있어야 될 줄을 알지 못하셨나이까"라고 말씀하셨다(눅 2:49).

또 예수님이 영적으로 굶주린 무리들에게 사역하시고 음식을 먹이신 후 산에 올라가 기도하기 위해 떠나셨을 때는 어떠했는가?(막 6:33-46) 우리는 이 이야기를 아무 문제가 없는 것처럼 정리해 버렸지만, 만일 당신이 "목자 없는 양 같이"(34절) 절망적인 무리들 가운데 있었고, 예수님이 들어주셨으면 하는 추가적인 필요가 있었는데도 당신과 다른 사람들을 돌려보냈다면 어떤 느낌이었겠는가?

또는 예수님이 제자들에게 그들을 떠나 아버지께로 돌아가실 것을 말씀하신 것은 어떠한가? 적어도 처음에는 제자들이 이 소식을 예수님처럼 좋은 소식으로 받아들이지 못했던 것이 분명하다.

그렇다면 예수님이 여행 중에 부모님을 두고 사라지신 것이나 갈급한 군중을 돌려보내신 것이나 제자들을 남겨두고 하늘로 돌아가신 것은 이기적인 행동이 아닌가? 물론 예수님은 하나님의 뜻을 성취하시기 위해 성령님의 인도하심에 순종하신 것이었다. 그러나 앞서 말한 관점에서 보면 충분히 예수님이 이기적인 분으로 보인다. 하나님은 우리가 어렵고 난처한 상황에 처했을 때 그분의 방법들을 다 이해하지 못하더라도, 전적으로 그분을 신뢰하며 원하는 것을 요청하라고 말씀하신다.

예수님이 전하신 복음은 마술 지팡이를 사용하여 모든 소원을 이뤄 주는 자기중심적인 것이 아니었다. '내가'복음은 그분이 가르치고 보여주신 모든 것과 완전히 반대이다. 하지만 그럼에도 예수님은 제자들에게 원하는 것을 구하라고 하심으로써 그들의 이해나 경험을 훨씬 넘어서는 자리로, 이스라엘 역사상 찾아보기 힘든 경험하지 못한 세계로 그들을 이끄셨다. 하나님은 그분의 지혜로, 그분의 때에 그분의 목적을 이루실 것임에도, 여전히 그들이 원하는 것이 무엇인지에 관심이 있으셨다! 바로 이것이 우리가 하나님과의 관계에서 너무나 자주 놓치는 매우 중요한 점이다.

일찍이 언급했듯이, 우리는 그분 없이는 아무것도 할 수 없다는 사실을 잘 알고 있다. 하지만 문제는 우리가 실수하거나 잘못할까 봐 두려워서 그분과 아무것도 하지 말도록 배웠다는 것이다. 하나님의 영광을 위해 불가능을 향해 나아가는 순복된 믿음의 무리들을 통해 이제 아버지께서 드러나실 때가 되었다.

❖

원대한 꿈을 꾸는 것은 성령님께 순복된 관계와 그분이 우리의 미래에 끼칠 영향력으로 나타나는 자연스러운 결과이다.

보혜사께서 우리를 위해 중보하신다

사도 바울은 로마서 8장에서 효과적인 기도에 대해 언급하는데, 특히 성령님의 성품과 관련하여 얻을 수 있는 것들이 너무나도 많다. 하지만 같이 살펴보고 싶은 구절은 다음과 같다.

> 이와 같이 성령도 우리의 연약함을 도우시나니 우리는 마땅히 기도할 바를 알지 못하나 오직 성령이 말할 수 없는 탄식으로 우리를 위하여 친히 간구하시느니라 마음을 살피시는 이가 성령의 생각을 아시나니 이는 성령이 하나님의 뜻대로 성도를 위하여 간구하심이니라… 죽으실 뿐 아니라 다시 살아나신 이는 그리스도 예수시니 그는 하나님 우편에 계신 자요 우리를 위하여 간구하시는 자시니라 (롬 8:26-27, 34)

정말 놀라운 말씀이다. 바울은 우리가 기도할 때 어떻게 구해야 할지 모른다고 사실을 인정한다. 기도의 우선순위를 아는 것만으로는 충분하지 않다. 이것은 마치 예수님이 제자들의 한 가지 요청에 온전히 응답해 주시고 싶으셔서 믿는 자들에게 성령님을 기도와 찬양의 스승으로 주신 것과 다름없다. 성령님의 주요 역할 중 하나가 교사이다. 또 우리가 성령님이 주신 미지의 언어인 방언을 말할 때, 그것은 기도가 될 수도 있고 찬양이 될 수도 있다. 로마서 8장에 이 조합이 나타난다. 여기서 바울이 말한 성령님의 "탄식"이 반드시 방언기도를 의미한다고 생각하지는 않지만, 성령님이 순복된 믿는 자를 통해 기도하시는 모습을 묘사한 것이라고 본다. 바울은 갈라디아서에서 중보기도를 가리키는 것으로 보이는 매우 강한 표현을 사용한다. "나의 자녀들아 너희 속에 그리스도의 형상을 이루기까지 다시 너희를 위하여 해산하는 수고를 하노니"(갈 4:19). 여기서 말하는 "수고"는 깊은 기도를 묘사하는 것으로, 언어를 넘어서는 탄식과 신음이 수반된다.

    이 모든 것을 다 이해할 수는 없지만, 그래도 기뻐할 수 있다. 성령님과 예수님도 기도하신다는 것이 얼마나 놀라운 일인지 생각해 보라. 뿐만 아니라 그분들이 우리를 위해 기도하신다!

    이제 위대한 두 중보자 예수님과 성령님을 묘사하는 구절 사이에 끼여 있는 구절을 보자. "우리가 알거니와 하나님을 사랑하는 자 곧 그의 뜻대로 부르심을 입은 자들에게는 모든 것이 합력하여 선을 이루느니라"(롬 8:28). 우리의 법적인 변호자이며 우리를 구속하신 분이 아버지 앞에서 우리를 위해 탄원하시는데 "모든 것이 합력하여 선을 이루는"것이 당연하지 않은가!

왜 기도해야 하는가

성령님과 예수님이 이미 하나님의 뜻을 알고 계시는데, 왜 그분들이 기도해야 하느냐고 질문하는 이들도 있을 것이다. 더 나아가 우리는 왜 기도해야 할까? 하나님은 전능하시다. 그분은 절대적인 주권자이시며 누구의 도움도 필요로 하지 않으신다. 그분의 뜻은 지극히 높으며, 그분이 원하시는 일은 무엇이든 이루실 수 있다지만, 하나님이 그렇게 하실까? 원하시는 일은 무엇이든지 이루실 수 있다고 해서, 성령님과 예수님의 기도는 형식적인 것일까? 단지 우리가 따라야 할 본을 보여 주시려는 것일까? 두 분은 정말로 필요하신 분들일까?

나 역시 이러한 질문들에 대해 충분히 만족스러운 답을 가지고 있지는 않다. 하지만 하나님의 뜻이 이 땅에 이루어지는 것을 보기 위해 성령님과 예수님이 기도하셔야 한다면, 우리는 얼마나 더 기도해야 할까?

하나님은 이 땅에서 모든 악을 제거하실 수 있다. 그러나 그렇게 하시려면 모든 죄인을 멸망시키셔야 한다. 모든 인간이 그분을 섬기게 하실 수도 있지만, 그렇게 하려면 우리의 자유의지를 제거하시거나 우리 삶의 다른 모든 선택지들을 매우 고통스럽게 만드셔서 우리가 그분을 선택할 수밖에 없게 하셔야 한다. 그러나 인간이 그와 같이 기계적인 상태가 된다면 오히려 그분을 모독하는 것이다. 하나님은 우리 모두를 하나님의 형상대로 지으셔서 스스로 선택할 수 있는 능력을 부여하셨다.

우리의 기도는 하나님과의 동역에 대한 궁극적인 표현 중 하나일 뿐만 아니라 그분의 뜻에 맞추기로 선택한다는 우리의 자유 의지의 표현이기도 하다. 하나님이 원하시는 많은 일들은 그분의 백성들의 기도 없이는 결코 이루어질 수 없다. 따라서 하나님의 뜻을 알면서도 그분이 원하신다는 이유만으로 그 일이 저절로 일어날 것이라고 생각하는 것은 영적으로 무책임한 것이다. 하나님은 모든 사람이 회개에 이르기를 간절히 바라시지만(딤전 2:3-4), 모든 사람이 그렇게 하는 것은 아니다. 그분의 마음에 합한 사람들은 그분의 갈망을 위해 기도해야 한다(행 13:22). 예수님의 이름으로 그분의 보좌의 방에 들어가 이 땅에서 일어나는 일에 영향을 미칠 수 있는 기회이며, 이 기도의 기회는 하나님의 최고의 선물이다. 우리 모두에게 보내신 초대이다. 나는 우리가 이 신성한 초대에 반응하여 열린 문, 곧 그리스도를 통과하여 성령님을 통해 기도하기를 간절히 소망한다. 하나님의 마음이 이 땅에 더욱 온전히 드러나도록 기도하자. 먼저 하나님의 음성을 듣고 기도하며, 보고 기도하자.

야고보서 5장 16절은 다음과 같다. "그러므로 너희 죄를 서로 고백하며 병이 낫기를 위하여 서로 기도하라 의인의 간구는 역사하는 힘이 큼이니라." 다음 절에서는 엘리야가 비를 내려달라고 간절히 기도했다고 언급한다(17-18절). 요점은 형식적인 기도에는 형식적인 응답만 돌아오고, 편한 기도는 편한 응답만 받게 된다는 것이다. 그러나 중보기도는 목숨이 걸린 일처럼 기도하라는 부르심이다. 실제로 생명이 그 기도에 달려 있기 때문이다. 효과적인 기도는 많은 것들을 이룰 수 있다.

그러면 왜 기도해야 할까? 예수님이 기도하시고 우리는 그분을 따르는 자들이기 때문이다. 그분은 우리의 주인이시며 우리를 이끄시는 분이다. 그분을 따른다면서 기도하지 않을 수 있겠는가?(마 10:24)

또 왜 기도해야 할까? 성령님이 기도하시기 때문이다. 그분은 우리를 인도하시고 능력을 주신다. 이유가 뭘까? 예수님의 성품과 능력, 구원의 목적을 증거함으로써 이 땅에서 예수님을 잘 나타내게 하려는 것이다. 성령님은 예수님과 같은 분이다. 그리고 언제나 하나님의 온전하신 뜻을 위해 기도하신다. 그분은 하나님의 마음을 살피사 우리를 잘 인도하기 위해 필요한 모든 정보를 얻으신다. 또한 하나님의 감동으로 쓰여진 말씀을 통해 우리에게 "쉬지 말고 기도하라"(살전 5:17)고 명령하신 분이다. 바로 이것이 성령님의 인도를 받아 기도를 삶의 방식으로 살아가는 모습이다. 방언 기도가 놀라운 이유 중 하나는 그렇게 하면 언제나 하나님의 온전한 뜻대로 기도하게 되는데, 하나님의 마음을 살피시는 분이 우리를 통해 기도하시는 것이기 때문이다.

하나님이 그분의 뜻을 강권적으로 이루셨을 법한 순간이 있다면, 그 아들 예수님의 탄생 때였을 것이라고 생각할지도 모르겠다. 하지만 예수님이 태어나시기 전에 안나와 시므온이 하나님께 메시아를 보내 달라고 기도했다(눅 2:25-38). 그리스도의 재림도 기도로 준비되고 있으며, 성경도 "성령과 신부가 말씀하시기를 오라 하시는도다!"라고 말씀한다(계 22:17). 역사상 중요한 순간들도 기도로 준비되었는데, 이는 하나님의 뜻이 성취되려면 기도가 절대적으로 필요하도록 의도하셨기 때문이다.

　이것을 다음과 같이 설명해 보자. 만일 내가 어떤 집의 소유자인데 당신이 그 집을 임대하고 있다면, 나는 그 집에 마음대로 들어갈 수 없다. 법적으로는 내 집이지만 들어가려면 반드시 당신의 허락을 받아야 한다. 마찬가지로 세상도 주님의 것이며, 모든 것이 그분의 것이다(시 24:1). 하지만 하나님은 인간에게 이 땅의 책임을 맡기셨다. 그래서 우리에게 물어보지도 않고 들어오셔서 그분의 선택과 우리에게 위임하신 권한을 스스로 침해하지 않으신다. 그분은 우리가 초청할 때 들어오시는데, 이것을 기도라고 부른다. 이렇게 우리가 기도를 통해 하나님과 동역하여 그분의 구속사적 목적이 이 세상에 계시되는 모습을 보는 방법이다. 예수님과 성령님처럼, 우리도 반드시 기도해야 한다.

　이처럼 성령님은 우리를 향한 하나님의 계획을 성취하여 기도의 응답을 받는 비결이 되신다. 성령님이 우리를 통해 기도하실 때 우리가 태어난 목적을 이루는데 필요한 돌파가 일어난다. 하나님의 백성들의 소원이 성취될 때에만 이 땅에 계시되는 아버지의 성품들이 있기 때문이다. 바로 이러한 계획이 하나님을 하늘 아버지, 즉 우리의 아버지로 계시해 준다. 그리고 그분의 영향력으로 구별된 백성으로부터 잉태된 거룩한 소원이 이루어지는 과정, 즉 기도응답과 돌파의 과정을 이끄시는 분은 성령님이시다. 바로 이 조합이 아직 하늘 아버지를 알지 못하는 이 지구상의 고아들이—대부분은 그것을 갈망하고 있다는 사실조차 모르고 있지만— 진정으로 보고 싶어 하는 것이다.

존 웨슬리는(John Wesley) "하나님은 기도에 대한 응답 외에는 아무것도 하지 않으신다."고 말했다.[2] 기도는 하나님이 우리에게 맡겨주신 이 땅을 감독하는 책임을 수행하는 방법이다. 우리는 성령님의 인도와 권한을 받는 기도를 통해 깨어지고 상한 세상 가운데 그분의 뜻을 이루시길 갈망하는 완전하신 아버지와 우리의 관계를 보여 줄 수 있다.

---

2) Charles Wesley, *A Plain Account of Christian Perfection* (New Kensington, PA: Whitaker House, 2015), 127.

Chapter 6

아름다운 그 음성

　예수님은 육신이 되신 하나님의 말씀이다(요 1:14). 그분의 존재 자체가 하나님의 메시지를 담고 있으며, 우리에게 하실 말씀이 많으신 분이다. 때때로 그분은 내적으로 감지되는 작고 세미한 음성(왕상 19:12)이나 뜻밖의 우연처럼 보일 수 있는 일들, 수수께끼 같은 일들이나 비유들, 들리는 음성, 그 외의 방법들로 우리에게 말씀하신다. 또 실제적인 임재를 통해 말씀하시는 경우도 있다. 하나님의 말씀이시기에 우리에게 이야기하실 수 있는 방식에는 아무런 제한이 없다. 우리가 그분께 맞추어 언제 어떻게 말씀하시는지 배워야 한다. 아마도 우리는 이것을 영원토록 훈련해야 할 것이다!

　기억해보라. 이 땅에 계실 때 예수님의 모든 행동과 말씀은 아버지의 지시에 따르신 것이었고 성령님의 능력을 덧입으셨다. 삼위의 동역하심은 각자의 역할을 하시며 서로에게 존귀와 기쁨을 가져다주는 신성한 하늘의 교향곡이었다. 그것은 완벽한 연합이며 목적이었고 기쁨이었다.

예수님은 아버지께 자신을 맡김으로, 절대적인 순종으로, 하나님의 뜻을 성취하는 담대함으로, 심지어 십자가에서 죽음으로 아버지가 어떤 분이신지 정확하게 보여주셨다. 예수님은 성령님을 의지하는 삶을 사심으로써 이 모든 일을 행하셨고, 행하신 모든 일들로 성령님의 역사하심을 통해 아버지의 마음을 계시하였다. 예수님은 "나를 본 자는 아버지를 보았거늘"이라고 말씀하셨다(요 14:9). 삼위일체 하나님 가운데 한 분을 본다는 것은 참으로 삼위 모두를 뵙는 것이다. 이러한 실재를 인식할 때, 우리는 성령님에 대해 더 잘 이해할 수 있게 된다. 예수님이 나타나는 모든 곳에서 성령님이 나타나실 수도 있다.

우리를 향한 하나님의 생각은
측량할 수 없다

성령님은 영원으로부터 무한한 상상력과 꿈, 그리고 계획들을 가지고 우리에게 임하신다. 모든 인간의 지성과 명석함을 뛰어넘는 이것들은 우리를 향한 사랑의 마음에서 비롯되었고 하나님의 긍휼과 애정으로 가늠된다. 솔직히 말해서 그분의 생각과 계획들을 온전히 이해하고 경험하는 것은 우리의 능력을 훨씬 초월하는 일이다. 다시 말하지만, 하나님의 마음이라는 이 광활한 우주를 탐험하려면 영원의 시간이 필요할 것이다.

우리는 마음을 통해 이러한 경이로움을 탐험할 수 있다. 하나님께 순복된 마음은 그것을 쉽게 받아들이며 결코 자기 영광을 취하지 않는다. 참된 예배는 마음 깊이 순복하는 자리이며, 언제나 우리에게 선하신 하나님께 드리는 반응이다. 다윗 왕은 예배자로서 이 깊은 영적 우물을 경험함으로써 하나님의 마음을 이해하는 데 있어 가장 높은 기준을 세운 인물이 되었다. "하나님의 마음에 맞는 사람"(삼상 13:14)으로 알려진 그가 시편 139편에서 놀랍게 묘사된 우리를 향한 하나님의 마음을 분명하게 볼 수 있었던 것은 어찌 보면 당연한 일이다.

다윗은 우리를 향한 하나님의 생각을 온전히 이해하는 것이 불가능하다는 사실을 깨달았다. 그러나 바로 그 점이 하나님의 마음이 놀라운 이유이다. 그래서 하나님의 신비가, 완벽한 사랑이신 아버지로부터 임하는 제한 없는 사랑의 표현이 가치 있는 것이다. 우리는 종종 하늘을 향해 눈을 들어 별, 은하수, 달, 유성 등을 경이롭게 바라보지만, 그 어느 것도 완전히 이해하지는 못한다. 만약 우리가 하나님의 성품과 뜻의 일부라도 온전히 이해할 수 있다면, 그분은 우리가 주목할 만큼 대단한 분이 아닐 것이다. 결국 내 크기에 불과한 지극히 평범한 신이 되고 마는 것이다. 반면 우리는 성령님을 통해 무한한 창조주의 사랑의 자원과 아이디어들 그리고 그분의 약속들을 탐험하도록 초대받았다. 다윗은 하나님의 생각이 얼마나 광활한지에 대해 다음과 같이 표현했다.

> 주께서 내 내장을 지으시며 나의 모태에서 나를 만드셨나이다 내가 주께 감사하오음은 나를 지으심이 심히 기묘하심이라 주께서 하시는 일이 기이함을 내 영혼이 잘 아나이다 내가 은밀한 데서 지음을 받고 땅의 깊은 곳에서 기이하게 지음을 받은 때에 나의 형체가 주의 앞에 숨겨지지 못하였나이다 내 형질이 이루어지기 전에 주의 눈이 보셨으며 나를 위하여 정한 날이 하루도 되기 전에 주의 책에 다 기록이 되었나이다 하나님이여 주의 생각이 내게 어찌 그리 보배로우신지요 그 수가 어찌 그리 많은지요 내가 세려고 할지라도 그 수가 모래보다 많도소이다 내가 깰 때에도 여전히 주와 함께 있나이다 (시 139:13-18)

하나님의 생각은 너무나도 커서 그 의미를 헤아릴 수 없다. 흥미롭게도 우리의 속사람은 생각보다 하나님의 생각과 방식들을 더 잘 알고 있다. 그래서 시편 기자가 "내 영혼이 잘 아나이다"라고 고백하는 것이다. 우리에 대한 하나님의 생각들은 이 땅 모든 바닷가의 모래알보다도 더 많다. 지구상에 약 6만 마일(역자 주: 약 10만km)의 모래사장이 있다는 사실을 감안하면, 우리는 도저히 이해할 수 없는 또 다른 차원을 마주하게 된다. 이제 그 엄청난 규모를 설명해 보겠다.

평균 크기의 모래알을 기준으로 1입방 인치(약 16.4cm3)의 모래사장을 측정하면 그 안에 약 30만 개가 조금 넘는 알갱이가 있음을 알게 된다. 그렇다면 1입방 피트(약 28,317cm3)에는 40억 개의 모래 알갱이가 들어 있는 셈이다.1) 여기에 각 해변의 길이를 곱하고 그 깊이가 최소 몇 인치에서 100피트(약 30.48m)에 이른다고 생각해 보라. 또 이 땅에 약 6만 마일의 모래사장이 있다고 생각해 보자. 이 엄청난 양의 모래는 하나님이 우리를 위해 품고 계신 생각, 꿈의 방대함을 보여 준다. 그리고 이 비유를 통해 우리는 이러한 하나님의 꿈을 탐험하고 성취하는 데는 영원의 시간이 필요하다는 것을 알 수 있다. 예레미야에 의하면, 우리를 향한 하나님의 생각은 재앙이 아니라 우리의 안녕을 위한 것이다.

> 너희를 향한 나의 생각을 내가 아나니 평안이요 재앙이 아니니라 너희에게 미래와 희망을 주는 것이니라 (렘 29:11)

하나님이 우리를 오랫동안 마음에 품고 계셨다는 것은 분명한 사실이다. 거듭난 사람이라면 누구나 우리를 향한 하나님의 마음을 영원에 걸쳐 탐험하는 일생일대의 모험을 기대할 수 있다.

거듭난다는 것은 성령님으로 다시 태어나는 것이다(요 3:5-6, 8). 우리를 새로운 피조물로 만드신 것이 바로 예수 부활의 능력이기에,

---

1) "Coast," Britannica, updated July 13, 2024, https://www.britannica.com/science/ coast#ref115982; "Taking Stock of the World's Sandy Beaches," Earth Observatory, NASA, https://earthobservatory.nasa.gov/images/92507/taking-stock-of-the-worlds-sandy-beaches; "How Many Grains of Sand Are in One Square Inch?" Answers, August 17, 2023, https:// math.answers.com/other-math/How_many_grains_of_sand_are_in_one_square_inch; "How Many Sand Grains Is in a Cubit Foot?" Answers, April 28, 2022, https://math. answers.com/other-math/How_many_sand_grains_is_in_a_cubic_ft.

우리의 회심조차도 기적을 행하시는 성령님의 능력이 나타난 것이다. 우리의 생각을 예수님이 우리 안에서 이루신 일들과 일치하도록 하는 것은 그리스도인의 삶에서 가장 중요한 측면들 중 하나이다. 특히 생각은 우리가 너무나도 자주 무시하거나 오용하는 삶의 영역이기 때문이다. 이에 대해서 바울은 로마서 6장 11절에서 다음과 같이 권면한다. "이와 같이 너희도 너희 자신을 죄에 대하여는 죽은 자요 그리스도 예수 안에서 하나님께 대하여는 살아 있는 자로 여길지어다." 다시 말해 그리스도의 죽음과 부활 그리고 성령님이 모든 믿는 자들을 위해 행하신 일 덕분에 스스로 "죄에 대하여는 죽은 자요, 그리스도 예수 안에서 하나님께 대하여는 살아 있는 자"로 여기라는 것이다. 죽은 자는 잘못을 저지를 수 없다. 우리의 생각은 성령님이 우리를 위해 행하신 일로 빚어지고 다듬어지며 가르침을 받아야 한다. 그리고 이렇게 새로워진 생각은 우리의 행동에 영향을 끼치게 된다.

천국의 검색 엔진

온 우주에서 가장 위대한 "검색 엔진"은 바로 성령님이시다. 또한 정보와 통찰의 가장 큰 저장고이신 하나님의 마음은 영원하고 무한하며 끊임없이 확장된다. 성령님은 아버지의 마음을 검색하셔서 더 큰 능력과 믿음으로 우리를 예수님의 모습에 더 가깝게 변화시키시는 구체적인 생각들을 찾으신다. 나 "자신"으로는 발전과 성장이 매우 제한적이기에 그저 "자신감"만 키우는 것이 목표가 되어서는 안 된다. 하지만 우리를 향한 하나님의 마음에 대한 계시를 받게 되면, 우리가 누구이며 그분이 우리를 어떤 존재로 만드셨는지 알게 된다. 우리에 대한 그분의 생각을 알기만 해도 자유로워진다. 그리스도, 곧 하나님이 누구신지에 대한 계시 안에서 우리의 진정한 자아를 발견하게 된다. 그리고 그것이 우리의 힘이 된다.

사도 바울은 고린도 교회에 보낸 편지에서 이 주제를 언급한다.

> 기록된 바 하나님이 자기를 사랑하는 자들을 위하여 예비하신 모든 것은 눈으로 보지 못하고 귀로 듣지 못하고 사람의 마음으로 생각하지도 못하였다 함과 같으니라 오직 하나님이 성령으로 이것을 우리에게 보이셨으니 성령은 모든 것 곧 하나님의 깊은 것까지도 통달하시느니라 사람의 일을 사람의 속에 있는 영 외에 누가 알리요 이와 같이 하나님의 일도 하나님의 영 외에는 아무도 알지 못하느니라 우리가 세상의 영을 받지 아니하고 오직 하나님으로부터 온 영을 받았으니 이는 우리로 하여금 하나님께서 우리에게 은혜로 주신 것들을 알게 하려 하심이라 (고전 2:9-12)

이 구절에서 가장 먼저 주목해야 할 것은 하나님이 우리를 위해 예비하신 것들을 우리는 생각조차 해 보지 못했다는 9절 말씀이다. 우리가 품은 꿈이 아무리 기상천외하고 놀라운 것이라도 하나님이 우리를 위해 창조하신 것들의 경이로움과 아름다움에는 결코 미치지 못한다. 이어서 바울은 하나님이 그분의 영을 통해 이러한 것들을 계시하셨다고 말한다. 항상 인간의 지성과 상상력의 범위 밖에 있던 것들을 이제 성령님의 음성을 듣는 법을 배운 사람이라면 누구나 받을 수 있게 되었다. "너무 좋아서 믿을 수가 없다(It's too good to be true)"는 말이 있다. 하지만 우리는 "이렇게나 좋으니 진짜가 분명하다(It's so good, it must be true)"인 것이다.

하나님의 신비의 주체자이신 성령님은 우리를 하나님이 이미 우리에게 유업으로 주신 것들을 발견하는 영원한 목적으로 인도하신다. 성령님은 우리가 그 유업을 받아 활용할 수 있도록 끊임없이 도우시며, 그분이 말씀하실 때마다 그것은 더욱 크게 드러나게 된다. 그분은 하나님의 영광을 위해 언제나 우리 안에서 일하고 계신다.

우리를 향한 하나님의 마음에 대한 계시를 받으면, 우리는 우리가 누구이며 그분이 우리를 어떤 존재로 만드셨는지 알게 된다.

하나님은 어떤 방식으로 말씀하시는가?

저마다 하나님이 더 분명하게 말씀해 주시기를 바라는 마음이 있을 것이다. 어떤 사람이 하나님의 음성을 더 잘 듣고 싶다고 하니, 다른 사람이 "하늘만 바라보지 말고 성경을 봐. 하나님은 이미 성경을 통해 말씀하셨어"라고 하는 것을 들었다. 하나님의 음성을 듣는 것은 말씀에 기초해야 하기 때문에 이러한 반응이 일리가 있다고는 생각한다. 그러나 그것만으로는 우리를 깊이 사랑하시는 아버지와 소통하는 관계를 누리고 싶은 갈망에 충분한 해결책이 되지 못한다. 하나님의 음성을 직접적으로 듣기를 간절히 바라는 마음은 우리의 DNA에 새겨져 있다. 그리스도 안에서 우리의 삶은 그분이 각 사람을 부르셨고 우리가 그 부르심에 응했기에 시작되었다.

우리는 하나님이 말씀하시기 때문에 살아간다. 이 땅의 생명은 그분의 음성으로 시작되었다. 말씀으로 세상을 존재하게 하신 그분이 우리를 부르셔서 영생을 주셨다. 하나님이 우리를 그분께로 부르지 않으셨다면 우리는 그분을 알 수 없었을 것이다. 감사하게도 그분은 우리 모두에게 큰 관대함으로 "원하는 자는 누구든지 오라"고 말씀하고 계신다(계 22:17). 하지만 그리스도께 온전하게 순복하게 되는 여정에 우리가 믿음으로 반응하는 것은 죄악을 버리고 하나님의 아들을 따르려는 내적 갈등에서 시작된다.

우리가 그분의 부르심과 음성에 반응하는 순간 예수님을 믿는 구원의 믿음이 우리 안에 임했다. 그분이 먼저 우리를 사랑하셨기에 우리도 그분을 사랑하게 되었고, 그분이 먼저 우리에게 말씀하셨기에 우리가 응답하게 된 것이다. 그분이 시작하시면 우리는 그것을 받아들이거나 거부할 뿐이다.

하나님은 다양한 방법으로 우리에게 말씀하신다. 때로는 우리의 생각에 조용히 떠오르는 아이디어로, 때로는 크고 분명한 소리나 조용하고 부드러운 음성으로 말씀하신다. 먼저 이 방법들을 살펴본 다음, 어떻게 준비해야 하나님의 음성을 잘 들을 수 있을지 탐구해 보자.

세밀하게 주시는 생각과 감동

주님의 음성은 종종 내면의 친숙한 음성으로 이전까지 우리가 생각해 보지 않았던 생각이나 통찰을 준다. 이렇게 임하는 것들은 대부분 우리 자신의 생각이 아니다. 우리는 "스스로 생각할 수 있는 것보다 더 좋은 아이디어가 떠올랐다면, 그것은 하나님이 말씀해 주신 것이다"라고 웃으며 말하곤 한다. 그럼에도 사람들은 그런 아이디어조차도 우연히 생각해냈다고 믿으며 자신의 공으로 돌리는 경우가 많다. 나는 이러한 실수가 교만보다는 무지에서 비롯되었다고 생각한다. 그들은 그저 하나님의 음성이 얼마나 세밀할 수 있는지를 이해하지 못하는 것이다. 그분은 자신의 생각을 우리의 경험, 환경, 느낌에 신비롭고 이해할 수 없는 방식으로 섞어 우리의 속사람에게 말씀하신다.

종종 다음과 같이 말하는 사람들이 있다. "저는 하나님의 음성은 듣지 못하지만, 그분의 평강은 느낍니다." 그들은 자기들이 느끼는 평강이 그분의 음성이라는 것을 잘 깨닫지 못하는 듯하다. 그분은 하나님의 말씀이시기에, 그분의 임재에 그분의 음성이 드러나는 것이다. 이 개념은 아직 우리 마음에 와닿지 않았을 뿐이다. 나는 그분이 종종 몇 시간 혹은 수일 내에 일어날 일들에 대한 통찰을 우리의 영에 넣어 주신다고 확신한다. 우리는 위급하거나 어려운 일이 있을 때뿐만 아니라, 언제나 하나님께 부드러운 마음을 유지하는 법을 배워야 한다.

예배 중에 말씀하심

여기서 핵심은 예배 가운데 하나님이 구체적인 말씀을 우리 마음 깊은 곳에 넣어 주신다는 사실을 염두에 두고 경배하며 사랑으로 그분께 나아가야 한다는 것이다. 그러면 그분은 가장 필요한 순간에 진리를 드러내실 것이다. 모든 예배는 영으로 드리는 것으로써(요 4:24) 성령님은 천국의 위대한 예배 인도자이시다. 예배는 성령님과 연결된 활동이다. 이처럼 예배는 그분의 임재를 인식하는 법을 배우고, 그렇게 함으로써 그분의 마음과 생각을 배울 수 있는 가장 실제적인 방법 중 하나이다. 예배를 통해 우리의 사랑을 표현해 드리는 것은 하나님을 뵙는 동안에 그분께 순복함을 나타내는 방법이다.

예배자와 하나님 사이의 완전한 기쁨과 연합, 곧 "천상의 기쁨(Bliss)"은 신약에서 "예배"를 뜻하는 말로 사용된 헬라어 단어 중 하나인 "프로스퀴네오(proskyneō)"의 의미에서 가장 잘 드러난다.[2] "입을 맞추다, 키스하다"라는 의미에는 하나님을 향한 애정 어린 반응이 담겨 있다. 우리에게는 하나님을 직접 섬길 수 있는 특별한 권리가 있다. 신약의 모든 믿는 자들이 주님을 직접 섬기는 직분인 제사장으로 부름 받았다(계 1:5-6). 이런 이유로 지난 30여 년 동안 단순히 하나님에 관한 찬양들이나 신학적으로 중요한 개념들에 관한 찬양이 아니라 하나님께 직접 아뢰는 찬양들이 많이 작곡되었다. 물론 두 종류의 찬양 모두 중요하다. 하나님을 섬긴다는 것은 결국 우리가 군중 속에 있을 때에도 하나님과 일대일의 관계를 갖는다는 의미이다.

따라서 우리는 때때로 일상생활 가운데 또는 기도나 찬양 중에 받은 생각, 아이디어 혹은 인상 등을 통해 주님의 음성을 듣게 된다. 어쩌면 이것은 우리가 원하는 만큼의 직접적인 소통은 아닐 수도 있다. 하지만 하나님은 우리 삶의 현재, 과거, 미래의 모든 것들을 주관하시며, 우리 안에서 그분의 목적을 이루시기 위해 이 모든 것들을 활용하실 것이다.

자기 아이디어라고 생각했던 것이 사실은 하나님으로부터 왔다는 사실을 깨달을 때, 사람들의 믿음은 엄청나게 굳건해진다. 자신이 똑똑해서 창의적인 아이디어가 많이 떠오른다고 생각하는 것보다는 하나님이 말씀하신다는 사실을 아는 것이 훨씬 더 힘이 되고 가치가 있는 것이다. 정말 천부적인 천재가 하는 일도 결국은 하나님이 하시는 것이다. 자아의 요구를 성취하는 것보다 하나님과

---

2) *Strong's*, G4352, Blue Letter Bible Lexicon, https://www.blueletterbible.org/lexicon/ g4352/kjv/tr/0-1/.

동역하는 더 큰 그림에 참여하는 것이 훨씬 더 기쁨과 만족을 준다. 하나님의 음성을 들었다는 것은 우리를 겸손케 하면서 동시에 의기양양하게 한다. 이것은 하나님의 나라에만 존재하는 명백한 모순 혹은 역설인 것이다.

들리는 음성

하나님은 때때로 들리는 음성으로 말씀하실 수도 있다. 이러한 형태의 소통은 그리 일반적인 것은 아니지만 실제로 일어난다. 나는 두 차례 생생한 하나님의 음성을 들은 적이 있다. 물론 듣고 있는 것을 분별해야 할 필요도 있지만, 틀림없는 하나님의 음성이었고 놓칠 수 없을 만큼 분명했다. 이에 대한 성경의 예를 소년에 불과하던 사무엘 선지자에게 하나님이 말씀하시는 모습에서 찾아볼 수 있다.

> 아이 사무엘이 엘리 앞에서 여호와를 섬길 때에는 여호와의 말씀이 희귀하여 이상이 흔히 보이지 않았더라 엘리의 눈이 점점 어두워 가서 잘 보지 못하는 그때에 그가 자기 처소에 누웠고 하나님의 등불은 아직 꺼지지 아니하였으며 사무엘은 하나님의 궤 있는 여호와의 전 안에 누웠더니 여호와께서 사무엘을 부르시는지라 그가 대답하되 내가 여기 있나이다 하고 엘리에게로 달려가서 이르되 당신이 나를 부르셨기로 내가 여기 있나이다 하니 그가 이르되 나는 부르지 아니하였으니 다시 누우라 하는지라 그가 가서 누웠더니 여호와께서 다시

사무엘을 부르시는지라 사무엘이 일어나 엘리에게로 가서 이르되 당신이 나를 부르셨기로 내가 여기 있나이다 하니 그가 대답하되 내 아들아 내가 부르지 아니하였으니 다시 누우라 하니라 사무엘이 아직 여호와를 알지 못하고 여호와의 말씀도 아직 그에게 나타나지 아니한 때라 여호와께서 세 번째 사무엘을 부르시는지라 그가 일어나 엘리에게로 가서 이르되 당신이 나를 부르셨기로 내가 여기 있나이다 하니 엘리가 여호와께서 이 아이를 부르신 줄을 깨닫고 엘리가 사무엘에게 이르되 가서 누웠다가 그가 너를 부르시거든 네가 말하기를 여호와여 말씀하옵소서 주의 종이 듣겠나이다 하라 하니 이에 사무엘이 가서 자기 처소에 누우니라 (삼상3:1-9)

하나님은 이외에 수많은 방법으로 말씀하신다. 그러나 이 세 가지, 즉 우리의 생각에 세밀하게 말씀하시는 하나님의 음성을 듣거나 예배 가운데 말씀을 받거나 혹은 그분의 생생한 음성을 듣는 것만으로도 성령님과의 친밀한 관계를 맺는 여정을 계속해 나가는 데는 충분하다.

하나님의 음성을 들을 수 있게 마음 준비하기

어떻게 하면 성령님을 통해 하나님의 음성듣기를 우리의 마음을 준비할 수 있을까? 다음과 같은 방법들로 들을 수 있다. '하나님이 우리와 무엇을 나누고 싶어 하시는지 적극적으로 구하기', '그분의 음성 듣기를 기대하기', '그분이 이미 우리에게 계시해 주신 것을 다시 묵상하기', '그분의 음성을 차단하는 죄와 불안, 산만함을 버리고 그분의 안식 안에 거하기', '그분의 말씀이 당혹스럽게 들리고 그 의미를 온전히 이해하지 못할 때라도 받아들이기'.

하나님이 우리를 위하여 감춰두신 것을 구하라

솔로몬은 잠언에서 다음과 같이 선언했다. "일을 숨기는 것은 하나님의 영광이요, 일을 밝히 드러내는 것은 왕의 영광이다"(잠 25:2, 새번역). 이러한 영적 실재가 근사한 것은 하나님이 "우리에게서"가 아니라 "우리를 위해" 숨기신다는 사실이다. 우리가 찾아내도록 숨겨져 있다는 것이다. 이 구절 하반절은 "일을 밝히 드러내는 것"이 왕의 영광이라고 말씀한다. 다시 말해 하나님 나라의 신비들이 우리에게 발견되기 위해 준비되어 있음을 인식하고 살아갈 때, 그리스도 안에서 우리의 왕권이 가장 확연히 드러나게 된다. 어쩌면 왕권을 발휘하는 우리의 힘은 하나님의 신비를 추구하는 목적으로 사용될 때 발달된다고 말할 수 있을 것이다. 이러한 신비는 우리가 찾고 발견하라고 하나님이 따로 구별해 두신 것들이다. 하나님 나라에서 왕의 면모를 가장 잘 나타내는 것은 탐험을 좋아하는 어린아이와 같은 마음이다. 아이들은 언제나 더 많은 것들을 찾아다니기 때문이다.

> 적은 무리여 무서워 말라 너희 아버지께서 그 나라를 너희에게 주시기를 기뻐하시느니라 (눅 12:32)

❖

하나님 나라의 신비들이 우리에게 발견되기 위해 준비되어 있음을 인식하고 살아갈 때, 그리스도 안에서 우리의 왕권이 가장 확연히 드러나게 된다.

하나님의 음성을 기대하라

수년 전 당시 겨우 다섯 살이던 외손자 주다(Judah)가 엄마, 레아(Leah)에게 가서 "엄마가 여자애를 낳을 텐데 벨라(Bella)라고 부를 거예요."라고 말했다. 레아와 사위 게이브(Gabe)에게는 이미 멋진 아들 둘이 있었다. 그들은 딸 아이 한 명을 더 낳고 싶어 했는데, 그 이름을 이사벨라로 미리 정해 둔 상태였지만, 그것을 주다에게는 말하지 않고 있었다. 얼마 후 레아는 임신 사실을 알게 되었고, 주다를 데리고 초음파 검사를 받으러 갔다. 검사를 받는 동안 간호사가 딸이 분명하다고 말해 주자, 게이브와 레아는 흥분하며 기뻐했지만, 주다는 아무런 감정도 보이지 않았다. 그들이 "주다, 들었니? 여자아이래"라고 말하자, 그는 언짢은 표정으로 "엄마, 제가 여자아이라고 했잖아요"라고 대답했다.

나중에 게이브는 주다와 앉아 그 사실을 어떻게 알았는지 물었다. 주다의 대답은 하나님이 알려주셨다는 것이었다. 게이브는 다음과 같이 물었다. "그건 나도 알아. 그런데 그분이 너에게 어떻게 말씀하셨니?" 주다의 대답은 아주 놀라운 진리였다. "어떤 때 하나님은 아주 큰 소리로 말씀하세요. 그런데 어떤 때는 아주 부드럽게 말씀하세요. 이번에는 아주 부드럽게 말씀하셨어요." 이것은 하나님의 음성을 들을 수 있는 열린 마음을 가진 다섯 살 아이에게서 나온 영적 통찰력이었다.

나는 세미한 하나님의 음성을 수없이 들어보았다. 물론 때로는 내 뜻대로 하겠다는 고집 때문에, 어떤 때는 불안이나 두려움에 사로잡혀서 그 음성을 놓친 적도 많다. 종종 세미한 하나님의 음성을 들으려면, 듣는 것을 기대해야 하는 경우가 있다. 우리는 방금 하나님으로부터 받은 감동을 너무나도 쉽게 놓쳐 버리거나 스스로 의심하면서 무시한다. 말(words)은 존재가 되기에, 하나님으로부터 오는 말씀(a word)을 인식하는 것은 그분이 역사하고 계심을 분별하는 데 도움이 된다. 예수님은 다음과 같이 말씀하셨다. "살리는 것은 영이니 육은 무익하니라 내가 너희에게 이른 말(the words)은 영이요 생명이라"(요 6:63). 성령님의 말씀은 하나님의 임재로 나타나며, 그분의 임재는 생명을 주신다. 이것이 바로 하나님의 마음과 생각의 섭리이다. 성령님의 말씀은 생각보다 더 자주 임한다. 성령님께 "귀 기울이는 법", 또는 집중하는 법을 배우는 것이 그분의 음성을 듣는 것에 도움이 된다.

간단하게 예를 들어보겠다. 식료품을 사러 마트에 간다고 가정해 보자. 출발하기 전에 탁자 위에 놓아 둔 현금을 보고 가져가야겠다고 생각했다. 하지만 곰곰이 생각해 보니 언제나 신용카드로 계산하기 때문에 그럴 필요가 없겠다는 생각이 들었다. 그런데 도착하자마자 마트 앞에 있는 노숙자로 보이는 남자를 도와줘야겠다는 강한 감동이 들었다. 현금은 없지만 근처에 인출기가 있어서 필요한 만큼 손에 넣었다. 그러나 그 순간에 하나님이 전에 조금 더 주의를 기울이라는 세밀한 감동을 주셨다는 것을 깨닫게 된다. 물론 이것은 심각하거나 생사가 걸린 상황을 묘사한 예화는 아니다. 하지만 우리의 삶 대부분이 이와 같이 단순하고 실제적이다. 그러므로 우리가 성령님을 통해 하나님의 인도를 따르고 있다면 언제나 성취감을 느낄 수 있는 것이다.

하나님은 언제나 다음 기회를 주시는 분이기에 너무나도 감사하다. 우리 대부분은 그 덕에 살아 있는 것이다. 우리가 실수해도 다음 기회를 주신다는 것은 그분이 얼마나 은혜로운 분이신지를 잘 보여준다. 하지만 우리가 처음에 하나님이 말씀하신 것을 놓쳐도 반드시 똑같이 다시 말씀해 주실 것이라고 생각하는 것은 어리석은 일이다. 이러한 오해로 인해 많은 사람들이 무의식중에 "하나님을 시험하고" 있다. 사실 그분은 우리에게 빚진 것이 아무것도 없으신데도 반드시 어떤 방식으로 역사하셔야 한다고 착각하고 있는 것이다. 이것은 특별히 우리가 영적으로 성숙해 갈수록 반드시 고려해야 할 냉정한 영적 현실이다. 음성을 들음으로 오는 축복과 듣지 않음으로 오는 대가 모두 커진다. 하지만 이러한 대가는 형벌이 아니라 우리가 하나님 나라에 관한 모든 것들을 맡을 수 있는 청지기로서 받는 합당한 훈련이다. 우리는 하나님과 함께 영원토록 통치하고 다스리기 위해 지금 훈련을 받고 있는 것이다. 하나님 나라의 모든 것이 우리가 청지기 역할을 올바르게 수행할 때 증가하게 된다.

하나님이 이미 말씀하셨다는 것을 기억하라

사람들이 자주 다른 사람에게 벌을 주는 방법 중 하나는 대화를 거부하거나 무시하는 것이다. 우리는 이러한 행동을 "침묵 체벌(silent treatment)"이라고 부른다. 하나님은 명확하게 드러나는 방식으로 말씀하시거나 소통하지 않으시기에 종종 침묵하시는 것처럼 느껴질 때가 있다. 그러나 그렇다고 하나님이 우리에게 침묵하심으로 벌을 주시다는 말은 아니다. 특히 그분을 향한 갈망이 급격히 커졌을 때, 그분의 침묵에 익숙해지는 데 시간이 좀 걸린다. 하지만 하나님이 잠잠하신 것은 이미 우리에게 세미하게 말씀하셨기 때문인 경우가 많다. 그러므로 우리 삶의 이전 시기에 하나님이 말씀하신 것을 상기하는 것은 우리의 몫이다. 종종 우리는 하나님이 마련해 놓으신 어려움에 직면하지만, 그분이 이전에 말씀하신 것을 믿음으로 붙잡지 않았기 때문에 준비가 되어 있지 않다고 느낀다.

예수님의 모친 마리아는 듣고 기억하는 것을 잘 훈련하고 실천하는 모습을 보여 주었다. 마리아가 천사의 인사와 자신이 하나님의 은총을 입어 메시아의 어머니가 될 것이라는 복된 소식을 받았을 때, 성경은 "처녀가 그 말을 듣고 놀라 이런 인사가 어찌함인가 생각하매"라고 말씀한다(눅 1:29). 예수님 탄생 당시, 천사들이 어떻게 나타나서 예수님에 대해 무슨 말을 했는지 설명하는 목자들의 말을 들은 후 "마리아는 이 모든 말을 마음에 새기어 생각"했다(눅 2:19).

마리아와 요셉이 사흘 동안 예수님을 찾아 헤매다가 성전에서 종교 지도자들과 이야기를 나누고 있는 그분을 발견한 후, "예수는 부모와 함께 내려가 나사렛으로 돌아가서, 그들에게 순종하며 지냈다. [그러나] 예수의 어머니는 이 모든 일을 마음에 간직하였다"(눅 2:51, 새번역).

수년 전 우리 부부는 매우 비싼 유리그릇들을 선물로 받았다. 우리는 그것들을 장식장에 보관해 두고 평소에는 사용하지 않다가 특별한 날에만 사용한다. 절대로 손주들이 물을 마시고 싶어 할 때 내줄 만한 그릇은 아니다. 그렇다고 그 아이들을 소중하게 생각하지 않는 것은 아니다. 다만 그 그릇들을 잘 관리할 준비가 되지 않은 사람의 손에 맡겼다가 깨지는 것을 원하지 않는 것이다. 제대로 관리할 만한 능력이 없는 아이들에게 책임을 지우고 싶지 않다. 그것은 그들에게도 불공평한 일이다.

이 그릇들을 보관하는 장식장에는 유리문이 있어서 언제든 들여다볼 수 있다. 뿐만 아니라 장식장 안에는 조명이 설치되어 있어서 그릇의 아름다움을 돋보이게 해준다. 나는 집에 놀러 오는 친구들에게 이 그릇들을 보여주기도 하고 상황에 따라 사용한다. 요점은 이 그릇들이 귀하고 소중해서 특별한 이벤트에만 사용된다는 것이다.

마리아는 예수님이 하신 말씀을 포함하여 하나님이 자신에게 하신 모든 말씀을 소중히 여겼다. "마음에 새기어 생각했다"는 말은 그녀가 매일 그 말씀을 마음과 생각으로 곱씹었다는 뜻이다. 예수님의 삶의 비밀이 풀어지면서 마리아는 그분이 경험하실 사건들에 대해 말씀을 통해 자신을 준비시키신 분이 주님이라는 것을 분명하게 깨달았다. 이는 마리아가 자기에게 주어진 말씀들을 우연히 받은 것이 아니라 대단히 소중하고 가치 있게 여겼으며, 그로 인해 자신이 이 세상에 존재하는 이유, 즉 예수님을 이 세상에 나타내는 것에 초점을 맞추게 되었다.

마리아는 자기 삶, 궁극적으로는 아들인 예수님의 삶에 관한 주님의 말씀을 너무나도 소중히 여겼기에 함부로 하여 훼손할 수 없었다. 나는 마리아가 성령님에 의해 메시아를 잉태하게 될 것이라는 천사의 말을 온전히 이해하지는 못했으리라 본다. 게다가 이런 상황은 그 말씀을 하나님이 주셨음을 확인하는 방법들 중 하나인 경우가 많다. 하나님은 우리의 논리적 사고나 계획을 초월하여 말씀하시기 때문이다. 또한 그분은 종종 우리로 하여금 하나님을 더 구하게 하시고, 말씀 자체와 그것이 이루어지는 과정을 모두 이해하기 위해 그분만을 의지하도록 초청하는 방식으로 말씀하신다.

구약에서 야곱의 아들 요셉은 꿈으로 유명한 젊은이였다. 그 꿈은 하나님이 그에게 약속하신 의미와 중요성 그리고 찬란한 미래에 대한 것이었다. 하지만 그는 이 꿈을 필요 이상으로 다른 사람들에게 알리는 실수를 저질렀다(창 37:5-11). 그것은 마치 값비싼 유리그릇을 모든 동네 아이들이 사용하도록 허락해 준 것과도 같았다. 이 실수로 인해 그는 막대한 대가를 치르게 되었고, 어쩌면 그 꿈의 성취를 지연시켰을 수도 있다. 하지만 마리아는 이와 같은 실수를 저지르지 않았다.

하나님 나라에서는 우리가 소중히 여기는 것, 그것이 좋은 소식이든 나쁜 소식이든, 간증이든 험담이든, 우정이든 갈등이든, 그것을 끌어당기게 됨을 기억해야 한다. 다시 말해 우리가 주님의 말씀, 그분의 음성을 소중히 여길 때, 우리의 삶이 향상되는 것을 보게 된다. 그분의 말씀은 (그것이 성경이든 직접 받은 말씀이든) 모든 보물 중에서도 가장 귀하고 가치 있는 것이다.

우리는 믿음으로 약속을 유업으로 받는다(히 11:33). 믿음이 하나님의 약속의 성취를 돕는 것은 분명한 사실이다. 그분이 우리에게 말씀하신 것에 믿음으로 반응할 때, 그 약속에 대한 응답이 임박하게 된다. 하지만 위대한 믿음의 장 히브리서 11장의 33절을 읽을 때마다, 어쩌면 히브리서 저자는 믿음이 약속에 대한 응답을 가져온다고 말하기보다는 믿음이 약속 자체를 끌어당긴다고 말하고 있는 게 아닐까 하는 생각이 든다. 나는 이런 일이 일어나는 것을 수년 동안 목격했다. "변함없는 믿음"이라는 높은 차원에서 살아가는 사람들은 다른 이들이 놓치는 하나님의 약속들을 듣고 받는 경우가 많다. 선한 관리자이신 하나님은 주어진 말씀을 잘 간수할 자들에게 약속을 주신다. 나는 이것이 하나님 나라의 아름다운 면모들 중 하나라고 생각한다. 나는 이 구절을 다음과 같이 표현한다. "믿음으로 우리는 하나님의 실제적인 약속 자체를 얻어 상속받습니다. 또한 약속을 얻는 믿음은 그것이 성취될 때까지 청지기로서 그 말씀을 잘 관리합니다."

우리가 직접 참여하지 않아도 하나님이 말씀하신 일이 이루어지도록 예정되어 있는 경우도 있다는 것이 사실이다. 우리에게 그저 "가만히 서서 여호와께서 오늘 너희를 위하여 행하시는 구원을 보라"(출 14:13) 하신 대로 하나님께서 우리를 대신해 성취하시는 것을 보면 된다. 나는 하나님이 일하시고 역사하시는 방식들 가운데 나 자신과 우리 가족 혹은 친구들에게 역사하시는 것을 가만히 지켜보는 것을 특권으로 여긴다. 그렇지만 하나님의 말씀이 성취되기 위해 우리가 직접 반응해야 할 때도 있다.

주님 앞에 섰을 때, 하나님이 말씀하신 모든 것을 책임지는 청지기로 살아가기보다 그분이 직접 역사하시기를 기다리다가 성취되었어야 함에도 열매 맺지 못한 약속들을 보게 될지도 모른다. 이 두 약속의 차이를 구별하기 위해서는 지혜가 필요하다. 이것은 기도, 곧 하나님께 분별력을 구하고 믿음으로 그분의 지시를 따라야 할 문제이다.

❖

하나님은 종종 우리로 하여금 그분을 더 구하게 하시고, 말씀 자체와 그것이 이루어지는 과정을 모두 이해하기 위해 그분만을 의지하도록 초청하는 방식으로 말씀하신다.

주님 안에서 마음의 안식을 허락하라

우리는 마음이 평안할 때 가장 잘 들을 수 있다. 하지만 솔직히 불안하고 두려울 때 가장 하나님의 음성이 필요하다. 하나님의 음성은 나를 신뢰와 안식의 자리로 인도한다. 나를 평강의 자리로 다시 데려다 주는 것이다. 그런데 하나님의 말씀이 가장 필요할 때, 불안 때문에 음성을 놓치기 가장 쉽다는 것이 불편한 사실이다. 하지만 감사한 것은 이러한 갈등을 인식하는 것만으로도 도움이 된다는 사실이다. 해결 방법이 간단하기 때문이다. 별 것 아니라는 것이 아니다. 하지만 하나님 나라의 해결책 대부분이 그렇듯이 단순히 하나님의 주되심(God's Lordship)을 인정하기만 하면 된다. 그분의 통치권을 인정하면 대부분의 문제들이 해결된다.

불안감에 죄책감을 가진다고 해서 안식할 수 있는 것은 아니다. 또한 단지 잘못된 생각을 인정한다고 해서 올바른 생각을 갖게 되는 것도 아니다. 하지만 진정한 회개는 우리에게 안식과 올바른 생각을 가져온다. 회개는 "죽은 행실들로부터의 회개와… 하나님을 향한 믿음"(히 6:1, 한글킹제임스)이라는 말씀처럼 "~로부터"와 "~을 향한" 두 단어로 설명될 수 있다. 거듭 말하지만, 불안에 대해 후회하고 뉘우친다고 해서 그것이 제거되는 것은 아니다. 그 원인을 해결해야 한다. 불안과 두려움의 뿌리는 잘못된 신뢰 대상이다. 자기 견해, 자산, 경험 또는 이상, 생각, 타인의 가치관 등 하나님 외에 무엇을 신뢰하든지 회개해야 한다. 이 모든 것들은 오직 하나님만 받으셔야 할 신뢰의 자리를 차지하려 한다. 하지만 오직 한 분만이 완벽하게 신실하시다. 그분을 신뢰하지 않는 것은 어리석음 자체이다.

때때로 우리는 단순히 잘못을 인정하기만 하면 모든 것이 해결될 것이라는 생각에 회개할 기회를 놓치기도 한다. 경건한 근심은 우리를 회개에 이르게 한다(고후 7:10). 너무나 많은 이들이 자기 죄로 인해 야기된 삶의 고통 때문에 슬퍼하지만, 죄 자체에는 슬퍼하지 않는다. 우리가 어떻게 하나님 아버지의 마음을 아프게 했는지 깨달을 때의 고통은 우리로 하여금 죄를 완전히 버리게 만든다.

이처럼 불안이나 두려움에 사로잡혀 하나님의 음성을 듣지 못할 때마다 다시 들을 수 있게 도와주는 몇 가지 도구들이 있다. 첫 번째는 우리의 마음을 잠잠케 하여 안식처로 만들고 삶 가운데 하나님의 주권을 신뢰하는 것이다. 하나님을 신뢰하지 못했음을 고백할 때, 우리가 알고 있는 다른 모든 죄들도 고백해야 한다. 그것이 하나님과의 관계를 회복시키는 대표적인 방법이기 때문이다. 죄를 고백하면 가장 크고 위대하신 용서의 하나님을 우리의 상황에 모셔 들이게 된다.

또한 우리는 주님을 예배해야 한다. 예배가 하나님을 향한 사랑과 경배의 친밀한 표현이기 때문이다. 또 다른 도구는 하나님의 말씀을 묵상하는 것이다. 그분의 말씀에는 그분의 마음이 계시된다.

우리가 말씀을 묵상할 때마다, 원 저자께서 나타나셔서 우리의 마음에 그분의 마음을 넣어주신다. 또한 하나님이 그분의 말씀으로 우리에게 약속하신 모든 것을 고백하고 선포하는 법을 배우는 것이 대단히 중요하다. 상황에 대한 우리의 반응을 그분의 마음과 생각에 일치시킬 때 돌파가 되면서 종종 우리가 하나님의 약속이 성취되는 것에 중요한 영향을 끼칠 수 있게 된다.

절망의 상황에서도 하나님의 말씀을 받아들이기

예수님은 하나님의 말씀이시고 어디에나 계시기에 그분의 음성은 언제나 우리 곁에 계신다. 물론 이것은 내가 이번 장 초반부에서 하나님이 때로는 침묵하신다고 말한 것과 분명히 모순되는 말이다. 여기서 우리는 선명한 하나님의 음성이 있고 은밀한 하나님의 음성이 있다는 것을 이해해야 한다. 선명한 음성은 주로 우리의 필요나 질문에 대한 응답으로, 훨씬 더 확실하고 외적이기 때문에 우리가 그것에 주목하고 귀 기울이고 있다면 놓치지 않을 것이다. 하나님의 은밀한 음성은 어떤 개념이나 특성이 아니라 그분의 임재 안에서 나타난다. 이것을 이해하면 상황이 이해되지 않거나 우리가 부르짖으며 간구하는 분명한 답이 주어지지 않아도 변함없이 믿음을 지키는 법을 배우게 된다. 이 두 가지 음성의 차이를 인식하는 것은 우리가 어려운 시기 중에도 성장하는데 대단히 중요하다.

성경 전체에서 나를 가장 신나게 하는 이야기들 중 하나는 요한

복음 6장의 오병이어 기적과 그 후에 일어난 일에 관한 기사이다. 그 날 예수님의 말씀을 듣기 위해 엄청나게 많은 무리가 모였기에, 수천 명의 사람들이 이 초자연적인 공급의 현장에 참여하게 되었다. 기적을 행하는 것이 예수님께는 일상적인 일이었으니, 분명 그곳에서는 다른 기적들도 많이 일어났을 것이다. 하지만 무리들은 기적을 볼 뿐만 아니라 예수님의 말씀도 듣기 위해서 모인 것이었다. 예수님처럼 말하는 사람이 없었기 때문이다. 그분이 말씀하실 때마다 무리는 그분의 가르침에 거듭해서 놀라움을 금치 못했다.

그러나 바로 다음 날, 대부분의 사람들은 예수님과 그분의 가르침에 대한 태도를 바꾸었다. 예수님은 자신의 제자가 되는 유일한 방법은 "그분의 살을 먹고 그분의 피를 마시는 것"이라고 설명하시기 시작했다. 어떤 형태든 식인 행위를 강하게 거부한 민족이 바로 유대인들이었다. 요한복음 6장을 통해 무리가 예수님의 말씀을 듣고 분노했음을 알 수 있다. 사람들이 예수님의 말씀을 두고 논쟁을 벌일 때마다, 그분은 오히려 더욱 강하게 말씀하시는 것처럼 보인다. 예수님이 그들의 두려움을 잠재우기 위해 자신의 메시지를 설명하고자 별로 노력하지 않으셨다는 사실은 리더십에 있어 참으로 흥미로우면서도 고통스러운 가르침이었다.

의심할 여지없이 열두 제자들은 예수님이 군중들에게 설명을 해주시기를 바랐을 것이다. 왜냐하면 그들은 예수님에게 (그리고 자신들에게) 쏟아지던 인기를 상당히 좋아했을 것이기 때문이다. 그런데 이제 사람들이 경멸하며 떠나가는 것을 보게 됐다. 성경은 심지어 그날 그분의 가장 헌신적인 추종자들 중에도 예수님을 떠난 자들이 있었다고 기록한다(66절). 그들은 자신들의 마음에서 일어나는 생각의 충돌, 즉 하나님이 주신 신비를 감당할 수 없었던 것이다.

우리 모두가 신비 안에 존재하는 긴장감을 직면할 필요가 있다는 것은 분명한 사실이다. 심지어 예수님의 제자들에게도 이러한 도전이 필요했다. 하나님은 자신을 찾는 자들에게 상 주시는 아버지이다. 선택을 할 필요가 없다면 보상도 없다. 예수님은 이미 누가 이러한 난관에 제대로 반응하고(즉, 신비에 대해 변함없는 믿음으로 반응할지), 반응하지 못할지 알고 계셨다. 그분은 누가 믿고 믿지 않을지 알고 계셨던 것이다. 그분의 음성은 결국 믿음을 이끌어낸다. 언제나 그렇다. "믿음은 들음에서 난다"(롬 10:17). 예수님은 신뢰할 수 있는 분이다. 이것이 우리가 그분을 향한 모든 믿음의 행위로, 심지어 이해할 수 없는 신비 가운데서도 변함없는 믿음으로 선포하는 진리이다.

그러나 이 이야기에서 가장 감동적인 부분은 예수님이 자신의 말씀, 구체적으로 식인 행위를 암시하는 것처럼 보이는 혼란스러운 가르침에 대해서 다음과 같이 설명해 주셨다는 것이다. "내가 너희에게 이른 말은 영이요 생명이라"(요 6:63). 그분은 말씀(the Word)이 육신(flesh)이 되셨고, 그분이 말씀하시면, 그분의 말들(words)은 그것은 "영(spirit)"이 된다.

예수님이 열두 제자에게 그들도 떠날 것인지 물으셨을 때 베드로는 "주여 영생의 말씀이 주께 있사오니 우리가 누구에게로 가오리이까"라고 대답했다(요 6:68). 베드로는 종종 충동적이고 어리석은 말을 했기 때문에 따르지 말아야 할 예로 자주 언급된다. 하지만 위 답변과 같이 옳은 말도 많이 했다. 개인적으로 베드로가 예수님을 떠난 무리들보다 영적 신비를 더 잘 이해했을 것이라고 생각하지는 않기에, 그의 대답이 어떤 의미였을지 간단히 설명해 보겠다. 베드로는 이렇게 말하고 있는 것이다. "주님, 우리도 떠난 무리들처럼 주님의 가르침을 이해하지 못합니다. 하지만 주님이 말씀하실 때마다 우리가 살아 있는 이유를 알게 됩다. 주님의 말씀은 우리를 생명으로 인도합니다. 심지어 우리가 이해하지 못하는 말씀들도 그렇습니다. 그래서 우리는 당신을 떠나지 않을 것입니다."

베드로는 예수님의 가르침에 혼란을 느꼈을지도 모른다. 그러나 그는 자신이 생명의 말씀을 듣고 있다는 사실을 영(spirit)으로 알고 있었다. 우리도 마찬가지이다. 언제나 우리에게 말씀하고 계시며 헤아릴 수 없는 영향을 끼치시는 성령님의 음성을 들을 때, 우리는 영으로 그것이 우리에게 생명이라는 것을 안다.

Chapter 7

하나님으로부터 임하는 꿈, 창조적 표현, 그리고 소원의 성취

하나님의 음성을 듣는 법을 배우는 것은 매우 중요하다. 왜냐하면 이 세상이 이전에 본 적 없는 놀라운 창조적인 표현들이 교회를 통해 펼쳐지는 때가 임박했기 때문이다. 그러나 전적으로 우리가 성령님께 순복하고 그분과의 관계 안에 거하고, 그분이 우리를 통해 일하실 때 성령님의 비전을 받아 실천함으로 이러한 창조적인 표현들은 가능해진다.

창조성과 성령님

성령님은 만물을 창조하실 때 대단히 중요한 역할을 하셨다.

"태초에… 하나님의 영은 물 위에 움직이고 계셨다"(창 1:1-2, 새번역). 이 장면은 알을 품는 어미 닭의 모습과도 비슷하다. 어미 닭은 알을 품음으로써 병아리가 부화하여 잘 성장할 수 있는 이상적인 환경을 조성해 준다. 마찬가지로 성령님도 우리 삶의 많은 것들을 품어 주셔서 언제나 생명을 선사하는 창조성을 온전히 표현하는 데 필요한 기류를 조성해 주신다. 이러한 창조성을 받는 것은 우리가 하나님의 임재 안에서 시간을 보낼 때 일어나는 당연한 결과이다.

이러한 실재는 믿는 자의 삶에 창조성의 본질과 그 근원에 대한 놀라운 통찰력을 제공한다. 창조주의 아들딸이 됨으로써 그분의 은사와 부르심, 기름부음을 받을 수 있는 특권이 부여된다.

창조와 혁신을 위해 지음 받다

우리는 성령님을 통해 아버지와 창조적인 일들에 동역하도록 창조되었고 구속 받았다. 하나님이 우리의 삶에 주신 꿈과 소원을 통해 우리 창조성의 방향이 정해진다. 이러한 꿈과 소원은 우리의 성장 배경, 친지, 친구들, 경험 등 셀 수 없이 많은 것들의 영향을 받으며 형성된다. 이 모든 요소들은 성령님의 인도와 능력을 받을 때 하나님이 본래 의도하신 창조적인 존재로 우리를 빚어 가는 도구들이 될 수 있다.

구약에서 이스라엘 자손들이 광야에서 살아가는 동안 모세의 인도 하에 "하나님의 집"으로 사용할 성막이 지어졌다. 하나님은 성막을 매우 세밀하게 설계하셔서 이스라엘 백성들이 사용해야 할 색깔, 직물, 건축 자재 및 작업의 수준까지 구체적으로 지시하셨다. 이 성막은 하나님의 임재가 머물 곳이었기에 이스라엘 백성들이 이전에 지은 그 어떤 것과도 달라야 했다.

이 건축 프로젝트에 필요한 작업은 인간의 능력을 뛰어넘는 것이었다. 아마 이렇게 말하는 것이 가장 적절할 것이다. 인간의 재능도 필요했지만, 그 위에 임한 초자연적 영향력이 훨씬 더 중요했다. 이것은 이 시대 믿는 자들의 삶을 정확하게 설명해 준다. 우리가 하는 모든 일에 하나님의 무한한 도움의 손길이 필요하기에, 할 수 있는 모든 것들을 그분께 올려드려야 한다.

성막 건축 이야기에는 브살렐이라는 사람이 등장한다. 놀랍게도 그는 성경에서 하나님의 성령으로 충만했다고 언급한 첫 번째 인물이다. 모세나 이스라엘의 왕 혹은 선지자들 중 한 명이 그러한 영광을 누렸을 거라고 생각했는데, 그 주인공은 한 명의 예술가이자 공예가였다. 하나님은 그에 대해 다음과 같이 말씀하셨다.

> 하나님의 영을 그에게 충만하게 하여 지혜와 총명과 지식과 여러 가지 재주로 정교한 일을 연구하여 금과 은과 놋으로 만들게 하며 보석을 깎아 물리며 여러 가지 기술로 나무를 새겨 만들게 하리라 (출 31:3-5)

이 창의적인 천재에게는 이 사명이 요구하는 수준으로 창조할 수 있는 성령님이 필요했다. 만일 구약의 불완전한 언약 아래에서도 창의적 기름부으심이 가능했다면, 예수님의 피로 세운 더 나은 언약 아래에 있는 우리에게는 하나님이 얼마나 더 많은 기름부음을 주시겠는가? 구약에서는 성령 충만을 받는 것이 드문 일이었지만, 오순절에 성령님의 부어지심 이후에는 믿는 자들 사이에서 흔한 일이 되었다(행 2장). 성령님으로 충만하면 주변 세상을 사랑하고 섬기는 능력 위에 하나님의 구속적 손길이 임하는 것을 경험하게 된다. 우리가 직면하는 문제들의 창의적인 해결책을 나눌 수 있게 되기 때문이다. 우리는 창조적인 존재로서 지옥과 같은 혼돈의 세상에서 구출 받기를 바라기보다 하나님이 이미 마련해두신 해결책을 위해 그분을 찾도록 초대하셨음을 알고, 우리의 자리에 더 적극적으로 서야 할 것이다. 이 역시도 성령님이 하시는 일이다.

결국 "일을 숨기는 것은 하나님의 영화요 일을 살피는 것은 왕의 영화"이다(잠 25:2). 예수님은 아버지께서 우리에게 천국의 비밀을 나눠주시는 것을 기뻐하신다고 말씀하셨다(눅 12:32). 또한 "우리 하나님 앞에 우리를 왕들과 제사장들로 삼으셨다"고 말씀하신다(계 5:10, 한글킹제임스). 하나님이 우리를 위해 감춰두신 신비들을 찾으려 할 때 왕족으로서 우리의 위치가 가장 분명하게 드러나게 된다. 왕과 왕비는 숨겨진 것들을 찾고 구하는 것이 자기들에게 주어진 사명이라는 것을 안다. 아마도 이것이 바로 요한복음 15장 7절의 비밀일 것이다. "너희가 내 안에 거하고 내 말이 너희 안에 거하면 무엇이든지 원하는 대로 구하라 그리하면 이루리라." 이 놀라운 약속의 결과로 우리의 기도에 응답하시는 하나님과 함께 동역자 역할을 감당하게 된다.

창조성은 해결해야 할 문제를 찾는 사람들의 삶에서 증가하는 경향이 있다. 소설을 쓰거나 그림을 그리는 사람들에게만 해당되는 이야기가 아니다. 물론 이런 형태의 예술적 표현들도 포함되지만, 보다 넓은 차원에서 하나님의 구속 계획이 우리의 삶 속에 역사하게 됨으로써, 인류가 처한 상황들에 우리의 마음이 움직이고 그 문제들을 혁신을 통해 해결하고자 힘쓰게 된다는 것이다. 새로운 기술, 의학적 혁신, 발명품과 그 외 해결책들 그리고 우리의 삶에 문화와 아름다움을 더하는 모든 것들은 전부 하나님이 주신 창조성으로부터 흘러나온다. 또한 말씀에 의하면 하나님의 영의 임재 안에서 그리고 임재를 통해 창조의 영역은 가장 잘 드러나게 된다.

하나님의 임재를 느끼고 인식하고 그 안에서 살아가는 것은 우리의 본래 의도, 목적, 약속 안으로 들어가는 첫 단계이다. 하나님의 모든 기사와 역사하심 그리고 계획들은 그분의 위대하심을 말해 주는데, 특히 내가 하나님의 임재에 사로잡히는 이유는 우리가 그분의 임재 안에서 그분의 성품을 발견하기 때문이다. 두 번째 단계는 하나님이 성경이나 직접적인 감동을 주심으로 우리에게 말씀하시는 모든 것들을 의식적으로 받아들이는 것이다. 우리 안에 거하시는 그분의 임재는 하나님의 성품을 온전히 담고 있는 말씀의 씨앗과 함께 우리 안에서 역사한다. 그 임재가 만물의 창조 훨씬 이전부터 그분의 마음에 존재해온 의도와 목적이 성취되도록 한다. 하나님의 임재를 인식하는 법을 배우고, 그 임재 가운데 거하는 것 자체가 자연스럽고 당연한 환경으로 여기며 살아가는 것은 대단히 중요하다.

성령님이 사람들에게 끼치는 영향력은 "자유"라는 아주 단순한 결과를 통해 입증된다. 성경은 "주의 영이 계신 곳에는 자유가 있다"고 말씀한다(고후 3:17). 어떤 이들은 이 구절이 다음과 같은 의미로도 읽힌다고 말한다, "성령님이 예수님의 주되심을 나타내시는 곳에는 그 결과로 자유가 임한다."

❖

우리는 성령님을 통해 아버지와 창조적인 일들에 동역하도록 창조되었고 구속 받았다.

창조성 표현하기

하나님의 구속하심과 영광 안에서 살아가라

사도 바울은 "모든 사람이 죄를 범하였으매 하나님의 영광에 이르지 못하더니"(롬 3:23)라고 말하면서 인간의 타락한 본성에 대해 언급했다. 예수님은 우리를 죄의 저주로부터 구속하러 오셨다. 구속한다(redeem)는 것은 "되산다"는 말이다. 인류 전체가 죄에 자기 몸을 팔았지만, 예수님이 구속자이자 구속의 대가가 되셨다. 그분 자신으로 대가를 치르시고 우리를 되사신 것이다. 정말 극단적 사랑 아닌가!

인간은 계시 받은 창조성을 풀어내기 위해 태어났지만, 죄로 인해 원래 우리에게 정해진 목표인 하나님의 영광에 미치지 못하게 되었다. 사실 목표라는 단어는 하나님의 의도를 잘 반영하지 못한다. 하나님의 영광은 단순히 우리가 도달해야 할 목표가 아니라 우리의 집이나 거처가 되어야 한다는 말이 더 맞을 것이다. 하나님의 영광은 끝이 없으므로, 우리의 숙명 또한 성장한다. 그 영광의 영역에서 우리가 계획되어 지기도 했다. 창조성이 속한 본연의 자리인 하나님의 임재와 우리 사이에는 어떤 방해물도 없이 언제나 연결되어 있어야 한다.

창조적 표현을 잉태하도록 설계된 우리 마음의 "태"를 대신해 타락한 본성의 결과물인 두려움, 불안, 걱정 등이 가득 채우는 경우가 많다. 그렇게 되면, 우리의 창조성이 차단된다. 고백하지 않은 죄도 마찬가지로 우리의 잠재력을 앗아간다. 그 방해물이 하나님의 본성에 대한 이해를 창조적으로 풀어내도록 되어 있는 자리를 채우게 된다. 원수는 성화된 하나님의 백성들이 꿈과 소원을 성취하는 것을 두려워한다. 창조적인 꿈과 소원들은 우리의 존재 이유를 보여준다. 예수님은 "너희 빛이 사람 앞에 비치게 하여 그들로 너희 착한 행실을 보고 하늘에 계신 너희 아버지께 영광을 돌리게 하라"고 가르치셨다(마 5:16). 우리에게서 흘러나오는 것은 궁극적으로 하나님의 영광을 나타내기 위한 것이다.

예수님이 우리가 심판 받을 자리에 대신해 형벌을 받기 위해 고난 당하고 십자가에서 죽으심으로 우리의 죄악을 속죄하셨을 때, 우리는 완전히 회복되었다. 하지만 어떤 모습으로 회복되었다는 것일까? 일단 하나님의 영광 안에서 살아가게 되어 있는 본래의 목적을 다시 회복하였다!

창조된 모든 것에게 사는 장소나 영역이 있다. 물고기는 하나님이 창조하신 물에서만 살 수 있다. 나무와 식물들은 자신들이 지음 받은 토양에서만 살 수 있다. 그리고 인간은 하나님의 임재, 즉 그분의 통치와 영광 안에서만 살 수 있다. 나머지는 모두 영적인 죽음이다.

성경에 나타난 회복의 예시들은 우리를 위한 그리스도의 놀라운 회복 사역을 이해하는 데 큰 도움이 된다. 욥의 예를 생각해 보자. 욥은 모든 것을 잃었지만 하나님이 그를 회복시켜 주셔서 이전 것을 전부 갑절로 되찾았다(욥 42:10). 파괴된 솔로몬의 성전도 있다. 바벨론에 사로잡혀 갔다가 돌아와서 재건한 성전이 1세기에 확장되면서 성전산은 원래 면적의 두 배가 되었다. 회복은 성경 전반에 걸쳐 지속적으로 나타난다. 하나님은 파괴되거나 잃어버린 곳을 전보다 더 크게 회복시켜 주신다. "이 성전의 나중 영광이 이전 영광보다 크리라"(학 2:9).

예수님은 우리를 타락 이전보다 더 위대한 위치로 회복시켜 주신다. 예수님의 제자들의 경우를 생각해 보자. 그들은 모든 것을 버리고 주님을 따랐는데, 주님은 그들이 잃어버린 것과 두고 온 것들을 백 배로 회복시켜 주겠다고 약속하셨다(막 10:28-30). 그렇다면 우리의 구원으로 인해 하나님의 영광 안에서 살아가는 위치로 회복되었다는 것은 지극히 당연한 일이 아니겠는가? 천국에 간 뒤를 말하는 것이 아니다. 그것은 당연한 일이고, 지금 이 땅에서 우리 구원의 아름다움과 창조의 경이로움이 드러나야 한다. 회복된 위대한 위치에서 사는 것이 예수 그리스도의 참된 제자이자 믿는 자들인 우리의 삶을 규정한다. 따라서 하나님의 영광 안에 산다는 것은 예수님의 분명한 임재 안에서 사는 것이며, 또한 하나님의 영의 역사하심이다.

하나님이 주신 꿈과 소원을 추구하라

만약 성령님이 우리 자신만의 꿈과 삶의 목적이 다 이루어지도록 우리와 함께하신다고 생각한다면, 끊임없이 좌절하게 될 것이다. 반대로 우리가 그분의 꿈을 이뤄드리기 위해 살아 있다는 것을 깨닫게 되면, 지속적인 놀라움 가운데 살게 될 것이다. 또 추가로 얻은 유익은 하나님의 동역자로서 우리의 목적대로 사는 이러한 과정 가운데 자연적으로는 이룰 수 없는, 우리의 지성이나 믿음을 넘어서는 꿈의 성취를 발견하게 된다는 것이다.

때때로 하나님은 바로 앞에 있는 것도 보지 못하게 하신다. 특히 인간은 자신이 본 대로 틀이나 공식을 만들고자 하는 본능이 있기 때문에 우리의 안전을 위해 그렇게 하시는 것이다. 예를 들어 이스라엘 백성들은 광야에서 성막 위에 구름이 떠 있는 모습을 보았다. 하나님은 그곳에서 자신을 특정한 형상으로 드러내지는 않으셨지만, 구름 가운데 그분의 얼굴을 계시하심으로써 이스라엘 백성들과 "대면하여" 말씀하셨다.[1]

> 여호와께서 호렙산 불길 중에서 너희에게 말씀하시던 날에 너희가 어떤 형상도 보지 못하였은즉 너희는 깊이 삼가라 그리하여 스스로 부패하여 자기를 위해 어떤 형상대로든지 우상을 새겨 만들지 말라 남자의 형상이든지, 여자의 형상이든지 (신 4:15-16)

> 여호와께서 산 위 불 가운데에서 너희와 대면하여 말씀하시매 (신 5:4)[2]

이스라엘 백성들에게 우상을 만들려는 성향이 있었기에 하나님은 그들이 본 대로 우상을 부어 만들 것을 아시고 자신의 명확한 모습을 보여 주지 않으셨다. 우리가 어떤 문제 가운데 하나님의 마음을 깨닫는 과정을 거치는 대신 그분의 뜻을 빠르게 알고자 하는 지름길을 택하려 할 때마다 분명하게 그런 성향이 드러난다. 하나님의 마음을 깨닫는 데는 시간이 소요된다. 하지만 우리는 그 일에 시

---

1) Bill Johnson, *Face to Face with God*, rev. ed. (Lake Mary, FL: Charisma House, 2015), 88.
2) Johnson, *Face to Face with God*, 88.

간을 들이려 하지 않을 때가 많다. 공식을 만들게 되면, 그로 인해 때로는 하나님의 영향력이 우리의 삶에서 시시각각 사라지게 된다. 공식이 주님과 교제해야 할 필요성을 대체해 버리는 하나의 형식으로 자리 잡게 되는 것이다. 하지만 하나님을 알고 또 그분을 전하고자 하는 관계의 여정을 받아들이는 이들에게는 분명한 시야와 창조성이 주어진다.

교사이신 성령님은 특별히 이러한 영역에서 우리의 소원이 아버지로부터 온 것인지 깨달을 수 있도록 우리를 도와주신다. 이러한 도움을 받는 것은 우리가 생각하는 것보다 훨씬 더 중요하다. 과거와 현재에 교회에서 일어난 사건들을 살펴보면, 죄를 선택하고 그것을 하나님의 뜻이라고 말하는 사람들의 삶에 재앙이 임했음을 쉽게 볼 수 있다. 그들 중에는 악을 선이라 하고 선을 악이라 하는 불의를 저지른 이들도 있었다(사 5:20). 또 어떤 이들은 하나님의 뜻과 목적에 반하는 삶의 방식을 선택하여 자기 소유물, 인간관계, 일 또는 권력을 우상으로 만드는 경우도 있었다. 성령님께 부드러운 마음으로 반응하며 순복하면, 우리의 삶은 두려움이 아니라 기쁨의 여정이 된다. 하지만 그분을 대적하면 온갖 재앙들이 임하게 된다.

고의적 죄와 우상숭배적 삶의 방식이 사람들의 삶에 수많은 비극을 가져왔다는 것은 의심의 여지가 없다. 하지만 나는 사람들이 거의 인식하지 못하는 또 다른 죄가 있다는 것을 알게 되었다. 실제로 이것은 겸손의 미덕으로 여겨지는 경우가 많은데, 꿈을 꾸지도 위험을 감수하지도 않는 것이다. 물론 우리의 소원이 악할 수 있다는 것을 안다. 하지만 우리의 소원이 올바르게 사용될 때는 오히려 다른 사람들에게 하나님을 드러낼 수 있게 된다. 어떤 사람들은 자신이 하나님의 음성을 들었는지 아니면 단순히 자기 욕망의 소리를 들은 것인지, 이 문제를 해결하기 위해 개인적인 욕망은 모두 없애려 한다. 이렇게 하면 자기 뜻이나 아집의 속임은 피할 수 있지만, 각자의 계획을 온전히 이루지 못하게 하는 속임수에서는 벗어날 수 없다.

각각의 하나님의 온전한 계획에 성령님의 감화를 받은 우리의 소원이 포함된다는 사실이 이상하게 보일 수도 있다. 대부분의 믿는 자들은 개인의 소원의 영역에서 잘못될 것을 지나치게 두려워한 나머지 거의 아무것도 하지 않는다. 이러한 접근 방식도 결국 잘못임을 깨닫지 못한 채 말이다. 죄나 하나님의 기준에 못 미치는 것은 항상 최선을 다해 피해야 하지만, 위험을 감수하고 담대한 기도를 하도록 이끄는 경건한 소원을 갖는 것은 동전의 이면과도 같다. 우리가 이렇게 나아가서 하나님의 일하심을 보게 되면, 우리를 사랑하시고 우리를 통해 역사하시는 완전한 아버지 하나님을 드러내게 된다.

그러므로 하나님의 주권을 침해하는 것도 큰 잘못이지만, 우리의 역할과 영향력이 그분의 통치 계획에 기록되어 있다는 사실을 무시하는 것은 크게 속고 있는 것이다. 우리가 믿는 것이 우리의 행동 방식에 영향을 미치기 때문에 이것은 신학적인 문제를 넘어서 위험하다. 그리고 우리의 역할—"책무"라고 하는 것이 더 낫겠다-을 보지 못하면 삶 가운데 일어나는 모든 일이 하나님의 뜻이라고 생각하는 함정에 자동적으로 빠지게 된다. 이러한 사고방식은 다른 어떤 신학적 오류들보다도 기독교를 무력하게 만들어 "믿는 자들로서 어떻게 살아야 할지" 깨닫지 못하게 만들었다.

하나님의 역할과 우리의 역할이라는 주제는 내가 가장 많이 오해받는 부분인 것 같다. 따라서 나와는 의견이 다른 친구들을 존중하는 마음으로 내가 여기서 말하는 내용을 신중하게 성경적인 분별력을 가지고 들어줄 것을 간곡히 부탁한다. 우리가 섬기는 분은 절대적인 주권을 가지신 분이라는 사실을 유념하고 이 부분을 이해하려고 노력해 보자. 하나님은 절대로 우리의 조종이나 지시를 받지 않으신다. 그럼에도 놀라운 아버지 하나님께서 우리를 그분과 함께 기도하고 예배하며 교제하는 자리로 초대해 주셨다. 이로 인해 우리가 관여하지 않았다면 일어나지 않았을 일들이 주위에서 일어나는 모습을 보게 된다. 이것이 바로 우리에게 그분의 일을 맡겨 주신 하나님 앞에서 책임감 있게 사는 삶의 아름다움이다.

하나님은 우리를 프로그램 된 결과를 산출하는 로봇이나 컴퓨터로 설계하지 않으셨다. 오히려 우리는 우리를 영향력 있는 위치로 초대하신 통치자와 기꺼이 협력하는 살아있는 존재들이다. 그분은 "오라 우리가 서로 변론하자"라고 우리를 초대하신다(사 1:18). 애초에 나에게는 그분이 주신 은사 외에는 그분에게 필요한 특별한 지성도, 그분에게는 없는 통찰도 아무것도 없다. 내가 드릴 수 있는 것은 오직 스스로 예배하기로 선택한 피조물로서의 내 자신뿐이다. 나라는 독특한 존재로 나의 의지, 순종, 경배를 날마다 하나님께 제사로 드리는 것이다. 나는 그분이 나와 동역하고 싶어 하시는 이유를 정말 모르겠다. 나라면 효율성과 탁월함을 위해 절대로 나를 선택하지 않았을 것이다! 하지만 자녀를 둔 아버지로서는 어떤 일을 위해 우리 아이들 중 누구라도 선택할 것이다. 하나님은 아버지이시다. 우리를 그리스도와 동역하게 하신 그분의 계획 이면에는 그분이 우리의 하나님 아버지라는 비밀이 숨겨져 있다.

내게는 하나님의 생각을 바꾸고 싶은 마음이 1%도 없다는 말을 덧붙여야 할 것 같다. 나는 그분의 뜻을 사랑하기에 내 마음대로 하고 싶지 않다. 자기 뜻대로 행하다 결국 참담한 결과를 초래한 예들은 성경에서 얼마든지 볼 수 있다. 그럼에도 완전하신 아버지 하나님께서 우리가 그분께 영향을 끼치기를 바라신다는 것은 놀랍고도 신비로운 일이다. 하나님은 때때로 사람들의 간구로 인해 하시겠다고 말씀하신 일을 바꾸신 적이 있다는 사실을 성경에 분명히 기록해 두셨다(욘 3).

❖

완전하신 아버지 하나님께서 우리가 그분께 영향을 끼치기를 바라신다는 것은 놀랍고도 신비로운 일이다.

우리의 창조 목적: 하나님과의 우정

우리가 생각하고 말하는 것이 아버지의 눈에 중요하게 여겨지기를 갈망하는 것은 당연한 일이다. 그분을 조종하거나 우리의 방식대로 하고자 하는 욕망이 아니다. 내 경험으로는 오히려 정반대이다. 이것은 이미 우리를 향한 하나님의 마음속에 자리하고 있는 것을 표현하는 것이기 때문이다. 어쩌면 "이제부터는 너희를 종이라 하지 아니하리니… 너희를 친구라 하였노니 내가 내 아버지께 들은 것을 다 너희에게 알게 하였음이라"는 예수님의 말씀도 이것을 의미하는 것일지도 모른다(요 15:15). 종들은 과제 지향적이다. 그들의 주된 관심사는 주인이 시킨 일들을 완수하는 것이지만, 친구는 전혀 관점이 다르다. 그는 해야 할 일들 보다 그 이면에 담긴 마음에 관심이 있다. 그는 친구의 기분, 갈망 그리고 행복에 마음을 쏟는다. 마찬가지로 나도 항상 하나님의 뜻을 행하고 싶다. 그분과의 관계로 인해 해야 할 일들은 단순한 명령을 넘어 그분과 동역하자는 초대장이 된다.

단순히 "주는 나의 친구! 주는 나의 친구!" 신나게 찬양을 부른다고 해서 그분의 친구가 되는 것이 아니다. 진정한 친구가 되려면 시간이 걸리는데, 충실함을 증명한 사람, 신뢰성을 보여준 이들에게 허락되는 관계이다. 그리고 그분이 나를 친구로 여기신다는 것을 안다면, 나는 그 관계를 돈독하고 명확하게 하기 위해 그분께 책임을 드릴 뿐만 아니라 자신도 책임을 받을 수도 있어야 한다.

하나님과의 우정으로 인해 내가 받는 것이 있다. 그분은 날마다 나를 그분의 아들 예수 그리스도의 형상으로 변화시켜 주신다. 그리고 그분이 나의 삶 가운데 말씀하시고 행하시는 모든 것이 그리스도를 닮은 모습으로 증거된다. 동시에 나에게는 드릴 책임도 있다. 스스로 얼마나 자격이 있고 그렇지 않다고 생각되든지 간에 그분의 초대에 반응해야 한다. 이 표현이 다소 강하게 들릴 수도 있지만, 이 말의 의미를 다음의 맥락에서 잘 이해해 주길 바란다. 우리는 하나님과의 우정을 "요구"해야 한다. 이 요구를 그분을 조종하려 하는 노력으로 여겨서는 안 된다. 다만 하나님이 우리를 친구로 초대하셨을 때, 그분의 마음에 담긴 것을 이루기 위해 헌신의 노력을 기울여야 한다. 또한 이 주제가 불편함을 주기는 하지만, 하나님은 친히 적어도 한 번은 우리에게 그분께 "명령"하라고 명하셨다. "내 아들들에 관하여 앞으로 일어날 일들을 내게 묻고 내 손으로 행하는 일들에 관하여 너희는 내게 명령하라"(사 45:11, 한글킹제임스). 이것은 우리가 순종의 길을 걷는 과정에서 마주하게 되는 꽤 어려운 시험들 중 하나일 수 있다.

    나는 앞서 믿는 자의 삶의 여정 전체가 고아들―아직도 아버지와 화목해야 할 자들―의 땅에 완전하신 하늘 아버지를 발견하여 드러내는 것이라고 언급했다. 이 일로 예수님이 우리에게 위임하신 것이다. 요한복음의 핵심 주제가 바로 예수님이 아버지를 계시하시기 위해 이 땅에 오셨다는 것이다. 그분은 자신의 삶뿐만 아니라 죽음과 부활을 통해서도 아버지를 계시하셨다. 예수님은 자신을 따르는 자들에게 "아버지께서 나를 보내신 것같이 나도 너희를 보내노라"고 말씀하셨다(요 20:21). 이 말씀은 우리가 적어도 어느 정도는 아버지를 드러내야 한다는 것이다. 성령 충만을 유지하고, 그분의 생각을 구하며, 하나님이 주신 소원들을 그분께 맡겨 드리고, 성령님이 우리를 통해 흘러가셔서 다른 이들의 필요를 충족시키는 창조와 혁신으로 나타나시게 함으로써 우리도 아버지를 드러내고자 노력하자.

목적이 있는 기도와 성취된 소원

앞서 우리는 보혜사 성령님이 어떻게 우리를 위해 중보하시고 우리의 필요와 소원들을 하나님께 표현할 수 있게 해주시는지 이야기했다. 이제 어떻게 하면 우리가 기도 가운데 하나님의 마음에 맞게 변화되어 이 세상에 아버지를 드러낼 수 있는지 살펴보자.

기도의 주요 목적은 다음의 두 가지이다. 기도로 상황을 변화시키고, 또한 기도하는 자를 변화시키는 것이다. 그런데 더 큰 기적은 바로 후자이다. 우리는 기도를 통해 하나님과 교제하고 변화되도록, 또한 우리의 삶과 가족의 삶 그리고 지역, 국가, 세계 등의 환경에서 직면하는 문제들 가운데 하나님의 손이 역사하시는 것을 보기 위해 초대 받았다. 나에게 교제의 기도란 보통 예배와 경배이다. 나의 마음이 하나님을 향한 사랑으로 불타오를 때, 내가 살아 있고 하나님과 있음을 안다. 하지만 목적이 있는 기도는 성취의 결과와 변화가 기도의 응답으로 임한다는 점에서 다르다.

기도를 통해 변화됨

누가복음 9장의 제자들과 예수님에 관한 일화들은 우리가 어떻게 기도로 변화되어 응답을 받을 수 있는지 보여 주는 아름다운 실례들이다. 여기서 제자들이 예수님께 요청한 것이 어떻게 그들의 관점을 바꾸는 계기가 되는지 보게 된다. 이 일화들에서 열두 제자들은 예수님께 여러 번 요청했지만 그분은 그들이 요청하는 방식 그대로는 응답하지 않으셨다. 하지만 가장 감동적인 부분은 제자들이 예수님의 뜻을 이해하게 되는 과정이다.

배경은 이렇다. 예수님은 그들을 둘씩 짝지어 그들의 고향으로 보내셨다(눅 9:1-6; 마 10:1-15; 막 6:7-13). 제자들은 천국 복음을 전하고, 병자들을 고치고, 죽은 자들을 살리고, 귀신들을 쫓아내고, 나병환자들을 깨끗하게 하는 선교 여행에서 큰 성취감을 품고 다시 모여들었다. 예수님이 날마다 행하시던 바로 그 기적들이, 그들은 지켜만 보던 그 일들이 전도 여행에서 일어났다.

바로 이러한 상황에서 첫 번째 문제가 발생했다. 제자들이 자신을 과대평가하는 태도를 갖게 된 것이다. 누가복음 9장 46절은 제자들이 누가 가장 크냐를 두고 논쟁을 벌였다고 한다. 그들은 하나님이 자신들을 통해 사역하신 것이 그들의 모든 생각과 야망, 성품도 인정하신 증거라고 생각한 듯하다. 지난 수세기 동안 생각과 행동으로 죄를 짓고 타협 했음에도 여전히 하나님이 자신들을 강력하게 사용하시는 것을 경험 이들에 의해 동일한 실수가 반복되어

왔다.

많은 이들이 깨닫지 못하는 것은 하나님이 강력하게 역사하실 때 하나님의 말씀에 대한 확증이지, 주의 종의 성품을 인정하는 것은 아닐 수도 있다는 것이다. 제자들은 선교 여행 중에 받은 기도 응답에 고취되어 잘못된 자기 인식을 갖게 되었다. 그들의 사역에서 나타난 열매와 비교로 생겨난 경쟁심으로 인해 형성된 그릇된 인식임이 틀림없다. 비교는 너무나도 많은 이들을 해치는 치명적인 습관이다.

이러한 상황에서 우리는 종종 예수님에 대해 놓치는 가장 놀라운 면 하나를 보게 된다. 예수님은 큰 자가 되고 싶어 하는 제자들의 욕망을 책망하지 않으셨다. 오히려 그분은 진실로 큰 자가 된다는 것이 무슨 의미인지 가르쳐 주셨다(47-48절). 예수님과 함께하면서 그분의 말씀을 먹고 그분만이 하실 수 있는 일들과 그분이 보이신 섬김의 행위들을 보면서, 더 많은 것을 갈망하지 않는 것은 오히려 어려운 일이다. 갈망은 우리가 살아 있다는 증거이다. 제자들에게 진정으로 큰 자에 대해 가르쳐 주신 이 대화가 기도를 통해 변화되도록 도전한 예처럼 보이지 않을 수도 있다. 하지만 기억하라. 예수님은 영원하신 하나님의 아들이었고, 제자들에게는 많은 문제들에 대해 그분과 직접 대화할 기회가 있었다. 그리고 그분과의 모든 대화는 곧 기도이다.

제자들은 꿈이나 갈망이 있다는 이유로 꾸지람을 듣거나 벌을 받지 않았다. 핵심은 우리의 갈망을 추구하도록 초대받았다면, 우리를 향한 예수님의 목적에 어긋나는 것은 전부 삶에서 가지치기해 주실 것을 기대하며 그분께 신실함을 유지해야 한다는 것이다. 하지만 많은 사람들이 아무것도 바라지 않으면서, 그 자체를 제자 됨이라고 부른다는 사실도 기억하라. 무언가를 잘못할까 봐 두려워하는 마음이 옳은 것을 이루지 못할까 봐 두려워하는 마음보다 더 크다. "움직이는 차의 핸들을 조종하는 것이 더 쉽다"는 말이 있다. 많은 이들이 움직이다 보면 하나님이 운전대를 잡아 주실 것을 믿고 마음의 소원을 따르기보다는 가만히 서서 지시를 기다린다. 사실 이것은 신뢰의 문제이다. 깊게 기도하는 자리에 있지 않아도 하나님이 우리의 마음을 인도하실 만큼 크신 분이라는 사실을 믿는가?

예수님이 제자들에게 진정으로 큰 자의 의미를 가르쳐 주신 직후, 또 다른 일화가 등장한다. 요한은 어떤 사람이 예수님의 이름으로 귀신을 쫓아내는 것을 제자들이 보았다고 알려 드린다. 그런데 이 사람은 그들 무리에 속한 사람이 아니었기에 제자들이 그렇게 하지 못하게 막으려 했다는 것이었다(49절). 아마도 요한은 무리의 순수성을 지켜내고 예수님이 가르치신 내용을 다른 이들이 오염시키거나 희석시키지 못하게 한 것에 대해 칭찬 받을 것이라고 기대했을 것이다. 하지만 "금하지 말라 너희를 반대하지 않는 자는 너희를 위하는 자니라"는 예수님의 반응은 그들이 예상치 못한 것이었다(눅 9:50). 예수님은 "그들 무리"에 속한 자에 대한 그들의 생각을 넓혀 주려 하셨다. 이것은 앞서 제자들에게 "내 어머니와 내 동생들은 곧 하나님의 말씀을 듣고 행하는 이 사람들이라" 하셨던 것과 동일한 가르침이었다(눅 8:21).

기도의 조건

이 일화들을 통해 예수님이 제자들의 요청과 주장에 그들이 예상하지 못한 방식으로 대답하셨음을 알게 된다. 그들은 예수님이 자기들 중 한 명을 하늘나라에서 가장 큰 자로 택하실 것이라고 예상했다. 따라서 자기들이 예수님의 무리의 일원으로서 행하던 것과 동일하게 사역하는 것을 "외부인"에게 허락하지 않으실 것이라고 생각했다. 예수님이 그들의 이러한 기대를 바로잡아 주신 것을 두고 어떤 이들은 우리가 하나님으로부터 "No"라는 응답을 받을 수도 있다는 사실을 상기시킬 수도 있다. 나도 당연히 그 점에 동의한다. 특히 하나님의 뜻을 알아가는 과정 중에 우리의 기도가 그분의 뜻과 일치하지 않는다는 것을 깨닫는 것도 대단히 중요하다. 그런데 하나님의 뜻이었음에도 안타깝게 기도의 조건이 충족되지 않아서 응답되지 않은 기도들도 많다. 하나님이 단호하게 안 된다고 말씀하신 경우가 아니다.

대표적인 예로, 어떤 아버지가 귀신 들린 아들의 치유와 축사를 바라고 제자들에게 데려왔다. 그들도 해보기는 했지만 귀신을 쫓아내지는 못했다. 다시 말해 이 아이를 위한 그들의 기도는 응답되지 않았다. 아이의 아버지는 예수님이 오시는 모습을 보고 아들을 그분께 데려갔다. 예수님은 아이에게 필요한 기적을 행하셨다(마 17:14-20). 그렇다면 하나님의 뜻은 무엇이었을까? 당연히 그 아이가 치유 받고 자유케 되는 것이었다. 하지만 제자들이 최선을 다했는데도 그 일은 이루어지지 않았다. 기도에 대한 응답이 없는 것같이 보이면, 대부분의 사람들은 하나님의 치유나 축사가 일어날 때가 아니라고 생각하여 기도를 멈춘다. 이러한 행동을 정당화하려는 설명들은 혐오스러울 정도이다. 나 역시 응답 받지 못하는 부담에서 벗어나기 위해 이렇게 말한 적이 있었다. "하나님은 모든 일에 완벽한 타이밍을 갖고 계십니다. 우리는 그분의 때에 응답해 주실 것을 신뢰해야 합니다." 물론 이 말은 100% 사실이다. 그러나 이것은 하나님의 뜻을 드러내는 응답을 끝까지 구하는 법을 배우기보다는 우리가 쉽게 사용하는 변명들 중 하나에 불과하다.

그러면 무엇이 주님의 뜻일까? "뜻이 하늘에서 이루어진 것같이 땅에서도 이루어지는 것이다"(마 6:10). 무엇이 주님의 뜻인가? 지금은 "구원의 날"이다(고후 6:2). "구원"이라는 말에는 치유, 축사, 죄 용서의 의미가 담겨 있다.[3] 치유, 축사, 용서가 하나님의 뜻이 되는 것은 언제인가? 오늘, 바로 오늘이 그날이다.

제자들이 따로 예수님께 나아와 어째서 자기들은 귀신을 쫓아내지 못했는지 여쭈었다. 그분은 말씀하셨다. "그러나 이런 종류는 기도와 금식에 의하지 않고는 나가지 아니하느니라"(마 17:21, 한글킹제

---

3) *Strong's*, G4982, Blue Letter Bible Lexicon, http://www.blueletterbible.org/lexicon/g4982/kjv/tr/0-1/.

임스). 하지만 우리가 아는 한 예수님은 이 아이에게 사역하시기 위해 특별히 금식하거나 기도하지 않으셨다. 우리는 특정한 필요 때문에 기도하고 금식하는 경향이 있는데, 이는 분명 정당한 행위이다. 하지만 예수님은 특정한 상황뿐만 아니라 일상 중에도 기도하고 금식하는 삶을 사셨던 것으로 보인다.

나는 기도와 금식에 대한 예수님의 가르침도 중요하지만, 제자들이 기도 응답을 받지 못하자 그 이유를 알기 위해 예수님께 따로 나아온 것이 이 이야기의 핵심이라고 생각한다. 그들은 돌파가 임하지 않은 것이 하나님의 뜻이라고 받아들이지 않았다. 왜냐하면 예수님은 그런 관점을 보이신 적이 없으셨기 때문이다. 우리가 하나님의 뜻이라고 가르치거나 받아들이는 것들 중 대부분은 사실 예수님의 삶에서는 찾아볼 수 없는 모습이다. 하나님을 추구하며 그 과정 가운데 이런 종류의 지속적인 돌파를 지속적으로 볼 수 있는 사람이 되는 것보다 그분의 주권을 탓하는 것이 더 쉽다.

감사하게도 예수님이 오셔서 그 아이에게 필요한 자유를 주셨다. 그렇게 하지 않으셨다면 어쩌면 제자들이 돌파가 일어나지 않는 것을 정당화하는 신학을 만들어내는 모습을 보았을지도 모른다.

연단과 통과

우리가 기대한 때에 기도 응답을 받지 못하거나 꿈이 이루어지지 않는 상황에서 어떻게 해야 우리의 믿음과 소원을 유지할 수 있을까? 하나님은 나에게 종종 여러 차례의 시험을 통해 큰 기도들을 성취할 만한 자격을 갖추게 하신다. 여기서 한 가지 짚고 넘어가자면, 기도 응답은 결코 노력으로 얻어낼 수 있는 것이 아니다. 응답은 언제나 은혜의 선물로 임한다. 그럼에도 우리가 구한 것을 응답받지 못하게 할 수 있는 조건들도 존재한다. 이렇게 말하는 것이 더 나을지도 모르겠다. 우리가 방금 드린 기도에 하나님이 곧바로 응답하신다면, 그 응답이 우리를 파멸시킬 수도 있다는 것이다. 예를 들어 "하나님, 제가 기도하는 모든 사람을 치유해 주세요!"라는 기도가 즉시 응답된다면, 우리 중 누구도 그 부담을 견디며 살아갈 수 없을 것이다. 우리는 며칠 안에 전 세계의 뉴스 헤드라인을 장식하게 될 것이고, 그에 따르는 사회적, 경제적, 정신적, 관계적 압박은 우리 중 가장 강한 사람도 무너뜨리게 될 것이다. 그래서 하나님은 우리에게 역사하시며 방금 기도한 것을 점점 더 크고 깊이 있게 감당할 수 있도록 우리를 준비시켜 자격을 갖추게 하신다.

구약 성경에 나오는 요셉이 좋은 예이다. 시편 105장 19절은 "곧 여호와의 말씀이 응할 때까지라 그의 말씀이 그를 단련하였도다"라고 말씀한다. 정말 놀라운 말씀이다. 요셉은 자신이 가족들을 다스릴 것이라는 꿈을 가족들에게 전했지만, 그들은 그 메시지를 달가워하지 않았다. 형들은 그를 죽이고 싶었지만, 결국 대신 노예로 팔아버렸다. 요셉은 결국 가족뿐만 아니라 이스라엘 민족 전체를 구원할 지도자의 사명에 방해가 되는 모든 요소들을 제거하기 위해 여러 차례의 어려움과 시험을 겪었다(창 37장, 39-47장). 우리는 어떻게든 낮아지지 않으려 몸부림치지만, 낮아짐이 돌파의 비결이 되는 경우가 있다. 낮아짐을 통해 참된 능력의 자리, 곧 하나님의 뜻을 수행하기 위해 철저히 그분을 의지하는 위치로 가게 되는 것이다. 하나님은 바로 이 위에 기반을 쌓아 나가시게 된다.

나는 요셉의 꿈과 그가 그것을 알린 방식 모두 주님으로부터 온 것이라고 확신한다. 물론 어디까지가 요셉의 뜻이고 무엇이 하나님의 뜻인지 구별은 어렵다. 하지만 요셉이 자신의 미래에 대해 말한 것들 중에는 하나님이 아니라 요셉 자신이 책임져야 할 부분이 있었다. 그래서 시편 기자도 다음과 같이 선언했던 것이다. "마침내 그(요셉)의 예언은 이루어졌다"(새번역). 그것이 요셉 자신의 사명에 대한 예언이든 감옥에서 섬기던 이들에 대한 예언이든, 주님의 말씀이 그를 연단하셔서 그의 예언이 이루어지기에 합당한 사람으로 다듬고 자격을 갖추게 하셨다. 하나님 아버지의 말씀은 요셉이 그의 사명을 훌륭하게 감당하는 청지기가 될 때까지 역사하셨다. 이것은 성령님이 어떻게 우리의 소원을 하나님의 뜻에 맞추고 우리의 꿈을 실현할 수 있게 도와주시는지에 대한 중요한 통찰력을 제공한다. 성령님은 우리가 예수님을 닮아가도록 지속적으로 역사하셔서 하나님이 주신 꿈들을 이루기에 합당한 사람으로 우리를 빚어주신다.

우리는 어떻게든 낮아지지 않으려 몸부림지만, 그것이 돌파의 비결이 되는 경우가 있다. 낮아짐을 통해 참된 능력의 자리, 곧 하나님의 뜻을 수행하기 위해 철저히 그분을 의지하는 자리로 내려가게 되는 것이다.

우리는 종종 큰 제목들을 가지고 기도한다. 그럴 때 성령님이 즉시 역사하기 시작하시면서 기도 응답의 무게를 견디고 오히려 번영할 수 있는 사람으로 우리를 빚어 가신다. 어떤 사람 위에 임하는 하나님의 영광은 그 사람의 기초에 난 균열을 드러내어 보수하시거나 그분이 모든 영광을 받으시도록 철저히 헌신하는 사람으로 세워 가신다.

이 모든 것이 잠언 13장 12절 말씀과 연결되는 것처럼 보인다. "소망이 더디 이루어지면 그것이 마음을 상하게 하거니와 소원이 이루어지는 것은 곧 생명나무니라." 솔로몬은 소망이 성취됨으로써 우리와 "생명나무"가 연결된다고 기록하고 있다. 예수님도 우리의 소원이 이뤄질 때 기쁨이 충만해질 것이라고 말씀하셨다(요 16:24). 이것은 동전의 양면과도 같다. 우리는 본래 소원을 품도록 그리고 사랑의 아버지께서 그것을 이루시는 모습을 봄으로써 그분 안에서의 우리의 정체성이 강화되고 기쁨이 넘치는 풍성한 삶을 누리도록 창조되었다.

우리가 이와 같이 천국과 동역하도록 창조되었기에 하나님으로부터 임한 우리의 소원이 응답되고 성취되는 것을 볼 때마다 그것은 우리에게 확신을 주게 된다. 우리의 소원이 하나님께로부터 온 것인지 아니면 성경 말씀으로 하나님을 설득하여 제멋대로 하고 싶은 것인지 분별할 수 있게 도와주시는 분도 성령님이시다. 우리 모두는 이 여정 가운데 성령님의 도우심이 필요하다. 우리의 삶을 향한 하나님의 뜻이 온전히 이루어지면 우리와 우리 주변 세상에 정말 중요한 영향을 미칠 것이기 때문이다. 성취된 소원은 원수가 이 세상에 영향을 끼치는 데 아주 큰 위협이 된다. 그래서 주요 공격 목표로 삼는 것이다.

우리 기도에 응답하심으로 하늘 아버지께서 사랑의 아버지로 계시되신다. 우리에게는 이 계시를 이 세상에 드러내야 할 의무가 있다. 그러므로 우리 자신과 다른 이들이 응답을 받도록 기도해야 한다.

성취된 소원에 대하여 최근 깨달은 또 다른 유익이 있다. 그것이 우리의 삶에 수명을 더하고 강건하게 한다는 것이다. "좋은 것으로 네 연수를 만족시키셔서 네 젊음을 독수리같이 새롭게 하신다"(시 103:5, NASB). 기도 응답, 곧 성취된 소원과 꿈에는 치유력이 있다. 하나님의 은총을 받았다는 사실을 깨닫고 우리의 정체성과 삶의 목적에 대해 인식하게 되면 삶에 더 큰 힘을 얻고 심지어 연수도 늘어나게 된다. 우리는 살아갈 이유를 잃어버린 후에 세상을 떠난 이들에 대한 소식을 들어본 적이 있을 것이다. 반대의 경우도 마찬가지이다. 하나님이 주신 꿈이 성취되는 은혜에 기뻐하는 자들은 강건해지고 연수가 늘어난다. 하나님께 쓰임 받는다는 기쁨은 크지만, 그조차도 그분의 임재 자체가 주는 감격을 능가할 수 없다.

Chapter
8

열매, 은사 그리고 "평범함"

    그리스도의 몸 전체는 고사하고 한 사람의 삶에 미치는 성령님의 영향력에 대해 완벽하게 정리한다는 것은 불가능한 일이다. 그럼에도 성경에는 성령님의 성품과 능력을 드러내는 이야기들과 기록들이 담겨 있다. 물론 이런 것들은 그분이 누구시고 어떤 일들을 행하시는지 한계나 경계를 설정한다는 관념에서는 그분을 담지 못한다. 다만 성령님의 본질과 특성, 역사하심 등을 계시해 줄 뿐이다.

    나는 성령님이 어떤 사람 안에서 그 사람을 통해 역사하시는 모습 가운데 사사기 6장 34절의 기드온 이야기에 묘사된 표현을 가장 선호한다. 대부분의 한글 역본은 하나님의 영이 기드온에게 (위로부터) 임했다고 언급한다. 그러나 히브리어 원문의 표현은 이와는 상당히 다르다. 원문은 "성령님이 기드온으로 옷 입으셨다"이다.[1] 플

로리다 멜버른의 훌륭한 목회자이자 나의 친구 마이클 톰슨(Michael Thompson)이 가르친 것처럼, 성령님은 마치 장갑을 끼듯 기드온을 입으셨다. 이러한 묘사는 하나님께 완전히 사로잡힌 모습을 보여준다.

기드온을 통해 역사하시는 구약의 기사를 좋아하기는 하지만, 새 언약 아래서 하나님이 성령 충만한 모든 이에게 약속하시고 부어주시는 기름부음은 기드온이 받은 것보다 훨씬 더 탁월하다. 더 나은 복은 결코 그보다 못한 언약에서 비롯되지 않는다. 하나님은 우리를 "영광에서 영광으로"(고후 3:18) 인도하신다. 이 진리를 다시 언급하는 이유는 지금 우리에게 주어진 것이 기드온이 받은 것보다 더 크며, 이것을 추구해야 한다는 것을 강조하기 위해서이다. 즉 성령으로 참되게 충만한 모든 믿는 자들의 삶에는 기드온이 경험한 것보다 탁월한 기사과 아름다움이 나타난다.

우리는 성령 충만한가?

때로 우리는 진리에 너무 익숙해진 나머지 더 이상 감동 받거나 영향조차 받지 않을 때가 있다. 성령님이 우리 안에 거하신다는 진리도 이러한 경우들 중 하나인 것 같다. 에베소서 3장 19절에서 바울은 "하나님의 모든 충만하신 것으로 너희에게 충만하게 하시기

---

1) *NKJV Spirit-Filled Life Bible* (Nashville, TN: Thomas Nelson, 1991), 357.

를 구하노라"고 말한다. 이것은 이해하기 어려운 개념이다! 하나님은 모든 곳에 동시에 존재하신다. 은하계도 그분으로 충만하다. 영원하신 분은 그 일부라도 헤아릴 수 없다. 그런데 그러한 하나님이 우리를 "그분의 충만하심"으로 채우기 원하신다. 만약 하나님이 단지 "그분 자신"으로 우리를 채우기 원하셨다고 해도, 우리는 이미 모든 피조물 가운데 가장 복된 존재가 될 것이다. 그럼에도 그분은 "그분의 충만하심"으로 우리를 채우기 원한다고 하셨는데, 그 뜻은 무엇일까? 다시 말하지만, 이것은 이해할 수 있는 개념이 아니다. 그저 마음으로 받아들여 그분과 더 깊은 관계로 들어가서 우리를 향한 의도와 목적을 깨닫도록 하는 초대인 것이다. 이 놀라운 신비의 아름다움에 순복함으로써 우리는 인간의 지성이나 감정을 초월하는 하나님의 진리의 영향 아래로 들어가자.

이러한 충만함에 대한 또 다른 예가 에베소서 5장 18절에 나온다, "술 취하지 말라… 오직 성령으로 충만함을 받으라." 훌륭한 저술가이자 부흥사이며 세계적 강사인 랜디 클락(Randy Clark)이 이 구절의 의미를 탁월하게 설명했다. 포도주가 병에 담겨 있는 동안에는 사람에게 아무런 영향을 미치지 못한다. 잔에 담겨 있어도 마찬가지이다. 취하게 하려면 잔에 담긴 것이 위장으로 들어가야 한다. 이 교훈은 간단하다. 무언가가 내 안에 있으면 그것이 영향을 미치게 된다. "성령으로 충만하라"는 것은 제안이 아니다. 이것은 성령님의 영향력에 "취해" 살아가라는 것이다.

몇 년 전 어떤 훌륭한 전도자가 어느 교회에서 말씀을 전하고 있는데 장로 한 분이 와인에 취한 채 들어왔다. 그 교회의 목사님은 당연히 화가 났고 그 전도자에게 이 사람을 어떻게 징계할지에 대해 이야기했다. 그러자 그 전도자는 다른 장로들은 모두 성령으로 충만한 상태인지 물었다. 술 취하지 말라는 구절의 나머지 명령을 잘 지키고 있는지 질문한 것이다. 요점은 우리가 술에 취한 장로님에 대해서는 당연히 불편해하면서 성령 충만하지 않은 지도자들에 대해서는 대부분 불편함을 느끼지 않는다는 것이다.

결론은 성령님이 우리 안에 거하실 때, 하늘에서는 우리에게 그리고 우리를 통해 성품과 자연적, 초자연적 은사들이 결과로 나타나서 그분을 잘 나타내기를 기대한다는 것이다. 한 사람 안에 있는 하나님의 분명한 임재가 삶의 불가능한 문제들을 가능하게 해준다.

열매: 변화된 성품

하나님의 거하시는 임재는 언제나 그 사람의 사고방식, 행동 그리고 성격에 영향을 끼친다. 성령님이 한 사람 안에서 역사하신 결과, 곧 열매는 측정이 가능하다. 이것은 하나님의 자녀 가운데 역사하는 은혜의 증거이다. 율법과 은혜의 가장 큰 차이점으로 율법은 "요구"하지만 은혜는 "가능"하게 한다는 것이다. 내주하시는 하나님의 임재는 은혜를 통해 우리를 내면부터 변화시키신다. 아무런 능력도 없는 형식, 곧 실제적인 유대나 관계없이 의식에만 치중하는 부정적인 의미의 종교적 문화도 사람들에게 변화를 요구한다. 하지만 그것은 언제나 외부로부터의 변화이다. 즉 사람의 노력, 훈련, 결단 등을 통해 이뤄낼 수 있는 것에 의존하게 된다.

이러한 문화에서는 변화를 일으키는 동기가 그 집단의 생각이나 다른 사람들의 압력 등을 통해 부여되는 경우가 많다. 그렇다고 자기 절제를 부정적으로 여기는 것은 아니다. 절제는 우리의 삶에서 매우 중요한 부분이다. 다만 자기 노력만으로는 사람의 본성을 바꿀 수 없다는 것이다. 오직 성령님의 내주하심을 통한 하나님의 은혜만이 참된 변화를 경험할 수 있게 한다. 하나님 나라에서 우리는 안에서 밖으로, 곧 하나님의 영이 거하시는 우리의 내면에서 시작하여 우리 주변의 사람들과 환경, 상황으로 변화가 일어난다. 이러한 변화는 우리가 예수님을 잘 드러낼 수 있도록 준비시키고 무장시키기 때문에 정말 중요하다.

사도 바울은 갈라디아 교회에 보낸 서신에 이러한 영향력에 대해 다음과 같이 설명했다.

> 오직 성령의 열매는 사랑과 희락과 화평과 오래 참음과 자비와 양선과 충성과 온유와 절제니 이 같은 것을 금지할 법이 없느니라 그리스도 예수의 사람들은 육체와 함께 그 정욕과 탐심을 십자가에 못 박았느니라 만일 우리가 성령으로 살면 또한 성령으로 행할지니 헛된 영광을 구하여 서로 노엽게 하거나 서로 투기하지 말지니라 (갈 5:22-26)

여기서 가장 먼저 주목해야 할 점은 사랑, 희락, 화평, 오래 참음, 자비, 양선, 충성, 온유, 절제 등의 덕목들이 모두 하나의 열매, 즉 단수로 언급된다는 점이다. 이것들은 성령의 "열매들"로 언급되지 않는다. 이 점은 나를 여러모로 놀라게 한다. 또한 하나님이 우리의 특정 영역을 다루실 때마다, 그러한 변화의 역사가 우리 삶의 모든 영역을 동시다발로 만지신다는 사실은 우리에게 아주 큰 격려가 된다. 다시 말해 하나님은 단지 나를 더 인내하게 하시려는 것이 아니라 동시에 더 친절(자비)하거나 더 기뻐하는 사람으로 (혹은 위 덕목 중 어느 것이든) 만들려 하신다는 것이다. 이 모든 덕목들은 서로 연관되어 있다.

은사: 사역의 행함

사복음서를 읽으면, 예수님이 사랑하는 아버지의 역사하심과 기적들을 드러내시는 모습을 볼 수 있다. 예수님이 "나를 본 자는 아버지를 본 것이다"라고 말씀하셨다는 것을 다시 기억해보자(요 14:9). 예수님의 주된 사명은 아버지를 드러내시는 것이었다. 그리고 여러 가지 방법으로 성령님의 은사를 행함으로 그 사명을 완수하셨다.

성령의 은사를 논하려면 먼저 기억해야 할 것이 있다. 그것은 예수님이 영원한 하나님이시지만, 이 땅에서의 삶 가운데 스스로를 제한하기로 택하셔서 오직 아버지께서 행하시는 대로 행하셨고 아버지께 들은 대로 말씀하셨다는 점이다. 사도행전 10장 38절은 예수님에 대해 "마귀에게 눌린 모든 사람을 고치셨으니 이는 하나님이 함께 하셨음이라"고 기록한다. 이 구절은 예수님은 하나님이 아니라고 말씀하는 것이 아니다.

오히려 복음의 가장 중요한 측면을 강조하고 있다. 예수님이 사람이 되셔서, 우리가 동일한 성령님과 함께하는 경우 따를 수 있는 본을 보여 주셨다. 예수님이 행하신 일들과 기적이 너무 많아서 모든 것을 자세히 기록할 수는 없었다(요 21:25). 예수님이 사역하시는 모든 곳에서 성령님도 함께 역사하셨다. 하나님이신 예수님은 언제든 모든 것을 하실 수 있었다. 하지만 그분의 삶의 방식은 철저하게 아버지를 의지하는 것이었고, 이것은 그분을 따르는 모든 이들의 본이 되었다.

만일 예수님이 오직 하나님으로서 기적을 행하셨다면, 그대로 나에게 감동적이긴 하겠지만, 나는 단순히 구경꾼이 된다. 하지만 그분이 하나님을 의지하는 인간으로서 그 기적들을 행하셨다는 것을 깨달았을 때, 나는 더 이상 현재 상황에 안주할 수 없게 된다. 자신이 예수님과 같은 기적의 삶을 살지 못한다 느낄지라도, 예수님이 엄청난 대가를 치르고 우리가 따라야할 본이 되셨기에 내 사명을 다른 것, 더 "쉬운 것"으로 바꿀 권리는 없다.

예수님께서 아버지로부터 받은 것들(아버지의 말과 행동)을 성령님이 취하셔서 예수님의 말씀과 사역들을 통해 아버지를 실질적으로 드러내셨다. 예수님은 모든 말씀과 행동에 있어 아버지를 의지하며 사셨다. 그리고 예수님의 매일의 삶 가운데 기적을 일상으로 만드신 분은 비둘기처럼 머무신 성령님이었다(요 1:32-33). 그러므로 성령님은 우리를 통해서도 동일한 일을 행하기를 바라신다.

❖

하나님 나라에서 우리는 안에서 밖으로, 곧 하나님의 영이 거하시는 우리의 내면에서 시작하여 우리 주변의 사람들과 환경, 상황으로 변화가 일어난다.

성령님의 나타남: 믿는 자들을 세우심

사도 바울은 성령님이 우리를 통해 그분의 은사들을 사용하신다는 사실을 고린도 교회에 가장 명확하게 설명했다. 고린도의 새롭게 믿게 된 자들은 많은 우상들을 섬기는 데 익숙했다. 하지만 바울의 가르침으로 다양한 초자연적 현상들이 여러 우상들이 아니라 성령님 한 분을 통해 일어난다는 것을 배우게 되었다.

바울은 고린도 교회의 신자들에게 성령님이 나타나심으로 주어지는 은사들의 목록을 정리하여 일러주었다. 나는 이 목록이 하나님의 역사하시는 방식을 어떤 방식으로든 제한하거나 틀에 가두기 위함이라고 생각하지 않는다. 오히려 모든 믿는 자들을 통해 초자연적으로 역사하기 원하시는 하나님의 마음과 그 방법들을 우리에게 보여준다.

> 또 사역은 여러 가지나 모든 것을 모든 사람 가운데서 이루시는 하나님은 같으니 각 사람에게 성령을 나타내심은 유익하게 하려 하심이라 어떤 사람에게는 성령으로 말미암아 지혜의 말씀을, 어떤 사람에게는 같은 성령을 따라 지식의 말씀을, 다른 사람에게는 같은 성령으로 믿음을, 어떤 사람에게는 한 성령으로 병 고치는 은사를, 어떤 사람에게는 능력 행함을, 어떤 사람에게는 예언함을, 어떤 사람에게는 영들 분별함을, 다른 사람에게는 각종 방언 말함을, 어떤 사람에게는 방언들 통역함을 주시나니 이 모든 일은 같은 한 성령이 행하사 그의 뜻대로 각 사람에게 나누어 주시는 것이니라 (고전 12:6-11)

우선 여기서 중요한 개념 세 가지를 인지하는 것이 중요하다. (1) 이러한 각 은사들은 성령님의 "나타나심(顯現, manifestation)"이다. (2) 각 은사는 성령님의 뜻에 따라 주어진다. (3) 각 은사들은 "공동체의 유익"을 위해 사용되어야 한다. 이 모든 은사들은 믿는 자들을 세우기 위해 주어진다. 오직 한 가지 은사, 즉 방언 기도만이 개인을 세우는 은사이다.

방언은 그것을 말하는 사람의 기도와 찬양의 표현이며 그 사람을 영적으로 세워 주는 역할을 한다. 방언은 공동체를 세우기 위한 것이 아니기에 통역이 필요 없다. 모든 방언을 통역해야 한다고 생각한다면 그것은 바울(고전 13:1; 14:4, 27-28)과 오순절 성령강림의 중요한 가르침 중 하나를 놓치고 있는 것이다. 그날 어떤 사람들은 120명 전부가 이해하지 못하는 방언으로 말하는 것을 보고 당황하면서도 그들을 조롱했다. 이 모임은 아무도 성령님의 역사를 통제하여 제거할 만큼 충분히 아는 이가 없었던 유일한 예배였다.

친지 중 최소 두 명이 성령 세례를 받은 후 완벽하게 중국어로 글을 쓸 수 있게 되었다. 물론 그들은 중국어를 알지 못했다. 중국어를 아는 어느 선교사가 그들이 사는 곳에 왔다가 그들의 글을 읽고는 한 사람은 하나님을 찬양하는 내용이고 다른 사람은 시편 23편을 적은 것이라고 말해 주었다. 지금 내가 얘기한 것, 곧 성령님을 통해 알지 못하는 언어로 글을 쓰는 것은 바울이 말한 성령의 은사들에는 없는 것이다. 하지만 "은사는 다른 이들을 세워주기 위해 계시된 신비"라는 본질은 일치한다. 이것은 모순이 아니라 오히려 성령의 은사가 어떻게 역사하고 그 목적이 무엇인지 깨달음을 더해 준다.

나는 성령님, 즉 은사를 주시는 분이 모든 믿는 자 안에 계시기 때문에 우리가 언제든지 어떤 은사라도 발휘할 수 있다고 믿는다. 은사들은 그분 안에 있고, 그분은 우리와 함께 거하시기 때문이다.

우리에게 성령의 은사가 나타나지 않는 것처럼 보일 때, 그 원인 중 하나는 이러한 은사가 우리에게 "임할 것"이라고 생각하는 경향 때문이다. 다시 말해 하나님의 주권적 역사가 우리를 압박하거나 몰아쳐서 우리에게 은사가 임할 것이라고 생각하는 것이다. 이렇게 생각해 보자. 고린도전서 12장에는 이 은사에 대한 탁월한 가르침이 담겨 있다. 14장은 여기에 실제적인 지침들을 더하여 상세하게 설명한다. 그런데 이 두 장 사이에는 성경 전체에서 가장 중요한 장 중 하나인 고린도전서 13장, 즉 사랑 장이 있다. 이유가 뭘까? 은사는 믿는 자들을 세워 주기 위한 것이기 때문이다.

고린도전서 14장은 "사랑을 추구하며 신령한 것들을 사모하라"로 시작한다. 이것은 은사가 반드시 위에서 주어지는 것은 아니라는 의미이다. 그것을 간절히 원하고 추구해야 한다. 그리고 이러한 성령님의 다양한 나타나심을 추구함에 있어서 교회를 사랑하는 마음, 즉 각 사람이 세워지고 힘을 얻는 모습을 보는 것보다 더 큰 동기가 있겠는가? 사랑 장은 우리가 합당한 이유로 성령님의 나타나심을 추구하도록 준비시켜 준다.

따라서 12장에서는 은사들이 성령님의 뜻에 따라 주어진다는 점을, 14장은 간절히 사모하고 추구하는 자들에게 은사가 주어진다는 점을 강조한다. 12장과 14장이 모순되는 것이 아니다. 이것은 하나님의 주권과 우리의 갈망 그리고 추구함의 동역 관계를 이해할 수 있게 돕는 신비한 개념의 확장이다. 하나님의 주권은 절대적이며 모든 것 위에 있다. 그분은 하나님이시기에 우리의 도움을 전혀 필요로 하지 않으신다. 다만 그분의 계획에 우리를 포함시키셨기에 우리를 향한 그분의 뜻이 우리의 열정으로 나타나야 한다. 어쩌면 우리가 은사를 추구할 수 있는 것은 하나님이 먼저 우리가 그분의 영광과 그분의 백성들의 유익을 위해 성령의 은사를 추구하는 삶을 살아가길 원하셨기 때문이라고도 할 수 있을 것이다.

하나님께 쓰임 받는다는 것은 우리 스스로 영적 성숙, 의미, 중요성에 대해 우월하다고 여기는 것을 위함이 아니다. 영적 은사를 사용한다는 것은 하나님 안에서 다른 지체들에게 "사랑은 언제나 다른 사람의 유익을 구하는" 헌신임을 보여 주는 것이다. 또한 성령님의 지속적인 나타나심을 통해 백성들을 향한 하나님의 마음을 초자연적으로 드러내는 것보다 더한 유익이 있을까? 그러므로 나는 삶을 통해 성령님의 나타나심을 열정적으로 추구할 것이다.

여기서 중요한 것은 고린도전서 12장의 은사에 대한 놀라운 사실은 은사 자체가 스스로 전가하지는 않는다는 사실이다. 이 은사들은 우리가 따르고 구할 수 있는 또 그래야 할 것들을 우리에게 나타낸다. 우리는 어떤 원리를 배워서 인용할 수 있으면 그것을 이해했다고 생각하는 경우가 있다. 하지만 원리란 그것을 실제로 경험하기 전까지는 온전히 이해되지 않는다.

더 이상 평범하지 않은

우리는 언제나 두 가지 실재 가운데 살아가고 있다. (1) 자연계는 우리가 살아가는 세상으로, 눈에 보이며 만질 수 있고 물질의 법칙과 원리, 한계의 제한을 받는다. (2) 초자연적 영역 혹은 영적 세계로, 눈에 보이지는 않지만 우리가 보고 듣는 모든 것에 영향을 준다. 우리는 이 두 가지 서로 다른 실재 안에 존재하지만, 하나님은 하나의 실재, 곧 "초자연적인 자연계"에 계신다. 전부 그분의 것이다. 우리에게는 초자연적이고 설명할 수 없는 것이 그분에게는 완전히 자연스럽고 논리적인 일이며, 둘 사이 아무런 차이가 없다. 이것을 이해한다면 이 장의 나머지 부분에서 논의될 중요한 진리를 깨닫는데 도움이 될 것이다. 초자연적인 능력을 입은 일상의 요소들 가운데 기쁨을 발견할 수 있게 된다. 하나님의 손길이 닿으면 결코 평범할 수 없다!

이러한 실재를 가장 잘 보여주는 예는 아마도 솔로몬의 삶일 것이다. 우리는 솔로몬을 지혜의 사람으로 알고 있다. 지혜를 얻고자 하는 그의 열망이 그의 마음에 처음으로 자리 잡은 것은 아버지인 다윗의 가르침을 통해서였다(잠 4:3-9). 하나님이 자고 있는 솔로몬에게 나타나셔서 무엇이든 원하는 것을 구하라고 하시자, 솔로몬은 지혜를 택했다. 하나님은 그의 이러한 선택에 대단히 기뻐하시며 (그가 구할 수도 있었던 부, 명성, 정치적 안정 등) 나머지 다른 것들도 주셨다(왕상 3:4-10).

머지않아 솔로몬의 명성은 전 세계로 퍼져 나갔다. 세상의 모든 군왕들이 보낸 사신들이 와서 그의 발 앞에 앉아 하나님의 지혜를 들었다(왕상 4:34). 가장 눈에 띄는 방문객은 스바의 여왕이었다. 그녀는 솔로몬과 많은 시간을 보내면서 여러 가지 질문을 던졌고 이 위대한 사람에게 배웠다. 그와 대화를 나누고 왕궁의 위엄을 본 후, 그녀는 자신이 들은 소문들을 과장된 것으로 여겼다고 고백하는데, 자신이 실상의 절반도 듣지 못했다는 사실을 인정할 정도였다.

이 이야기에서 가장 감명 깊은 부분은, 성령님의 인도하심과 감동으로 기록된 성경이 스바 여왕을 놀라게 한 솔로몬의 지혜에 대해 언급하면서 평범한 것들만 예로 든다는 점이다. 솔로몬은 분명 창조의 신비와 심오한 삶의 의미에 대해 답해 주었을 것이다. 그들의 대화가 기록으로 남아 있었다면 좋았을 테지만, 하나님은 그 대신 솔로몬의 궁전, 그의 음식, 그의 식탁의 좌석들, 시종들의 관복, 왕궁에서 하나님의 성전으로 올라가는 계단 등에 초점을 맞추신다. 수많은 심오한 것들을 나열할 수 있었지만, 하나님이 기록할 것으로 일상적인 것들을 택하신 것이다(왕상 10:1-13).

인생에서 가장 위대한 여정 중 하나는 자연계의 것들을 하나님의 역사하심에 내어 드리고 그다지 특별해 보이지 않는 삶의 영역에서 그분의 기쁨을 발견하는 법을 배우는 것이라고 믿는다. 잠언 3장 6절은 "너는 범사에 그를 인정하라 그리하면 네 길을 지도하시리라"고 말씀한다. "범사"란 가족 관계, 사역이나 직장에서의 위치, 책임, 취미 등을 모든 것을 의미한다. 하나님을 이 모든 것의 근원이자 영감의 원천으로 인정하면, 그분의 손길이 우리의 여정에 역사하시며 그분의 흔적을 남기실 것이다.

단순하고 실제적인 삶의 방식들에 하나님의 개입을 허락해 드릴 때, 그분의 손길이 닿게 되어 우리 삶의 모든 부분들에서 더 큰 의미들을 발견하게 될 것이다. 성경은 스바 여왕이 솔로몬이 가진 모든 것을 보고 "넋을 잃었다"(왕상 10:5, 새번역)고 말씀한다. 너무 놀라서 말문이 막혔다는 말이다. 마찬가지로 지혜가 충만하신 예수님(고전 1:30)이 말씀하실 때마다 사람들이 "깜짝 놀랐다"(마 7:28, 한글킹제임스). 지금은 세상이 우리를 통해 다른 이들에게 하나님의 지혜와 능력이 흘러가는 모습을 보면서 다시 말문이 막힐 때이다.

하나님은 우리가 변화된 모습으로 온전히 살아가며 성령님의 은사와 나타나심을 통해 그분의 백성들을 더욱 세워주고 강건케 하여 삶의 모든 영역 가운데 그분께 영광 돌리기를 진정으로 원하신다. 이것이 우리의 특권이자 임무이다. 성령의 열매와 은사라는 두 가지 요소는 우리가 전파하는 복음에 신뢰성을 부여한다. 복음은 모두를 위한 것이다. 하지만 여기에서 그치지 않는다. 복음은 우리가 인격적인 사람이나 초자연적인 은사와 능력을 가진 사람이 되는 것에서 멈추지 않는다. 하나님은 우리가 그분의 임재 안에 깊이 잠겨 우리의 모든 것을 기적의 하나님, 곧 우리 안에 그리고 우리 가운데 거하시는 성령님으로 흠뻑 적시고 싶어 하신다. 이 땅에 거하시는 하나님, 모든 자녀들 안에 거하시는 성령님으로 충만케 되기를 원하신다. 하나님의 갈망은 우리가 타고난 은사와 사명 그리고 역할들을 사로잡아 하나님의 뜻에 맞게 다시 쓰시는 것이다.

❖

인생에서 가장 위대한 여정 중 하나는 자연계의 것들을 하나님의 역사하심에 내어 드리고 그다지 특별해 보이지 않은 삶의 영역에서 그분의 기쁨을 발견하는 것이다.

용도 변경

몇 년 전에 아내와 나는 아름다운 집을 샀다. 그런데 인테리어가 너무 옛날 스타일이었다. 우리는 기능적이고 미적인 면에서 조금 더 현대적이고 세련된 스타일을 원했다. 그래서 집을 다 뜯어내고 벽도 몇 개 헐었다. 특히 내가 반드시 하고 싶었던 일 중 하나는 이 집에 원래 있던 것들 중 우리가 사용하지 않을 것들에 새로운 용도를 부여하는 것이었다. 그래서 오크 마루는 다시 손질하여 사용할 수 있는 친구에게 주었고, 지금 그 집에 보기 좋게 잘 어울린다. 욕실에 있던 수납장은 근사했지만 우리 인테리어에는 어울리지 않았다. 지금은 동생의 집에서 멋지게 자리 잡고 있다. 주방에 있던 장식장도 최고급품이었는데, 건축업자에게 그것을 용도 변경하여 차고에 설치해 달라고 요청했다. 냉장고와 냉동고도 똑같이 했다. 이 집에 원래 사용되었던 고급 자재들 덕분에 차고가 품격과 아름다움을 갖추게 되었다. 최고급 주방 설비들은 야외 주방으로 옮겼다. 요점은 낭비하는 것은 싫지만 이 아름다운 집에 새로운 느낌과 기능을 주고 싶었다. 결국 우리는 아무것도 버리지 않았고 전부 새로운 용도를 부여했다.

이와 비슷하게 하나님도 우리 삶의 모든 영역의 용도를 변경하신다. 바꿔 말하자면, 좋든 나쁘든 모든 경험과 관계들, 과거의 모든 성공과 실패들은 "모든 것이 합력하여 선을 이루게 하시는"(롬 8:28) 마스터셰프의 레시피에 들어가게 된다. 이 재료들 대부분은 그 자체로 쓴맛이 난다. 하지만 하나님이 그것들을 취하셔서 재사용하시면 우리 삶에서 만들어낼 수 있는 최고 품질의 재료들이 된다. 특히 우리가 타고난 재능들이 그렇다. 하나님께 맡겨진, 그 재능들은 가장 단순하고 실용적인 방법이 펼쳐지는 새로운 장으로 재설정 될 수 있다.

분명 어린 다윗은 물매 던지는 기술을 연마하기 위해 열심히 노력했지만, 그의 타고난 재능에 하나님의 손길이 더해지자 거인을 쓰러뜨렸다(삼상 17:40-50). 다윗의 용사들도 탁월한 군인들이 되기 위해 열심히 훈련했지만, 한 명이 창이나 칼 같은 원시적인 무기만으로 적군 8백 명을 죽인 것은 사실상 초자연적인 일이었다(삼하 23:8). 확신하기로 베드로, 야고보, 요한은 가족들을 부양하기 위해 어부로서 최선을 다했다. 그런데 예수님의 말씀에 따라 그물을 내린 후, 잡아본 적 없는 많은 양의 물고기로 배가 가라앉을 지경이 됐을 때(눅 5:1-10), 하나님이 타고난 재능, 임무, 능력들과 협력하기를 좋아하신다는 사실을 다시 드러내셨다고 본다. 하나님이 평범한 것들에 손을 대시면 모든 것이 변화되어 우리 삶의 모든 요소들이 그분과 함께하는 위대한 모험이 된다.

하나님의 명함

이어지는 장들에서는 성령 충만이라는 놀랍고도 근사한 주제에 대해 더 자세히 이야기하겠다. 하지만 그전에 성령 충만함에 관한 매우 놀라운 내용들과 성령님의 지속적인 임재가 가져오는 효과들을 언급하는 출애굽기를 살펴보자. 그분과 동역하고 그분을 의지하며 그분께 온전히 순복될 때, 모든 것이 그분의 손길에 변화될 수 있는 대상으로 보인다.

> 여호와께서 모세에게 말씀하여 이르시되 내가 유다 지파 훌의 손자요 우리의 아들인 브살렐을 지명하여 부르고 하나님의 영을 그에게 충만하게 하여 지혜와 총명과 지식과 여러 가지 재주로 정교한 일을 연구하여 금과 은과 놋으로 만들게 하며 보석을 깎아 물리며 여러 가지 기술로 나무를 새겨 만들게 하리라 (출 31:1-5)

이것은 성령님이 우리의 타고난 은사들에 위에 임하실 때 어떤 일이 일어나는지 보여 주는 아주 중요한 성경의 예들 중 하나이다. 하나님은 브살렐을 사용하셔서, 그가 모세의 지시에 따라 성막의 정교한 비품들을 만들도록 하셨다. 그는 성경 전체에서 성령 충만함을 받은 것으로 언급되는 최초의 인물이다. 이러한 충만함은 "지혜", "총명", "지식", "여러 가지 재주", "정교한 일"로 나타났다. 이 사람의 삶 가운데 성령 충만함의 첫 번째 나타남이 지혜라는 점이 인상적이다.

지혜는 본질적으로 창의적이며 우리의 지식과 이해가 성장할 수 있는 길을 열어 준다. 이런 것들이 우리의 삶 가운데 활동하게 되면, 독창적이고 매력적인 방식으로 세상에 영향력을 끼칠 수 있게 된다. 우리가 제공하는 것이 섬김받는 이들에게 가치 있고 탐나는 것들이기에 마음을 끄는 것이다. 나는 마치 이 세상 모든 문제들의 유일한 해결책이 믿는 자들인 것처럼 그려지는 것을 좋아하지 않는다. 그렇게 하는 것이 과연 우리에게 좋은 것인지 잘 모르겠다. 그럼에도 우리는 인류를 향한 사랑과 섬김의 마음으로 그리고 삶의 문제들에 "불가능은 없다"는 자세로 세상에 큰 영향력을 끼쳐야 한다. 성령님은 우리가 그러한 방식으로 잘 섬길 수 있도록 도와주신다. 그분은 지구상의 모든 문제에 대한 해답을 다 가지고 계신다. 해결책과 창조적인 표현들이 우리가 발견해 주기를 기다리고 있다. 다시 말하지만, 성령님은 압도적일 정도로 능력이 크신 분이기에 우리는 때로 그분이 그만큼 실재적인 분이라는 사실을 쉽게 잊어버린다.

우리는 세상이 필요로 하는 빛과 소금, 누룩이 되기보다는 세상의 문제들로부터 구원받기를 바람만으로 이 존재의 역할을 수행하지 못하도록 스스로 불구가 되었다. 예수님이 말씀하신 이 요소들은 모두 주변 환경에 영향을 끼치는 것들이다. 우리가 이 세상을 벗어나 천국에 가기만을 바랄 때, 천국을 이 땅에 실재적으로 가져올 수 있는 기회를 놓치게 된다. 이처럼 믿는 자들 안에서 성령님이 역사하심으로 나타나는 하나님의 인자하심은 지켜보던 이들이 해결의 근원되신 분을 갈망하게 될 때, 하나님이 내미시는 명함이 된다.

우리가 이 세상의 필요에 해결책을 구하는 본분에 최선을 다하지 않으면, 믿지 않는 자들이 그 자리를 대신 채우게 될 것이다. 하나님의 자녀들이 자기 위치와 지위를 사용하여 해결책, 즉 하나님 나라의 신비를 발견하지 않는다면, 그분은 누구든지 그것을 구하는 자를 존중하실 것이다. 아마도 하나님은 모든 인류를 향한 그분의 마음 때문에, 그분의 인자하심이 사람들을 회개에 이르게 하기를 바라시기에 그렇게 하시는 것 같다(롬 2:4). 성령님이 삶의 모든 영역 가운데 그분의 열매와 은사, 영향력을 통해 우리에게 주시는 것들을 모두 사용하여 다른 이들을 섬겨야 한다. 그것이 지극히 영적인 것이든 "평범한" 것이든 상관없이 말이다.

THE HOLY SPIRIT

PART
3

넘쳐흐르는
삶

Chapter 9

차고 넘치다

예수님은 제자들에게 매우 구체적이며 본질적인 명령을 주셨다.

사도와 함께 모이사 그들에게 분부하여 이르시되 예루살렘을 떠나지 말고 내게서 들은 바 아버지께서 약속하신 것을 기다리라 요한은 물로 침례를 베풀었으나 너희는 몇 날이 못 되어 성령으로 침례를 받으리라 하셨느니라… 오직 성령이 너희에게 임하시면 너희가 권능을 받고 예루살렘과 온 유대와 사마리아와 땅끝까지 이르러 내 증인이 되리라 하시니라 (행 1:4-5, 8)

오직 성령의 능력을 통해서만 예수님이 어떤 분인지 정확하게 증거할 수 있다.

권세와 능력의 필요성

예수님은 이 땅에 계시는 동안 제자들에게 그분과 함께 사역할 수 있는 권세와 능력을 주셨다(눅 9:1-6, 10:1-20). 어떤 의미에서 그들은 예수님의 은사와 권능 아래에서 사역할 수 있도록 위임 받은 자들이었다. 그러나 예수님이 승천하신 후, 그들은 이 두 가지 은혜, 즉 권세와 능력을 직접 받을 필요가 있었다.

예수님을 따르는 자들은 지상 대명령을 통해 권세를 부여받았다. 우리가 누리는 권세는 그분의 사명을 얼마나 수용하는지에 달려 있다. 우리는 그리스도와 동등한 권세로 이 사명에 부름 받은 동역자들이다.

> 예수께서 나아와 말씀하여 이르시되 하늘과 땅의 모든 권세를 내게 주셨으니 그러므로 너희는 가서 모든 민족을 제자로 삼아 아버지와 아들과 성령의 이름으로 침례를 베풀고 내가 너희에게 분부한 모든 것을 가르쳐 지키게 하라 볼지어다 내가 세상 끝날까지 너희와 항상 함께 있으리라 하시니라 (마 28:18-20)

부활하신 그리스도께서 제자들 앞에 나타나셔서 남은 생애에 따라야 할 지침들을 주셨을 때, 그들은 기쁘면서도 당혹감에 휩싸였을 것이다(눅 24:36-49). 그분의 지시 중에는 복음을 들고 열방에 나가야 하는 사명과 관련된 것도 있었다. 하지만 예수님은 나머지 은혜인 능력을 받기 전까지는 그 사명을 수행하지 말라고 주의를 주셨다. "볼지어다 내가 내 아버지께서 약속하신 것을 너희에게 보내리니 너희는 위로부터 능력으로 입혀질 때까지 이 성에 머물라 하시니라"(눅 24:49).

예수님은 우리가 제자로서 사명을 수행하려면 능력과 권세 모두 필요하다는 점을 분명히 하셨다. 그분은 이 땅에서 사역하시는 동안 자신의 삶과 제자들을 훈련시키신 방식으로 이 점을 확실히 하셨다. 그리고 이제는 부활하신 후 이 진리를 다시 확증하여 가르쳐 주신 것이다. 하나님이 모든 믿는 자들에게 약속하시고 허락하신 것들을 구하고 받는 것은 우리의 책임이다. 권세는 공동 사명을 부여 받을 때 주어지며, 능력은 성령님과의 만남을 통해 임하게 된다.

"성령으로 충만함을 받으라"

> 술 취하지 말라 이는 방탕한 것이니 오직 성령으로 충만함을 받으라 시와 찬송과 신령한 노래들로 서로 화답하며 너희의 마음으로 주께 노래하며 찬송하며 (엡 5:18-19)

"충만함을 받으라"로 번역된 헬라어 원문은 현재시제 명령문으로, 이는 우리가 성령으로 충만한 상태를 지속적으로 유지해야 한다는 것을 의미한다.[1] 이러한 상태를 유지하면 때를 얻든지 못 얻든지 잘 섬길 수 있으며(딤후 4:2) 권세와 능력을 겸비하여 때로는 애쓰지 않아도 위대한 일들을 성취해낼 수 있게 된다. 성령님이 머무시는 사람은 이러한 삶의 방식을 통해 기적을 보기 위해 애쓰던 때보다 더 많은 기적들이 "우연히" 일어나는 것을 보게 된다.

체 안(Che Ahn) 목사는 에베소서 5장 18절이 "성령의 충만함으로 지속적으로 충만함을 받으라"는 의미라고 설명한다.[2] 지속적인 충만함은 우리가 사역하는 사람들뿐만 아니라 우리 삶의 불가능한 상황들에 대한 우리의 생각과 태도 그리고 소망에도 영향을 미친다. 임마누엘, 즉 하나님이 우리와 함께하신다(마 1:23)는 인식을 가지고 살아가면 하나님 안에서 우리의 자신감은 솟아 오른다. 다른 말로 표현하자면, 우리 영혼을 지속적으로 채우는 것이 우리의 영향 아래 있는 모든 이들에게도 넘쳐 흘러가게 된다는 말이다.

물론 예수님이 먼저 이와 같은 삶의 방식의 본을 보이셨다. 아마도 그래서 사람들이 그분의 옷을 만지는 것만으로도 기적을 체험할 수 있었을 것이다. 예수님은 지속적으로 성령 충만하셨던 것이다. 그분은 자주 산에 올라가 기도하셨는데, 밤이 새도록 기도하실 때도 있었다. 성령 충만을 유지하는 방법은 예배와 기도 가운데 하나님 앞에 의식적으로 머물러 있는 것이다. "항상 기뻐하라 쉬지 말고 기도하라 범사에 감사하라"(살전 5:16-18). 이러한 삶의 방식은 우리를

---

1) "What Does It Mean 'Be Filled with the Spirit'?", A Series on the Holy Spirit—Baptism Versus Filling: Part 4, http://helpmewithbiblestudy.org/3HolySpirit/DefBeFilled.aspx.

2) Ché Ahn, "How to Stay Continually Filled and Overflowing in the Holy Spirit," October 21, 2019, The Passion Translation, https://www.thepassiontranslation.com/how-to-stay-continually-filled-and-overflowing-in-the-holy-spirit/.

항상 기쁨으로 하나님 앞에 머물게 하여 삶의 모든 문제들에 그분과 소통하며 어렵고도 이해할 수 없는 상황 가운데서도 감사와 찬양을 드릴 수 있게 해 준다. 그로 인해 우리는 그분의 지속적인 영향력 아래 있게 된다.

❖

> 우리의 영혼을 지속적으로 채우는 것이 우리의 영향 아래 있는 모든 이들에게도 넘쳐 흘러가게 된다.

> 요한이 또 증언하여 이르되 내가 보매 성령이 비둘기같이 하늘로부터 내려와서 그의 위에 머물렀더라 나도 그를 알지 못하였으나 나를 보내어 물로 침례를 베풀라 하신 그이가 나에게 말씀하시되 성령이 내려서 누구 위에든지 머무는 것을 보거든 그가 곧 성령으로 침례를 베푸는 이인 줄 알라 하셨기에 내가 보고 그가 하나님의 아들이심을 증언하였노라 하니라 내가 보고 그가 하나님의 아들이심을 증언하였노라 하니라 (요 1:32-34)

세례 요한의 증언에 의하면, 성령님이 그 위에 임하셔서 머물러 계셨기 때문에 예수님이 하나님의 아들이라는 사실을 확인하게 되었다. 4장 "성령님을 모시기 위해 창조되다"에서 설명한 바와 같이 우리가 회심하여 성령님이 충만으로 우리에게 계속해서 머무실 때, 우리가 하나님의 아들딸이 되었다는 것이 확증될 것이다.

자연계에서 충만하다는 것은 보통 만족스러운 상태를 의미한다. 하지만 하나님 나라에서는 오히려 반대이다. (이것은 하나님 나라의 또 다른 역설이다.) 내가 아는 가장 영적으로 굶주린 사람들은 끊임없이 성령으로 충만함을 받는 삶을 살아가는 사람들이다. 그들은 지속적으로 하나님을 더 구하는데, 그들에게 부족한 것이 있거나, 가진 것이 없다는 의미가 아니다. 오히려 그분 안에 더 많은 것들이 예비되어 있다는 증거이다.

하나님 안에는 더 많은 것들이 있다. 그리고 오직 어린아이와 같은 이들만이 그것을 볼 수 있고 때로는 무모해 보일 정도의 열정으로 그것을 추구할 수 있다. 아마도 바울이 "사랑을 추구하십시오. 신령한 은사를 열심히 구하십시오"(고전 14:1, 새번역)라고 한 것도 바로 이런 의미일 수 있다. 이것은 성령님의 성품과 능력이 우리를 통해 흘러가서 주변 사람들이 더 나은 삶을 살아가도록 공격적이고 집중적으로 그리고 의도적으로 구하는 것이다. 성령님은 우리의 삶에서 흘러 넘쳐 믿는 자들뿐만 아니라 아직 그리스도를 알지 못하는 자들에게도 놀랍게 역사하신다.

성령 충만함을 받음

우리가 사는 세상은 불가능으로 둘러싸여 있지만 복음의 핵심은 이렇게 선포한다. "하나님께는 불가능한 일이 없다"(눅 1:37, 새번역).

이것은 삶의 어려움을 위로하려는 철학적인 미사여구가 아니다. 측정 가능한 결과를 가져오는 천국의 담대한 선포도 아니다. 뜻이 하늘에서 이루어진 것처럼 땅에서도 이루어지도록 이 세상에서 동역할 자를 찾는 선언이다. 모든 불가능은 우리의 입술에서 나오는 예수님의 이름에 반드시 무릎을 꿇어야 한다. 예수님이 죽은 자 가운데서 살아나신 것 자체가 기적의 차원이 존재한다는 증거이기 때문이다. 예수님이 부활하지 않으셨다면, 우리 모두가 시간낭비를 하고 있는 것이다. 예수님이 죽음에서 부활하지 않으셨다면, 우리의 부활도 없을 것이다. 천국도, 영원도, 이 땅에서 우리에게 주어진 시간 이후의 삶도 없을 것이다(고전 15:14-20). 부활이 없다면 자신만을 위해 살아도 된다. 하지만 예수님이 죽음에서 부활하셨다면, 그것보다 중요한 사실은 없다. 예수님은 부활하셨다!

성령 세례를 받음으로 우리는 예수님을 죽음에서 살리신 영과 동일한 영, 즉 부활의 영에 푹 잠기게 된다. 사실상 우리는 그리스도의 부활의 영이 우리 안에 거주하시게 됨으로써 거듭났다. 그분의 부활의 생명이 우리의 새 생명이 되었다. 죄와 죽음, 어둠의 권세와 무덤이 패했으며, 능력의 삶이 평범한 그리스도인의 삶이다! 예수님은 이 문제를 누구도 요구하거나 기대하지 못한 차원으로 끌고 가셔서 그분을 믿는 자들이 그분보다 "더 큰 일"을 행할 것이라고 말씀하셨다(요 14:12). 여기서 말하는 "일"이란 말할 필요도 없이 기적의 차원을 가리키는 것이다.

사람들에게 성령 충만을 받는다는 것에 대해 가르칠 때면, 나는 종종 아직 개봉하지 않은 물병을 들고서 그것이 가득 차 있는지를 묻는다. 물론 그렇게 생산, 판매되는 것이지만, 엄밀히 말해 병 전체가 가득 차 있는 것은 아니다. 그 후 물병을 따고 다른 물병을 가져다가 천천히 붓기 시작하면서 사람들에게 가득 차면 알려 달라고 말한다. 병이 정말로 가득 찼다는 것은 물이 흘러넘치기 시작한 뒤에야 비로소 분명해진다. 하늘나라의 풍성함이 우리가 담고 있는 것이 아니라 나눠준 것으로 가늠되는 것처럼, 성령 충만도 마찬가지이다. 성령님으로 충만하다는 것은 흘러넘칠 때에야 비로소 드러난다.

다른 이들에게 영적인 은사나 친절한 행동, 기도 등의 사역을 할 때에만 넘쳐흐르는 것이 아니다. 하나님의 말씀의 원칙만을 따라 이미 언급한 각 영역에서 섬기는 것도 어느 정도 효과를 낼 수 있다. 하지만 이러한 사역들을 하면서도 성령 충만과는 완전히 거리가 먼 메마른 상태일 수도 있다는 것이다. 하나님은 그분의 말씀과 우리의 순종을 존중하시기에 좋은 일을 베풀어 주신다. 하지만 내가 말하는 넘쳐흐름이란 그분의 임재가 우리 위에 머무시는 것을 실제적으로 느끼는 것이다. 이것은 우리의 얼굴에 영향을 미친다. 또한 우리의 존재 자체에도 영향을 미쳐 우리에게서 흘러나온다.

이 말이 어떤 사람들에게는 이상하게 들릴 수도 있다는 것을 안다. 하지만 생각해 보자. 베드로의 그림자에 닿는 것만으로도 사람들이 치유되었다(행 5:15). 어째서 이런 일이 일어났을까? 그림자에는 내용이 없지만, 하나님 나라의 실재는 내용을 드러낸다. 곧 우리를 덮고(overshadow) 있는 것이 무엇이든지 항상 그것은 우리의 그림자(shadow)를 통해 흘러나올 것이다. 이처럼 우리가 성령님으로 충만함을 받은 실재 가운데 살아가면, 우리 주변의 환경에도 영향을 끼치게 된다.

수년 전 우체국 옆 유기농 식품점 맞은편에 내 사무실이 있었다. 아침이면 사무실에서 우체국까지 걸어갔다가 돌아오는 길에 종종 식품점에 들러 점심거리를 사오곤 했다. 언제부터인가 나는 가게에 들어가기 전 문 앞에 잠시 멈춰 서서 기도하기 시작했다. 하나님의 임재가 임하시는 것을 느끼면, 가게에 들어가서 필요한 물건을 집어 들었다. 이렇게 하는 것이 규칙적인 습관이 되었다. 어느 날, 이제는 친구가 된 그 가게 주인이 쇼핑을 하고 있는 나를 불렀다. 그에게 다가가자, 그는 "당신이 가게에 들어올 때마다 뭔가가 달라져요"라고 말했다. 내가 그곳에서 물건을 사는 다른 믿는 이들보다 더 영적이거나 성령 충만하다고 생각하지는 않는다. 하지만 어쩌면 성령님이 임하실 때까지 의도적으로 기다렸다가 들어오는 사람은 나뿐이었을지도 모른다. 그것이 그 가게 주인이 알아차릴 만큼 그곳의 분위기에 영향을 준 것이다. 나는 그가 느낀 것이 하나님의 임재라고 설명해 주었다.

본질적으로 하나님의 임재가 이렇게 나타나는 것은 예수님이 포도나무와 농부의 비유를 통해 제자들에게 주신 중요한 약속이 성취된 것이었다.

너희가 내 안에 거하고 내 말이 너희 안에 거하면 무엇이든지 원하는

대로 구하라 그리하면 이루리라 (요 15:7)

앞서 강조한 바와 같이 이 구절은 결국 그리스도와의 동역을 보여 준다. 그분의 지속적인 임재를 느끼며 살아가는 법을 배우고 그분의 말씀을 우리의 생각과 묵상의 최우선으로 둘 때, 우리는 무엇이든 구할 수 있고 응답 받게 될 것이다. 기억할 것은 하나님은 우리의 부르심이나 정체성을 훼손하는 요청에는 언제든 거절하실 권리가 있다는 사실이다.

많은 이들이 여전히 무엇이든 구하면 이루어진다는 개념을 불편해 할 것이다. 생각해 보라. 예수님이 오시기 전까지는 오직 솔로몬에게만 구하는 것은 무엇이든 받을 수 있는 기회가 주어졌다(열상 3:5). 그러나 이제는 모든 믿는 자들이 드린 기도가 진실로 영향을 미치는 하나님과의 관계로 초대받았다. 우리가 구하는 것은 무엇이든 이루어질 것이다. 이 개념은 요한복음 14, 15, 16장에 네 차례 언급되어 있다. 직접적인 언급은 없지만, 성령님이 이것들을 실현시키시는 분이다. 그분은 영속적인 임재 그 자체다. 성령님은 성경을 읽는 이들에게 하나님의 말씀이 살아 역사하게 하시고, 그것이 씨앗이 되어 우리 속에 하나님의 본질이 거하게 하신다. 또한 그분은 모든 기름부음 받은 기도의 원동력이시기도 하다. 성령님은 우리를 준비시키고 무장시키셔서 사람들 안에서 그리고 그들을 통해 일어나는 일들에 영향을 끼침으로써 하나님 아버지의 뜻이 이 땅에 성취되게 하신다.

뜻이 하늘에서 이루어진 것같이 땅에서도 이루어지이다 (마 6:10)

❖

성령 세례를 받음으로 우리는 예수님을 죽음에서 살리신 영과 동일한 영, 즉 부활의 영에 푹 잠기게 된다.

경계선

나는 성경의 "이른 비와 늦은 비"(약 5:7)라는 표현 덕분에 사도행전에 묘사된 오순절 성령의 강력한 부어짐, 곧 우리가 지난 100여 년간 목격하고 있는 것과 비슷한 성령의 부어짐이 어떻게 왜 임했는지 조금은 이해할 수 있었다. 교회 성장 전문가들은 최근 교회의 놀라운 성장이 1900년대 초 아주사 거리 부흥에서 일어난 오순절 성령님의 부으심에서 기인한다고 말한다. 에디 하얏트(Eddie Hyatt)의 《은사주의 기독교 2000년사》라는 멋진 책은 성도들이 지난 2천 년 동안 성령 충만을 경험해 왔음을 보여 준다.[3] 이러한 경험과 삶의 방식은 결코 사라진 적이 없었다. 다만 아주사 부흥에서 일어난 일이 한동안 뒤로 밀려나 있다가 다시 전면으로 나오게 된 것이다.

안타깝게도 믿는 자들을 통해 역사하시는 성령의 나타남은 그리스도의 몸에 속한 많은 이들의 오해를 받아 교회 안에서 분열을

---

3) See Eddie L. Hyatt, *2000 Years of Charismatic History* (Lake Mary, FL: Charisma House, 2002).

일으키고 예수님을 증거하는 능력을 가로막고 있다. 이스라엘 열두 지파가 유업으로 받은 약속의 땅에 들어갔을 때 일어난 일에서 그 예를 확인할 수 있다.

이스라엘은 한때 종살이하던 민족이었다. 요셉이 파라오의 측근으로 섬기던 애굽에는 약 200만 명의 이스라엘 백성이 살아가고 있었을 것이다. 요셉은 그 나라에 지혜와 안정, 그리고 큰 번영을 가져다주었다. 하지만 애굽에 새로운 지도자가 등장하면서 이스라엘 민족은 더 이상 귀한 손님으로 대접 받지 못하게 되었고 포악한 제국의 포로로 전락했다. 그럼에도 이스라엘 백성은 수가 불어나며 강해졌고, 하나님은 그들에게 예비된 미래로 나아가는 관문이 될 험난한 여정을 위해 그들을 준비시키고 담대함으로 무장시키고 계셨다.

모세와 여호수아의 인도 하에 그들이 자유를 얻은 이야기는 성경 전체에서 가장 단순하면서도 가장 심오한 내용과 교훈들로 가득하다. 하나님과 동행하는 우리의 여정을 매우 실제적으로 보여주기 때문에 많은 도움이 된다. 대학 졸업장이나 특별한 영적 은사가 없어도 누구나 쉽게 이해할 수 있는 내용이다. 자신의 영적 성장에 관심이 있는 사람이라면 누구나 쉽게 이해할 수 있게 묘사되어 있다.

이 이야기는 약속의 땅이라는 유업을 차지하기 위해 애쓰면서 경험하는 희로애락으로 가득하다. 처음 세대는 불신앙으로 인해 그 땅에 들어가지 못했다. 이스라엘 백성을 애굽에서 나오게 하는 것은 쉬웠지만, 그들 안에 남아 있는 애굽을 없애는 것은 훨씬 어려운 일이었다. 그들 안에 남아 있던 애굽은 우상숭배로 물들어 있어서 믿음의 삶에 큰 장애물이 되었고, 그 결과는 결국 하나님에 대한 불신으로 나타났다.

광야에서 자라난 이스라엘 다음 세대의 일원이었다고 상상해 보자. 당신은 40년 동안 이 순간을 준비해 왔다. 열두 지파의 꿈이 성취되는 때가 다가오고 있음을 느낀다. 그것은 그들만의 꿈이 아니었다. 2세대는 처음 약속을 받은 1세대와 동일한 의지와 소명으로 무장되어 있었다. 그런데 강을 건너 약속의 땅으로 들어가기 전에 두 지파 반이 요단강 건너편 땅이 더 좋다는 결정을 내렸다. 그곳이 삶의 비전에 완벽하게 들어맞는 것처럼 보였기 때문이다. 그래서 그들은 모세에게 그 땅을 소유로 받아 머물 수 있게 해 달라고 허락을 구하면서 약속의 땅으로 건너가 다른 지파들이 유업을 차지할 수 있도록 군사적으로 돕겠다고 맹세했다. 이 지파들은 그렇게 했고, 민족 전체가 하나님의 약속의 성취로 나아가게 되었다. 나머지 지파들은 약속의 땅에, 두 지파 반은 그들의 유업이 된 강 건너편에 살게 되었다. 이 땅은 약속의 땅과 마찬가지로 풍요와 축복이 깃든 땅이었기에, 버림받고 열악한 땅이 아니었다. 그 땅도 축복된 땅이었다 (민 32장; 수 22:1-4).

하지만 이스라엘 민족의 현실은 강을 사이에 두고 지파들이 갈라졌다는 것이었다. 나는 이 상황을 오늘날의 교회들에 관한 비유로 여긴다. 교회는 요한복음 7장 38-39절에서 예수님이 성령의 강

(이 주제는 다음 장에서 더 자세히 살펴볼 것이다)이라고 부르신 강을 기준으로 갈라져 있다. 그리고 이 성령의 강 양편에 사람들이 서 있는데, 종종 서로를 반대한다. 이들은 보통 오늘날 성령님이 역사하시는 방식과 관련하여 서로 다른 믿음과 관습을 가지고 있으며 강조점과 훈련 방식에서도 차이를 보인다. 그러나 둘 다 예수님의 이름을 높여 드리기 위해 헌신한다.

성령님의 역사하심으로 그리스도 안에서 우리가 새로운 피조물이 되고 하나님을 위해 마음을 다해 살아갈 수 있는 능력과 지혜를 받게 된다는 것은 믿지만, 성령세례와 성령의 은사는 사도시대에만 있었다고 생각하는 사람들이 있다. 또 나처럼 성령세례와 성령의 은사들과 나타남은 모든 시대의 믿는 자들에게 주어졌으며, 특히 오늘날의 교회에 필요하다고 믿는 이들이 있다. 이렇게 견해와 접근 방식에 큰 차이가 있음에도, 믿는 자들이 서로의 공통점을 찾고 상대방을 위해 기꺼이 싸워줄 수 있다면 연합할 수 있다. 이스라엘 지파들이 강 건너편에 있는 이들의 유업과 행복을 위해 기꺼이 싸웠기 때문에 그들은 자신의 유업과 정체성을 온전히 지켜낼 수 있었다.

가족 안에도 서로 생각이 다른 구성원들이 존재한다. 하지만 많은 경우 그들은 모두 함께 식탁에 모여 명절이나 삶의 좋은 일 등을 축하해준다. 사랑하는 가족이 되어 구성원들을 존중하는 것이 우리 삶의 가장 중요한 목적이 되어야 한다. 그럴 때에만 연합이 주는 급격한 능력의 증가를 경험할 수 있고 우리에게는 그것이 필요하다.

서로 다름에도 연합하는 것은 그리스도의 몸 전체가 성령으로 충만하고 흘러넘쳐서 세상에 영향을 끼칠 수 있게 돕는다(요 13:35).

방언과 성령세례

많은 그리스도인들이 갈라지는 지점이 성령세례, 특히 방언을 하느냐이다. 물론 다른 은사나 성령의 나타남에 대해서도 우려하는 사람들이 있지만, 방언이 가장 대표적이다. 방언을 말하는 것은 내가 알지 못하는 언어로 말하는 것이다. 방언은 사람의 언어일 수도 있고 천사의 언어일 수도 있다(고전 13:1). 방언의 "비이성적"인 특성으로 인해 많은 이들이 방언을 말하는 것을 미쳤거나 통제 불능이라고 하면서 철저히 거부한다.

방언에 관한 훌륭한 책들이 많이 있다. 성령의 언어에 대한 논쟁은 이 책의 초점이 아니기에 이 주제를 깊이 다루지는 않을 것이다. 그러나 이 특별한 성령의 은사에 대해 간략하게나마 이야기하고 싶다. 개인적으로 기도하면서 방언을 갈망하지 않는 이들을 보면 조금 안타까운 마음이 든다. 성령의 은사들 중 유일하게 그것을 사용하는 이에게 직접적인 유익을 주는, 즉 그 사람을 세워주는 은사가 방언이기 때문이다. 그 외의 은사들은 모두 그리스도의 몸을 세우기 위한 것이다. 성령 안에서 기도할 때 우리는 이 세상에 예수님을 선포하는 데 필요한 능력을 받을 수 있게 된다.

바울은 사람들에게 방언을 말하는 것을 금하지 말라고 명했다. 또한 자신이 누구보다 방언을 많이 말한다고 말하면서 모두가 이 영적인 은사를 받아 사용하길 바란다고 말했다(고전 14:1-5, 18, 39). 바울은 모두가 따랐으면 삶의 방식을 몸소 보여 주었다.

방언을 "가장 작은" 은사라고 부르며 소홀히 하는 사람들도 있다. 바울이 "더 큰"(고전 12:31) 은사라고 부른 것도 있기는 하지만, 하나님이 주신 것이 가치가 없다고 하면서 무시해도 된다고 말하는 것이 나에게는 더 이상하다. 만일 우리 아이들이 내가 준 선물이 다른 것만큼 값이 나가지 않는다는 이유로 무시한다면, 서로 힘겨운 대화의 시간을 갖게 될 것이다. 하나님은 좋은 것들, 오직 좋은 선물들만 주시는 분이다.

방언으로 말하는 것은 성령님이 우리를 통해 중보하시거나 찬양의 형태로 기도하시는 것이다. 마치 오순절에 제자들이 "하나님의 큰 일"(행 2:11)을 선포했을 때처럼 말이다. 나는 모두가 어떤 문제를 놓고 기도하다가 그것에 대한 우리의 마음을 온전히 표현할 말을 찾지 못했던 경험이 있을 것이라고 확신한다. 그 순간에는 전하고 싶은 말이 더 있다는 것을 분명히 알지만 마땅한 표현이 떠오르지 않는다. 이때 방언으로 기도하면 도움이 되는 것은 성령님이 우리를 통해 놀랄 만큼 정확하고 능력 있게 기도해 주시기 때문이다.

또한 하나님을 찬양하다가 더 이상 그분을 향한 우리의 마음을 온전히 표현할 수 없었던 경험이 누구나 있었을 것이다. 방언으로 경배하면 통찰과 담대함, 믿음의 결핍에서 벗어나 하나님의 본성을 더 잘 드러내는 풍성한 상태가 된다. 그렇게 되면, 성령님이 우리의 경배에 능력을 부여해 주시고 인도해 주셔서 하나님을 더 효과적으로 섬길 수 있게 된다. 또한 경배를 통해 기도 응답을 받고 하나님과의 더 깊은 만남을 경험함으로써 개인이 세워지고 강건해진다. 예배는 성령님으로부터 시작되어 성령님이 인도하시는 활동이다(요 4:24).

방언에 관한 이 구절들은 성령의 감동으로 기록되었다. 방언을 두고 누가 옳고 그른지 논쟁할 것이 아니라, 지극히 단순하게 성령님이 우리에게 선물로 오신 분임을 기억하면 된다. 선물은 거저 주어진다. 값을 주고 사거나 노력으로 얻는 것이 아니다. 그게 어떤 모습이든 성령님이 그분의 방식대로 역사하시도록 허락해 드리자.

❖

> 성령님이 우리의 경배에 능력을 부여해 주시고 인도해 주셔서 하나님을 더 효과적으로 섬길 수 있게 된다.

방언에 관해 논의할 때, 거듭나는 것과 성령으로 세례를 받는 것이 동일한 경험인지 묻는 사람들이 있는데, 그렇다고 생각하지는 않는다. 성령세례를 받는 것은 또 다른 은혜라고 생각한다. 예를 들어 요한복음 20장에서 예수님은 남아 있는 열한 제자들에게 숨을 내쉬시며 "성령을 받으라"(22절)고 말씀하셨다. 성령을 받는 것은 사람이 거듭날 때 일어난다. 이것은 예수님이 죽으시고 부활하시기 전에는 일어날 수 없는 일이었다. 제자들에게 성령을 받으라고 말씀하셨을 때 그분은 부활하신 상태였고, 승천하셔서 하나님 아버지 우편에 앉으시기 전까지 그들을 섬기며 사역하셨다. 그리고 바로 그 제자들에게 "높은 곳으로부터 능력을 입을 때까지" 예루살렘을 떠나지 말라고 말씀하셨다(눅 24:49, 한글킹제임스). 즉 거듭난 이들에게는 이제 임무를 완수할 수 있게 능력이 필요하다는 것이었다. 그러므로 이 둘은 별개의 은혜인 것이다.

교회는 오랫동안 사소한 문제들에 빠져 많은 것을 놓쳐 왔다. "오직 성령이 너희에게 임하시면 너희가 권능을 받고"라는 말씀은 성령의 감동으로 기록된 것이다(행 1:8). 솔직히 성령의 언어로 기도할 수는 있지만 능력은 행하지 못하는 사람들이 많다. 그렇다고 그런 사실을 이유로 성령 안에서 방언으로 기도하는 것의 중요성을 무시하고 싶지 않다. 반대로 방언으로 기도하지는 않지만 큰 영적 능력으로 행하는 사람들도 있다.

성령의 은사들에 비판적인 사람들은 영적인 은사를 행사하지만 그 삶은 그들이 주장하는 영성과 일치하지 않는 자들을 지적하는 경우가 많다. 즉 받은 은사를 부적절하게 사용하거나 스스로 성령 충만하다고 주장하지만 그 삶에 인격적으로 심각한 문제가 있다는 것이다. 이런 것들은 하나님과의 동행함에 있어서 초자연적인 것들의 중요성을 무시할 만한 이유가 되지 못한다. 어떤 사람이 위대한 작곡가인 요한 세바스찬 바흐의 음악을 제대로 연주하지 못했다고 해서 바흐를 탓하지는 않는다. 전적으로 연주한 사람의 책임이지, 곡이 잘못되었거나 아름다움과 경이로움이 부족한 것이 아니다.

마찬가지로 은사를 잘못 사용하는 사람들 때문에 그 필요성을 무시하는 것도 지극히 어리석은 행동이라고 생각한다.

선물을 주시는 분은 완벽하다. 그분의 설계와 의도 또한 완벽하다. 우리는 종종 이해할 수 없는 문제에 그분께 순복함으로써 우리 삶의 주인되심을 증거한다. 사실 어떤 신학 이론이나 교리에 동의하는 것보다 알 수 없는 상황 가운데 순복하는 것이 진정으로 우리 삶의 주인되심을 보이는 것이다. 성령의 은사로 행해야 할 우리의 임무를 받아들이고 예수님의 이름에 모든 영광을 돌리는 법을 배우는 것이 바로 우리의 책임이다.

능력이 목적이다

나는 오순절 교단의 은사주의적 배경에서 성장했는데, 방언을 말하는 것이 성령세례를 받았다는 최초의 외적 증거라는 것이 전통적인 가르침이었다. 이렇게 믿을 만한 근거는 충분하다. 하지만 동시에 이것을 지나치게 교리화할 필요도 없다고 생각한다. 오순절 교단의 지도자들 중에는 이렇게 말하는 이도 있었다. 성령세례의 증거로 방언을 강조하는 것은 물세례를 받을 때 물에 젖는 것을 강조하는 것과 같다는 것이다. 분명 방언은 성령 체험의 결과로 나타난다. 그리고 이것은 아주 놀랍고 필요한 은사이다. 하지만 중요한 것은 권능이다. 권능으로 입혀지는 것이 성령으로 충만함을 받으라는 명령의 이유이기 때문이다(눅 24:49, 행 1:8). 그래서 우리는 세상 가운데 하나님의 능력의 통로로서 성령으로 충만해질 뿐만 아니라 흘러넘쳐야 하는 것이다.

능력과 지혜

성령님의 은사와 나타나심에는 능력과 지혜가 동반된다. 성경에 성령의 충만함을 받은 첫 번째 인물로 언급된 브살렐의 예를 다시 한 번 살펴보자. 그가 받은 충만함은 여러 가지 놀라운 모습들로 나타났지만, 가장 중요한 자질은 지혜였다(출 31:3). 그는 지혜와 더불어 지식과 총명으로 하나님의 창조성을 드러내는 살아 있는 본이 될 수 있었다. 신약에서 성령으로 충만함을 받는다는 것은 하나님의 능력이 그분의 백성 위에 임하여 그들을 통해 흘러가게 하려는 것이다.

하나님은 어떤 대상에 대해 새로운 내용을 계시하실 때, 이전에 계시된 내용을 폐지하지 않으신다. 오히려 예수님이 제자들에게 "이제부터는 너희를 종이라 하지 아니하리니... 너희를 친구라 하였노니"(요 15:15)라고 말씀하신 것처럼, 이전 것에 새로운 것을 더하신다. 예수님은 제자들과의 관계에 이해의 차원을 더하셨다. 종에서 친구로 승격된 것이다. 하지만 하나님의 친구가 되었다고 해서 더 이상 그분의 종이 아니라고 생각하는 것은 오해이다. 우정이 제자리에 있도록 붙들어 주는 것이 바로 종이 되어 섬기는 것이다. 하나님과의 우정을 순수하게 유지시키는 것이 순종함으로 주인을 존중하는 우리의 마음이다.

마찬가지로 지혜는 우리가 성령 안에서 살아가는 데 필수적인 요소로, 그분을 잘 나타내는 삶을 살아갈 수 있게 해준다. 능력은 같은 동전의 뒷면에 해당한다. 지혜는 이 공식에서 절대 빠질 수 없는 요소로, 어떤 사람의 삶에 지혜가 나타난다는 것은 그 사람이 성령으로 충만하다는 놀랍고도 멋진 증거이다. 지혜는 마치 능력이라는 다이아몬드를 반지에 고정해 주는 세팅과도 같다. 이 두 가지가 결합될 때, 성령으로 충만함을 받는다는 것이 무엇인지 더 온전하게 보여 준다.

이제 하나님의 위대한 운행하심 가운데 이 두 가지가 어떻게 함께 역사하는지 간단하게 살펴보자. 부흥의 시작을 위해 하나님이 사용하시는 것은 능력이지만, 그것을 지속시키는 것은 지혜이다. 어쩌면 우리에게 있어 성령의 모든 것 가운데 지혜의 가치를 회복하면, 우리는 인간의 불가능에 능력으로 맞서는 영역으로 나아가게 될 것이다. 동시에 생명 안에서 다스리는 차원으로 들어감으로써 이 땅에서 잘 살아낸 복음의 본질을 온전히 드러낼 수 있게 될 것이다.

능력과 인내

영적 능력을 사모하는 사람들이 종종 성령에 관해 망각하는 사실 중 하나는 기적을 일으키는 바로 그 능력이 우리를 인내하고 견디게도 한다는 것이다.

> 형제들아 너희 가운데서 성령과 지혜가 충만하여 칭찬 받는 사람 일곱을 택하라 우리가 이 일을 그들에게 맡기고 우리는 오로지 기도하는 일과 말씀 사역에 힘쓰리라 하니… 사도들 앞에 세우니 사도들이 기도하고 그들에게 안수하니라 하나님의 말씀이 점점 왕성하여 예루살렘에 있는 제자의 수가 더 심히 많아지고 허다한 제사장의 무리도 이 도에 복종하니라 스데반이 은혜와 권능이 충만하여 큰 기사와 표적을 민간에 행하니 이른바 자유민들 즉 구레네인, 알렉산드리아인, 길리기아와 아시아에서 온 사람들의 회당에서 어떤 자들이 일어나 스데반과 더불어 논쟁할새 스데반이 지혜와 성령으로 말함을 그들이 능히 당하지 못하여… 공회 중에 앉은 사람들이 다 스데반을 주목하여 보니 그 얼굴이 천사의 얼굴과 같더라 (행 6:3-4, 6-10, 15)

스데반은 성령 충만함을 받은 자의 본으로서 능력과 지혜가 함께 나타났다. 그는 예수님이 자신을 따르는 자들에게 직접 본을 보이시고 그대로 행하도록 위임하신 기적을 행하고 있었다. 또한 스데반은 자신을 반대하는 자들을 침묵하게 하는 지혜의 말을 함으로써 그의 말을 당해낼 자가 없었다. 그는 성령 충만한 삶을 살아가는 법에 대해 구약과 신약은 무엇이라 가르치는지 분명히 보여 주었다. 스데반은 하나님의 기적의 능력을 보여 준 성령의 사람이었다.

그의 영향력은 여러 제사장들뿐만 아니라 예루살렘 성 전체를 술렁이게 했다. 그러나 사도행전 다음 장에서 그는 순교자로 죽게 된다(행 7:54-60). 하나님의 능력이 순교를 초래한 것은 아니었지만, 그는 그 능력으로 시련과 갈등, 마침내는 죽음까지 견딜 수 있었다.

인내가 필요하다는 것은 결코 즐거운 상황이 아니다. 그것은 우리의 삶이 기대했던 방식이나 기도해 온 대로 흘러가지 않았다는 의미이기 때문이다. 스데반과 그의 친구들은 아마도 구해 달라고 기도했을 것이다. 하지만 그런 일은 일어나지 않았다. 나는 기적의 부재 상태로 사는 것과 마냥 기적이 일어나기를 기다리고 있는 것을 좋아하지 않지만, 이러한 상황만큼 사랑의 아버지에 대한 우리의 신뢰를 드러낼 수 있는 기회는 거의 없다. 아버지께서 선하신 분이라는 확신을 가지고 살아가지만, 그것에 반하는 경험을 하게 되면, 우리의 진정한 믿음을 보일 수 있는 완벽한 기회가 주어지는 것이다.

복음 때문에 두들겨 맞고 총에 맞고 고문당하고 투옥된 친구들이 몇 명 있다. 그들은 사방에서 욱여쌈을 당하고, 기근, 전쟁 그리고 극심한 박해 등 견딜 수 없는 상황들을 경험했다. 하지만 그들은 이러한 시련을 겪음과 동시에 하나님의 개입하심과 구원에 대한 놀라운 간증들을 얻게 되었다. 이러한 하나님의 개입이 언제나 우리가 원하는 만큼 신속하게 혹은 원하는 방식으로 임하는 것은 아니다. 하지만 반드시 있다. 친구들의 경험은 그들이 삶을 변화시킨 성령님과의 만남, 곧 하나님과의 능력의 만남이 없었다면, 그 고난들을 견딜 수 없었을 것임을 분명하게 보여준다.

　믿음은 돌파를 가져온다. 하지만 인내를 동반한 믿음은 돌파와 함께 성품도 가져다준다. 그리고 그 성품으로 인해 비범한 일을 오랫동안 맡을 수 있게 된다. 성경은 "끝까지 견디는 자는 구원을 얻으리라"고 분명히 말씀한다(마 10:22; 막 13:13). 믿음은 반드시 인내로 나타나야 한다. 능력이 기적을 일으키지만, 때로는 그 능력 때문에 기적이 임할 때까지 인내할 수 있게 된다.

　성령세례를 받은 적이 없는 이들에게 권면하고 싶다. 성령세례는 모든 믿는 자들이 예수님을 더 온전히 드러낼 수 있도록 거저 주시는 선물이다. 이것은 성취의 표나 다른 사람보다 우월함을 보여주는 것이 아니다. 단지 하나님의 임재에 잠김으로써 담대함과 인내, 기적이 우리의 믿음의 일상적인 표현이 되게 해준다. 이것은 거저주시는 선물이다. 그러니 예수님께 성령세례를 구하라. 그분의 약속을 기억하며 기도하고 경배하는 가운데 그분을 찬양하라. 그분의 선하심을 신뢰하며 믿음으로 그것을 받으라. 그리고 안전벨트를 단단히 매라. 이제 일생일대의 모험이 시작될 것이다.

Chapter 10

화평케 하는 자, 자유를 가져오는 자

　　성경의 용어들을 우리의 언어와 문화대로 정의하는 것은 쉬운 일이지만, 그렇게 하면 말씀의 원래 의도를 완전히 놓칠 수 있다. 예를 들어 "소망"이라는 말은 기본적으로 "소원"과 같은 의미이지만, 성경적 개념은 사실 "선한 것을 기쁜 마음으로 기대하는 것"이다.[1] 이것은 마치 크리스마스 날 아침에 선물을 열어 보기 전 아이들이 느끼는 간절함과도 같다. 그들은 이미 신이 나서 감사하고 있다. 소망은 기도가 응답되기 전에 마치 그것이 이미 이루어진 것처럼 감정적, 정신적, 영적 즐거움을 누릴 수 있게 해준다. 이런 이유로 우리는 "항상 기뻐하고 쉬지 말고 기도하며 범사에 감사"할 수 있게 된다(살전 5:16-18). 진정한 소망이 있을 때, 응답을 기대하며 기뻐하는 것은

---

1) *Strong's*, G1680, Blue Letter Bible Lexicon, https://www.blueletterbible.org/lexicon/ g1680/kjv/tr/0-1/.

당연한 일이다. "믿음은 바라는 것들의 실상이요 보이지 않는 것들의 증거"이다(히 11:1). 믿음은 소망의 분위기 가운데 자란다.

이번 장에서는 성경에서 가장 좋아하는 단어 중 하나인 "샬롬"(shalom) 또는 "평강"에 대해 살펴보고, 왜 평강이 성령의 핵심적인 성품이며 그분의 임재가 우리 삶에 어떤 영향을 끼치는지 살펴볼 것이다. 우리 문화가 이 단어의 성경적 의미를 왜곡시켰기 때문에 그 실체를 놓치는 경우가 많다.

평강의 정의

"샬롬"은 성경에 전체에서 굉장히 중요한 단어로, 기본적인 의미는 "바랄 수 있는 모든 것"이다. 조금 과장된 표현일 수도 있지만, 그렇다고 틀린 말도 아니다. 이게 무슨 의미인지 설명해 보겠다. 그전에 먼저 우리 문화에서 말하는 평강(또는 평화, 평안)의 가장 보편적인 정의를 살펴보자.

세상에서는 평강을 보통 무언가의 부재와 관련시켜 정의한다. 예를 들어 "평화"라는 말의 기본 정의는 "전쟁의 부재"이다. 이것이 성경에서 약속하는 평강의 유일한 의미라 해도, 우리 대부분은 만족할 것이다. 우리는 전쟁을 싫어한다. 이와 같이 평강은 갈등과 충돌이 없는 상태, 분위기를 뜻한다. 만약 어느 집에 들어갔는데, 조용하긴 하지만 그곳에 갈등의 분위기가 느껴진다면 평화롭지 않은 것이다. 고요함 속에서도 짙은 불화가 느껴질 수 있다. 평강은 소음이 없는 상태로 정의되는 경우도 있다. 사람들은 흔히 "여기는 조용하고 평화로워서 너무 좋아"라고 말한다. 이처럼 조용함은 종종 평강과 동일시되기도 한다.

이들은 불완전한 정의들인데, 존재하는 것보다 없는 것, 결핍된 것에 초점을 맞추기 때문이다. 그러나 하나님의 나라에서는 평강의 정의가 "어떤 분의 임재"라는 점이 다르다. 평강은 임재이다. 하나님이 나와 함께 계시는 한, 무슨 일이 있든지 평강을 누릴 수 있다는 말이다. 총소리가 들리고 폭탄이 떨어지며 사방이 혼돈 그 자체여도, 나는 평강을 누릴 수 있다. 또한 소음이 가득하고 서로 밀쳐대는 가장 붐비는 지하철 안에서도 평강을 누릴 수 있다. 그 무엇도 나에게서 평강의 왕을 앗아갈 수 없다.

나를 너무나도 싫어해서 비난하며 깎아내리는 사람 맞은편에 앉은 적이 있었다. 그럼에도 하나님이 그곳에 계셨기 때문에 평강을 느꼈다. 내가 완벽한 사람이라서 평강을 누렸다는 말이 아니다. 단지 하나님이 함께 계셨고 내가 그분을 의식했기 때문에 평강을 누릴 수 있었던 것이다. 하나님이 나를 위해 그 자리에 계셨다.

> 주께서는 생각을 주께 고정시킨 자를 완전한 평강으로 지키시리니 이는 그가 주를 신뢰하기 때문이니이다 (사 26:3, 한글킹제임스)

얼마나 위대한 약속인가! 그분을 신뢰함으로 완전한 평강이 임하게 되는데, 그분을 신뢰하는 것은 내 생각을 그분께 둔 결과이다. 하나님을 생각하고 그분을 묵상하며 그분을 의식하며 살아감으로써 나는 완전한 평강 안에 거할 수 있게 된다. 왜냐하면 그분만이 내가 신뢰하기에 합당한 분이시기 때문이다.

이제 다시 "샬롬"은 "바랄 수 있는 모든 것"이라고 정의로 돌아가자. 여기에는 우리가 그리스도 안에서 정당하게 바랄 수 있는 모든 것이 포함된다. "샬롬"은 본질적으로 "완전성", "조화", "성공", "번영", "건강", "온전함", "성취", "행복" 등을 의미한다.[2] 한 사람의 혼(soul)을 만족시키는 것은 바로 그의 삶에 넘치는 하나님의 성품과 임재이다. 이것은 우리의 생각과 감정, 영(spirit)을 만진다는 점에서 우리의 속사람에 임하는 축복이다. 그러나 이것은 또한 이 책 뒷부분에서 살펴볼 요한 3서 1장 2절에 혼(soul)의 잘됨과 형통함으로 표현된 바와 같이 우리의 외적 세계에도 영향을 미친다. 이 내용은 기본적으로 한 사람의 내면의 풍성함, 부유함이 외적인 풍부함, 부유함을 가능하게 한다는 말이다.

많은 이들이 예수님이 고난을 당하셨다는 이유로 주님의 축복에 대한 가르침을 거부한다. 하지만 예수님은 오히려, 우리가 그분을 따르기 위해 버린 것의 100배를 주시되 "박해를 겸하여" 받으리라고 말씀하셨다(막 10:30). 박해를 덧붙이신 것은 우리가 축복 속에서도 겸손을 유지하며, 이 축복의 약속이 천년왕국 시대에만 적용되는 것이 아님을 분명히 한다. 이러한 외적 축복에는 건강과 재정적

---

2) *Strong's*, G7965, Blue Letter Bible Lexicon, https://www.blueletterbible.org/lexicon/h7965/kjv/wlc/0-1/.

형통함이 포함된다(요삼 1:2). 이런 것들은 믿는 자들이 따르고 구해야 할 가장 중요한 목표는 아니지만, 하나님이 주시는 놀라운 상급이다.

다음은 "평강"을 뜻하는 히브리어 "샬롬"의 또 다른 정의로 정말 놀랍다.

> 샬롬은 "혼란이 들어올 수 없는 영역"을 의미한다(Hanson, 347). 여기서 혼란이란 질병, 전쟁, 사회적 갈등, 또는 언약의 위반, 침해 등이 해당된다.[3]

예수님이 "평강의 왕"이시며 우리 모두가 "화평케 하는 자"로 부름 받았다는 점을 고려하면서 "평강"이라는 단어의 의미를 생각해 보라. 우리는 하나님 나라의 복음을 지니고 있다. 이 나라에는 혼란이 없다. 천국에는 질병, 전쟁, 사회적 갈등 등 어떤 형태의 혼란도 없다. 영적인 세계의 영향력은 화평케 하는 자들을 통해 지금 여기 물질세계에서 느껴지고 실현되어야 한다. 다음 구절은 평강의 왕이신 예수님과 그분이 인류에게 어떤 영향을 끼치실지 설명한다.

> 주 여호와의 영이 내게 내리셨으니 이는 여호와께서 내게 기름을 부으사 가난한 자에게 아름다운 소식을 전하게 하려 하심이라 나를 보내사 마음이 상한 자를 고치며 포로 된 자에게 자유를, 갇힌 자에게

---

[3] "Peace (in the Bible)," *Encyclopedia.com*, https://www.encyclopedia.com/religion/ encyclopedias-almanacs-transcripts-and-maps/peace-bible, accessed February 5, 2024.

놓임을 선포하며 여호와의 은혜의 해와 우리 하나님의 보복의 날을 선포하여 모든 슬픈 자를 위로하되 무릇 시온에서 슬퍼하는 자에게 화관을 주어 그 재를 대신하며 기쁨의 기름으로 그 슬픔을 대신하며 찬송의 옷으로 그 근심을 대신하시고 그들이 의의 나무 곧 여호와께서 심으신 그 영광을 나타낼 자라 일컬음을 받게 하려 하심이라 그들은 오래 황폐하였던 곳을 다시 쌓을 것이며 옛부터 무너진 곳을 다시 일으킬 것이며 황폐한 성읍 곧 대대로 무너져 있던 것들을 중수할 것이며… 오직 너희는 여호와의 제사장이라 일컬음을 받을 것이라 사람들이 너희를 우리 하나님의 봉사자라 할 것이며 너희가 이방 나라들의 재물을 먹으며 그들의 영광을 얻어 자랑할 것이니라 (사 61:1-4, 6)

누가복음 4장에서 예수님은 사역의 시작을 선포하시면서 이 본문의 처음 몇 절을 인용하셨다. 그리고 마지막 몇 개의 절은 그분을 따르는 자들에 의해 성취될 것이다. 그것을 어떻게 아는가? "너희는 여호와의 제사장이라 일컬음을 받을 것이라"는 말에 주목하라. 출애굽기 19장에서도 하나님의 백성이 "제사장 나라"(6절) 또는 주의 제사장들로 불릴 날이 올 것이라고 예언했다. 뿐만 아니라 베드로도 "너희는… 왕 같은 제사장들이요 거룩한 나라요"(벧전 2:9)라고 했다. 구약의 기록자들은 레위 지파뿐만 아니라 하나님의 모든 백성이 "주님의 제사장들"로 여겨질 날이 올 것이라고 말했다. 그런데 베드로가 사실상 "오늘이 그날이다!"라고 선포한 것이다.

하나님의 모든 백성은 주님의 제사장이다. 그리고 주님의 제사장들은 삶의 실제적인 영역에서 성령님의 임재가 알맞은 방식으로 나타나도록 돕는 자들이다. 또한 성령님의 역사하심으로 치유되고 회복된 자들은 무너진 성읍을 재건하는 것을 돕는 자들이 된다.

성령님은 우리를 제사장 직분에 합당하게 하심으로써 이 본문의 마지막 부분과 연결시키신다. "그들은 오래 황폐하였던 곳을 다시 쌓을 것이며 옛부터 무너진 곳을 다시 일으킬 것이며 황폐한 성읍 곧 대대로 무너져 있던 것들을 중수할 것이다." 성령님은 예수님 안에서 완전히 새로운 세대의 사람들, 곧 그들의 주님처럼 삶의 깨어진 영역에 치유와 회복이 나타나는 모습을 보기 위해 성령님께 자리를 내어드리는 자들을 일으키고 계신다. 이것이 바로 우리 세상에 참된 평강이 회복되는 모습을 보는 방법이다.

우리가 지금 읽고 있는 내용은 화평케 하는 자들, 하나님의 임재를 가져오는 자들이 이 사회에 끼치고 있는 영향들이다. 이러한 영향력은 예수님과 마찬가지로 성령님이 우리 위에 머물러 계셔야만 나타난다. 그렇기에 화평케 하는 자들은 하나님의 영을 잘 모셔들인 자들, 종교적 형식과 관습이라는 낮은 기대에 굴복하지 않고 가능성 대한 큰 소망과 비전을 품은 이들이다. 바로 이것이 바로 성령으로 충만한 믿는 자들의 모습이다. 그들은 혼돈과 전쟁을 벌이고 있다. 이 혼돈은 모든 곳에서 우리 주변의 삶에 영향을 끼치려 하고 있다. 평강은 하나님의 언약 아래에 살아가며 그분의 임재에 사로잡혀 그분의 사명을 받아들인 자들에 의해 이 세상에 임하게 된다. 이것이 성령님의 인도함을 받는다는 말의 의미이다.

❖

한 사람의 내면의 풍성함, 부유함이 외적인 풍부함, 부유함을 가능하게 한다.

평강의 왕 예수

제자들이 예수님이 돌아가신 후 두려움에 떨며 숨어 있던 방에 들어오셔서 그들에게 평강을 풀어놓으셨음을 기억하라(요 20:19-22). 평강이란 "혼란이 들어올 수 없는 상태"를 의미한다. 혼란은 이 땅에는 존재하지만 천국에는 없는 손상된 모든 것을 포괄하는 말이다. 예수님이 평강을 주셨다. 다른 표현으로 예수님이 "그분", 곧 성령님을 풀어놓으셨다. 예수님의 주 되심(the Lordship)이 성령님의 임재 가운데 드러나서 두려움에 사로잡혀 있던 열한 명에게 평강과 자유를 가져다주었다. 그리고 그분은 아버지께서 자신을 보내어 하게 하신 그 일, 곧 아버지를 드러내고 성령을 풀어놓는 일(여기서는 평강으로 나타남)을 그들도 하게 될 거라고 말씀하셨다.

예수님은 제자들과 함께 타고 가던 배를 강타하며 생명을 위협하는 폭풍에 평강을 풀어놓으셨다. 그분은 그 폭풍 속에서도 주무시고 계셨고, 제자들은 예수님이 그들이 처한 위험한 상황에 무관심하시다고 생각했다(막 4:36-40). 생각해 보라, 예수님은 아무런 방해도 받지 않고 잠들어 계시다가 폭풍을 향해 평강을 풀어놓으신 것이다. 그분이 소유하신 평강을 광풍을 향해 풀어놓으셨다. 어떤 폭풍이든 우리가 잠을 잘 수 있다면, 그것을 다스릴 권세가 있는 것이다. 만일 내면에 평강이 있다면, 그것은 주변 세상의 본성에 영향을 끼칠 것이다. 평강을 소유하고 있다면, 그것을 나눌 수도 있다.

궁극적인 평강과 자유

사람들은 자기가 원하는 대로 할 수 있을 때 자유롭고 평안(갈등이나 혼란이 없는 상태)하다고 생각한다. 예를 들어 돈은 권력이다. 그리고 권력을 가진 사람들은 자유롭다고 느낀다. 로또에 당첨되거나 거액의 선 지급금을 받은 사람들은 무엇이든 살 수 있고, 어디든 갈 수 있으며, 누구에 대한 책임도 질 필요가 없다고 생각한다. 하지만 지구상에서 가장 슬픈 사람들 중에는 자기 마음대로 계속 사들이면서도 평안을 누리지 못하는 이들도 있다. 그들에게는 자유도 없다.

> 형제들아 너희가 자유를 위하여 부르심을 입었으나 그러나 그 자유로 육체의 기회를 삼지 말고 오직 사랑으로 서로 종노릇하라… 내가 이르노니 너희는 성령을 따라 행하라 그리하면 육체의 욕심을 이루지 아니하리라 육체의 소욕은 성령을 거스르고 성령은 육체를 거스르나니 이 둘이 서로 대적함으로 너희가 원하는 것을 하지 못하게 하려 함이니라 너희가 만일 성령의 인도하시는 바가 되면 율법 아래에 있지 아니하리라 (갈 5:13, 16-18)

하나님 나라가 아니라 육체의 욕망을 좇는 자들은 사실상 성령님과 전쟁을 벌이고 있는 것이다. 이 말씀은 할리우드의 유명인이나 정치인들, 이 세상의 CEO들이 아니라 교회에 보내려고 쓴 글이다. 우리가 육체의 욕망에 굴복한다면, 우리를 통해 다른 이들을 자유케 하고 도시들을 회복시키시려는 분과 전쟁을 벌이게 된다고 경고한다. 하나님은 세우시는 분이다. 상한 인류를 회복시키시는 것이 그분의 마음이었다. 단순히 용서만 받은 것(적자를 벗어나는 것) 뿐만이 아니라 완전히 회복되는 것(흑자로 들어서는 것)이 바로 하나님의 계획이다.

참된 자유를 경험하며 살아가려면 예수님의 절대적인 주 되심(the Lordship)을 보여 주는 성령님이 필요하다. 실제로 우리를 자유로 이끄는 것은 순복이라는 말이다. 자유는 내가 하고 싶은 대로 할 수 있는 능력이 아니다. 옳은 일을 할 수 있는 능력이다. 이 세상에서 가장 강력한 사람들 중에는 옳은 일을 할 수 없는 이들도 있다. 예를 들면 그들은 술이나 담배를 한 것을 후회하거나 외도한 것을 후회한다. 그들의 삶은 후회로 가득한데, 자신을 죽이는 형태의 자유에 중독되어 있기 때문이다. 하지만 그리스도 안에 있는 자유는 모든 것을 더 좋은 방향으로 변화시킨다.

> 주 여호와의 영이 내게 내리셨으니 이는 여호와께서 내게 기름을 부으사 가난한 자에게 아름다운 소식을 전하게 하려 하심이라 나를 보내사 마음이 상한 자를 고치며 포로 된 자에게 자유를, 갇힌 자에게 놓임을 선포하며 (사 61:1)

포로 된 자들과 죄수들을 자유케 하시는 분은 성령님이시다. 죄수들은 보통 자신이 저지른 잘못 때문에 감옥에 갇힌 것이기에 죄인이다. 포로 된 자들은 외부의 억압으로 붙잡혀 있는 것이기에 피해자들이다. 성령님이 역사하시면, 이들 모두에게 자유가 임한다. 하나님의 관점에서는 죄인들에게 용서를 베푸시고 피해자를 자유롭게 하시는 것이 정의이다.

개인의 자유

모든 믿는 자들이 다른 이들에게 자유를 주는 하나님의 도구가 되려면, 먼저 각자가 자유를 경험하고 그것을 삶의 방식으로 훈련해야 한다. 삶 가운데 성령님의 인도를 받고 성령님의 능력을 입으며 성령님에 의해 자유를 얻음으로써 다른 모든 삶의 방식들은 본질적으로 열등하다는 사실을 영원히 드러내는 삶을 살아가게 하기 위함이다. 이로 인해 우리는 권세를 가지고 진심과 진정으로 다른 이들을 사랑하고 섬길 수 있게 된다. 우리가 하나님 안에서 경험한 것을 바탕으로 사람들을 섬길 때 우리는 권위를 갖고 섬긴다.

우리는 하나님께 순복하는 것이 자유로 이끄는 길임을 기억해야 한다. 하나님 나라의 대부분이 마찬가지로 이것도 역설적으로 여겨질 수 있다. 이 위대한 교훈을 통해 우리는 삶의 통제권을 성령님께 내어드리게 되고, 그분은 우리에게 절제를 가르쳐 주신다. 우리의 방식을 내려놓고 하나님의 완전한 주권에 맡겨 드릴 때, 바로 그곳이 가장 자유로운 자리라는 것을 발견하게 된다. 아무 제한 없이 마음껏 생각하고 느낄 수 있는 자유, 이러한 자유의 문화를 만든다는 것은 "뭘 해도 괜찮다"는 의미가 아니다. 육신의 생활 방식이 하나님의 제한을 받을 때, 가장 자유로운 삶의 자리로 나아가게 된다는 말이다.

많은 교회들에서 사람들이 옳은 일을 하도록 위협과 조종을 도구로 사용하고 있다. 이러한 접근법은 사람들이 온 마음으로 주님을 섬기게 하려는 열망에서 비롯된 경우가 많다. 하지만 이런 방식은 보통 하나님 나라가 실제로 역사하는 법을 한 번도 경험해 보지 못한 리더들에 의해 행해진다. 이들은 보통 목자보다는 목양견(牧羊犬)처럼 행동한다. 목양견은 양떼를 그들이 있어야 할 곳으로 몰아간다. 그러나 목자는 그들을 인도한다. 하나님의 백성들을 더 많은 교회 활동에 참여하도록 몰아가는 것과 그리스도를 닮은 삶을 살아가도록 인도하는 것은 다르다. (물론 가정과 마찬가지로 교회에도 질서가 필요하다. 하지만 다른 사람들을 조정하려는 것이 좋은 리더십으로 포장되는 경우가 많다.)

교회에서든 가정에서든, 자유롭게 살아가는 것은 하나님이 우리를 위해 의도하신 모든 것을 이루기 위해 반드시 필요하다. 통제하고 조종하는 문화에서는 성장이 저해된다. 예를 들어 갇혀 있는 물고기는 수조가 허용하는 크기까지만 자라게 된다. 바다에서 2.4

미터까지 자랄 수 있는 상어가 일반적인 크기의 수조에서는 20센티미터밖에 자라지 못하게 된다. 종교적인 문화는 20센티미터 상어의 아름다움과 빠름을 칭찬하며 축하하지만, 하나님이 그 상어를 본래 2.4미터까지 자라도록 설계하셨다는 사실은 모르는 경우가 많다. 오직 성령님이 가져오시는 참된 자유만이 제대로 성장할 수 있는 공간을 만들어 준다.

벧엘교회가 급속히 성장하기 시작했을 때, 스태프들은 나에게 우리가 어떻게 큰 교회를 세워야 할지 물었다. 그들은 거대한 사역체를 구축하는 법에 관심이 있었다. 나는 그들에게 큰 사역을 세우는 것에는 관심이 없다고, 그저 큰 사람들을 세우는 것이 목표라고 알려줬다. 큰 사람이란 높은 직책을 가진 이들을 말하는 것이 아니다. 그들은 가장 자유로운 자들이다. 그들은 과거로부터 자유롭고 마음껏 개인의 꿈들을 실현하며 자기 영향력 아래에 있는 사람들에게 아낌없이 자신을 내어주는 이들이다.

성령님의 인도를 받고, 성령님의 능력을 입고, 성령님에 의해 자유를 얻을 때 성령님께서 우리 안에 새로운 삶의 방식을 열어 주신다. 그리고 그 새로운 삶의 방식은 성령님의 인도를 받지 않는 다른 삶의 방식들의 열등함을 영원히 드러내게 된다.

위험을 감수하는 문화 만들기

진정으로 자유로워지려면, 완벽주의가 아닌 탁월함을 추구해야 한다. 완벽주의는 능력은 없고 형식만 있는 종교이다. 하지만 탁월함은 하나님 나라의 특성이다. 완벽주의가 지워주는 짐은 무자비하며 결코 만족이 없다. 우리는 종종 가정과 교회에 완벽주의적 사고방식을 가지고 들어와서 이러한 접근 방식이 그리스도에 대한 우리의 헌신을 증명하는 방법이라고 생각하는데, 그렇지 않다. 완벽주의는 자유와 반대된다. 이 점을 유념하기 바란다. 자유의 문화에서는 실패할 자유, 곧 자신이 계획한 대로 성공하지 못할 자유도 허용되어야 한다.

그런데, 내가 말하는 "실패"는 도덕적 실패나 윤리를 저버리고 불성실해지는 것이 아니다. 이런 것들은 결코 정당화될 수 없다. 물론 용서는 받을 수 있다. 하지만 절대로 정상적이거나 반드시 필요한 것으로 받아들여서는 안 된다. 내가 말하는 유형의 실패가 어떤 것인지 몇 가지 예로 설명해 보겠다.

실패의 중요성

나는 지난 35년 동안 애플 제품의 팬이다. 모든 대기업들과 마찬가지로 애플에도 제조와 연구 개발(R&D), 두 개의 사업 부서가 있다.

이 두 부서는 완전히 다른 핵심 가치를 가지고 있다. 예를 들어 제조의 핵심 가치는 "무결함"이다. 그들은 결함으로 수십만 대의 아이폰이 리콜되는 상황을 원치 않는다. 반면 연구 개발의 핵심 가치는 개발자들이 많은 실패를 경험하기를 바란다는 것이다. 여기서 "실패"란 "어떤 경우에 작동하지 않는지 발견하는 것"이라고 말하는 것이 더 정확할 것이다. 만일 실험하는 사람들이 실패하지 않는다면, 자신들의 발명품이나 설계의 잠재력을 다 발견할 수 없을 것이다. 탁월함에 이르는 경계는 성공 직전에 무엇이 작동하지 않는지 발견함으로써 찾아가게 된다.

믿는 자들의 삶에도 기본적으로 두 가지의 영역이 있다. 이들은 우리를 지지하는 두 다리, 곧 성품과 능력이다. 두 다리의 길이는 같아야 한다. 그렇지 않다면 다리를 절게 될 것이다. 불편하게 들릴 수도 있지만, 우리는 정말 성품이 능력보다 더 강해지는 것을 원하지 않는다. 그리고 우리는 분명히 능력이 성품보다 더 커지기를 원하지 않는다.

성품의 영역은 교회의 제조 파트에 해당하는 곳으로, 무결함을 추구한다. 다시 말해 우리 안에 거하시는 분이 성령님이시기에, 삶의 방식에서도 반드시 거룩함이 드러나야 한다. 즉 우리의 생각, 열망, 행동으로 순결함을 보여야 한다. 능력은 교회의 연구 개발 부서에 해당한다. 주님을 섬기고 다른 이들을 섬기는 일, 특히 성령의 은사를 발전시키려면, 마치 아이가 넘어지며 걸음마를 배우는 것처럼 실패를 받아들일 수 있어야 한다. 10개월 된 아기가 두 걸음 걷고 넘어지면, 우리는 격려하며 일으켜 세워준 다음, 다시 시도하게 한다. 사역도 마찬가지이다. 책임감을 가지고 살아가며 자기 행동에 책임을 지면, 우리가 절대 발견하지 못했을 삶과 사역의 영역들을 탐구할 수 있게 된다.

종교, 즉 완벽주의의 영은 많은 믿는 자들이 초자연적인 영역에서 주님을 섬기는 법을 배우지 못하게 방해한다. 하지만 효과적인 사역들은 전부 근본적으로 초자연적인 것들이다. 너무나도 많은 이들이 "사역에서 실패하면 안 된다"고 생각하며 살아간다. 실패에 대한 두려움이 이들을 무력하게 만들고 있다. 그들은 이것을 성숙의 증거라고 생각하지만, 실상은 시도도 하지 않았기 때문에 실패한 적이 없는 것이다.

참된 완벽함

이처럼 완벽주의는 우리에 대한 하나님의 부르심, 곧 "탁월함"의 종교적 모조품이다. 하지만 전체를 다 공개하자면, 예수님은 "그러므로 하늘에 계신 너희 아버지의 온전하심과 같이 너희도 온전하라"고 말씀하셨다(마 5:48). "병든 자를 고치며 죽은 자를 살리라"(마 10:8)는 예수님의 명령은 불편해 하면서, "병든 자를 위하여 기도하라"(약 5:14-16)는 말씀에는 아무렇지도 않은 이들은 후자의 명령만으로도 충분히 벅찰 것이다. 감사하게도 은혜로 주어진 모든 명령에는 그것을 행할 수 있는 능력도 함께 주어진다.

완벽주의는 우리가 예수님을 따르는 자들로 잘 자라지 못하게 방해하는 무자비한 작업감독관이다. 또한 많은 이들을 짓누르고 있는 완벽주의의 무게는 우리가 오직 자유 안에서만 발견할 수 있는 참된 완벽함으로 나아가지 못하게 막는 차꼬와 쇠사슬 같다. "온전하라"는 것은 예수님이 주신 놀라운 명령이자 초대이다. 이것은 그분을 사랑하고 섬기는 기쁨 없이는 잘 감당할 수 없다. 이것이 바로 그리스도 안에서 누리는 참된 자유의 열매인 것이다.

> 그리스도께서 우리를 자유롭게 하려고 자유를 주셨으니 그러므로 굳건하게 서서 다시는 종의 멍에를 메지 말라 (갈 5:1)

왜 우리는 자유롭게 된 걸까? 자유를 위해서이다. 다시 말해 자유 자체가 목적으로, 모든 피조물을 향한 주님의 뜻을 온전히 충족시켜 주기 때문이다. 자유가 최종 목표인 것이다.

> 피조물이 허무한 데 굴복하는 것은 자기 뜻이 아니요 오직 굴복하게 하시는 이로 말미암음이라 그 바라는 것은 피조물도 썩어짐의 종노릇 한 데서 해방되어 하나님의 자녀들의 영광의 자유에 이르는 것이니라 피조물이 다 이제까지 함께 탄식하며 함께 고통을 겪고 있는 것을 우리가 아느니라 (롬 8:20-22)

하나님의 백성이 그분의 마음과 완벽하게 조화를 이루어 자신이 창조된 목적에 따라 자유롭게 생각하고 행동할 수 있게 되면, 다른 피조물들도 그것에 반응하게 된다. 사실 피조물들은 믿는 우리가 경험하는 자유의 수혜자이다. 피조물들은 허망함에서 벗어나 죄의 영향력에서 자유케 된다. 우리는 하나님이 창조하신 본래의 모습 그대로 자유롭게 살아가면서 바르게 생각하고, 선택하며, 올바르게 살아갈 수 있는 능력을 얻게 된다. 하나님의 형상대로 창조된 이들이 그분이 본래 뜻하신 대로 잠재력을 발휘하며 살아갈 때, 그분은 가장 큰 영광을 받으신다. 우리가 성령님의 내적인 역사에 반응하면 매일매일의 삶 가운데 온전함으로 나아가게 된다.

이 여정을 가는 동안, 성령님이 우리의 연약함을 도우신다. 성령님이 하시는 일에 대해 이만큼 적절한 설명도 없을 것이다. 내가 부름 받은 모든 일에 늘 연약함을 경험하기 때문이다. 능력이자 거룩함이신 성령님은 우리 각 사람을 통해 더 온전히 나타나기를 간절히 바라고 계신다. 그렇게 함으로써 예수님이 진정 어떤 분이신지 온 땅에 보일 수 있기 때문이다.

성령님의 역사하심

예수님이 기적을 행하시는 것을 볼 때마다 삼위일체 하나님의 역사하심을 목격하고 있다는 사실을 기억하자. 예수님은 아버지께서 하시는 일을 보고 그대로 행하셨다. 즉 어떤 기적이 언제 어떻게 이루어져야 하는지 계시해 주신 분이 아버지였다는 말이다. 그뿐만 아니라 우리는 예수님 위에 머물러 계시다가 그분을 통해 흘러나와 기적을 일으킨 하늘의 "뒤나미스(능력)", 성령님의 역사를 목격하는 것이다. 그리고 두 분의 역사들은 예수님이 누구신지를 증거한다.

> 만일 내가 내 아버지의 일을 행하지 아니하거든 나를 믿지 말려니와 내가 행하거든 나를 믿지 아니할지라도 그 일은 믿으라 그러면 너희가 아버지께서 내 안에 계시고 내가 아버지 안에 있음을 깨달아 알리라 하시니 (요 10:37-38)

이것은 강력한 선언이었다. 예수님은 성령의 감동으로 무리 가운데 있는 모든 이들에게 "만일 내가 내 아버지의 일을 행하지 아니하거든 나를 믿지 말려니와"라고 말씀하셨다. 요한복음을 깊이 연구해 보면, "아버지의 일"이 언급될 때는 그것이 분명히 기적의 영역을 가리키고 있다는 것을 알 수 있다.

생각해 보라. 선지자들이 예수님의 오심을 예언했고, 피조물들도 그분의 오심을 증언했으며, 중보자들도 그분의 오심을 언급했고, 천사들도 그분의 오심을 선포했다. 아마도 내가 놓친 더 많은 증인들이 있을 것이다. 하지만 예수님은 한 가지 요소, 곧 기적이 없다면, 아버지께서 인류의 역사 전반에 걸쳐 보내시고 사용하신 모든 신뢰할 수 있는 증인들의 말을 믿을 필요가 없다고 무리에게 선언하셨다. 그분은 사실상 "기적이 일어나지 않는다면, 믿을 필요가 없다"라고 말씀하신 것이다.

> 하나님이 나사렛 예수에게 성령과 능력을 기름붓듯 하셨으매 그가 두루 다니시며 선한 일을 행하시고 마귀에게 눌린 모든 사람을 고치셨으니 이는 하나님이 함께 하셨음이라 (행 10:38)

기적은 하나님이 예수님과 함께하신다는 증거였으며, 그분이 우리와 함께하신다는 증거이기도 하다. 우리의 맏형 되시는 예수님이 아시는 바로 그 아버지를 알게 된 교회, 예수님이 받으셨던 동일한 성령님의 능력을 입은 교회가 이 세상에 "만일 우리가 하나님 아버지의 일을 행하지 아니하거든 우리가 전하는 말을 믿지 않아도 좋다"라고 담대하게 선포할 날이 오기를 고대한다.

Chapter 11

성령의 강

성령님과 그분의 역사하심은 신약 전반에 걸쳐 마치 미술 전시회처럼 펼쳐져 있다. 예수님이 계시는 곳마다 성령님이 역사하시는 모습을 보게 되는데, 늘 아버지의 영광을 위한 것이었다. 이번 장에서는 성령님에 대한 또 하나의 아름다운 묘사와 그것이 그분의 임재 그리고 우리의 삶 속에서 역사하심에 대해 무엇을 말해 주는지 살펴보도록 하자.

요한복음 7장에서 성령님은 강으로 묘사된다.

명절 끝날 곧 큰 날에 예수께서 서서 외쳐 이르시되 누구든지 목마르거든 내게로 와서 마시라 나를 믿는 자는 성경에 이름과 같이 그 배에서 생수의 강이 흘러나오리라 하시니 이는 그를 믿는 자들이 받을 성령을 가리켜 말씀하신 것이라 (예수께서 아직 영광을 받지 않으셨으므로 성령이 아직 그들에게 계시지 아니하시더라) (요 7:37-39)

성령님이 우리 안에 흐르는 강으로 비유된다는 것은 매우 흥미로운 개념이다. 강은 흐르면서 만나는 모든 것에 영향을 미친다. 끊임없이 흘러가면서 가는 곳마다 생명을 전달한다.

가뭄이란 흐르는 물과 극명한 대조를 이루는 파괴적인 자연 현상이다. 내가 사는 캘리포니아 북부에는 수년째 가뭄이 지속되고 있다. 하지만 이 심각한 강수량 부족에도 불구하고 새크라멘토강 주변의 나무들은 가뭄이라는 사실을 전혀 모르고 있는 것처럼 보인다. 그들은 끊임없이 흐르는 강 옆에서 아름답고 신나게 자라고 있다. 나는 이 강에서 자주 시간을 보내면서 활력을 얻는다. 그곳의 나무들은 잘 자라고 있다. 하나님의 임재 안에 거하는 모든 이들도 마찬가지이다. 성령님은 끊임없이 흐르는 생명의 강이시다.

그는 시냇가에 심은 나무가 철을 따라 열매를 맺으며 그 잎사귀가 마르지 아니함 같으니 그가 하는 모든 일이 다 형통하리로다 (시 1:3)

우리에게서 흘러나오는 성령의 강은 먼저 우리를 변화시킨다. 삶의 도전들은 항상 우리와 함께하지만, 강가에 심겨져 있는 우리는 성령님의 지속적인 영향을 받게 된다. 그 결과는 정말 대단하다. "그가 하는 모든 일이 다 형통하리로다."

Chapter 11
성령의 강

혼의 형통

삶의 모든 영역에서 형통하는 것은 교회에서 대단히 중요한 문제이다. 안타깝게도 믿는 자들 중에는 겸손이라는 이름으로 형통과 번영을 거부하는 이들도 있다.

앞서 평강에 대해 나눈 것처럼, 우리 안에 거하시는 성령님의 첫 번째 목표는 우리 혼이 형통하는 것이다. 그분의 임재는 우리의 내면 세계에 큰 영향을 끼치게 되어 있다. 우리는 내면이 건강하지 않은 상태에서 많은 돈을 소유하는 것은 악몽같이 끔찍한 상황이라는 것을 안다. "모든 것을 가진"것처럼 보였는데 마약 중독이나 자살로 생을 마감한 사람들의 비극적인 기사가 넘쳐난다. 그러므로 나는 세상 문화가 규정하는 형통에 대해 말하는 것이 아니다. 우리 삶의 모든 영역에 영향을 미치게 되어 있는 성경적인 형통의 원리가 있다.

> 사랑하는 자여 네 영혼이 잘됨같이 네가 범사에 잘되고 강건하기를 내가 간구하노라 (요삼 1:2)

성령님의 감동으로 드려진 이 기도는 하나님의 뜻을 보여준다. 삶의 모든 영역에서의 형통함이 육체의 건강으로까지 흘러넘치는 것이다. 이러한 형통을 위해 우리가 기도해야 한다는 사실은 그것이 반드시 자동적으로 이루어지는 것은 아님을 보여준다. 우리를 향한 주님의 이러한 소망을 기도 중에 깨닫고 성령님과의 관계를 통해 삶으로 살아내야 한다. 성령님이 예수 그리스도의 주 되심(the Lordship)을 보이시는 곳마다 그 결과로 자유가 임한다. 이러한 자유는 먼저 우리의 속사람의 경험으로 시작된다. 그러면 죄, 후회, 원망, 수치, 죄책감, 불안, 비교의식 등 부정적인 요소들이 더 이상 우리 안에서 목소리를 내거나 영향력을 갖지 못하게 된다. 우리의 내적 건강은 평강의 요새가 된다.

어떤 사람의 감정, 정신세계가 건강하면, 육신적 건강부터 창조성(자유로운 사고), 현명한 결정 그리고 재정적 건전함에 이르기까지 삶의 다른 모든 영역들도 영향을 받게 된다. 이런 이유로 요한 3서의 이 기도는 우리 혼(soul)이 잘되면 우리 삶의 모든 영역이 형통하고 풍요로워질 수 있다고 동의한다. 벧엘교회에는 속사람의 치유에 집중하는 사역팀들이 많다. 이들은 내면의 치유 뒤에 육신의 치유가 따른다는 사실을 간증한다.

시편 1편 3절에는 "그가 하는 모든 일이 다 형통하리로다", 요한 3서 1장 2절에는 "네가 범사에 잘되고 강건하기를 내가 간구하노라"고 기록되어 있다. 두 구절 모두 성령님이 한 사람의 삶에 큰 영향을 끼치실 때 나타나는 결과들을 보여준다. 형통이라는 주제가 성경적인 진리임에도 불구하고 이에 대해 부정적으로 반응하려는 경향이 있는 사람들이 많다. 물론 그들의 논리는 일부 사람들의 남용에 대한 반응이니 이해가 된다. 하지만 잘못된 것에 대한 반응이 또 다른 잘못을 낳게 되는 경우가 있다. 형통은 성령님이 한 사람의 삶에 영향을 끼치신 결과일 수 있다. 그분이 복을 주시는 목적을 발견하고 그에 맞게 사용하는 것이 바로 우리의 책무이다. 이러한 개념은 구약과 신약 모두에 나타난다.

우리에게서 흘러나오는 강

이 강물이 이르는 곳마다 번성하는 모든 생물이 살고… 이 강이 이르는 각처에 모든 것이 살 것이며… 강 좌우 가에는 각종 먹을 과실나무가 자라서 그 잎이 시들지 아니하며 열매가 끊이지 아니하고 달마다 새 열매를 맺으리니 그 물이 성소를 통하여 나옴이라 그 열매는 먹을 만하고 그 잎사귀는 약 재료가 되리라 (겔 47:9, 12)

이 구절은 열방을 포함하여 흐르는 곳마다 생명을 가져다주는 강의 영향력에 대해 말하고 있다(계 22:2). 이것이 바로 진정한 형통함이다. 많은 이들이 이 강은 성령님을 의미하는 것이 아니라고 하는 경우도 있다. 그런데, 선지자 에스겔이 묘사한 이 장면은 우리에게서 흘러나오는 하나님의 강을 보여 주시려는 그분의 뜻이 아닐까? 분명 이 본문에 언급된 강보다 우리를 통해 흐르는 성령님이 더 능력이 있다는 사실에 동의할 것이다.

내주하시는 성령님은 우리에게서 흘러나오는 강이 되어 손대시는 모든 것에 생명을 불어넣으신다. 아마도 예수님께 손을 뻗어 그분을 만진 혈루증 여인도 이것을 경험했을 것이다(눅 8:43-48). 그분으로부터 생명이 흘러나왔고, 임재가 흘러나왔고, 치유가 흘러나왔다.

그분의 제자들에게서도 동일한 생명이 흘러나올 수 있을까? 그랬을 것이다. 그보다 못한 것을 기대하는 것은 십자가의 사역을 축소시키는 것이다. 예수님은 십자가 희생을 통해 우리에게 가르치시고, 본을 보이시고, 명하신 모든 것을 행할 자격을 주셨다. "그보다 큰 일도 하리니"라는 말씀이 여기에도 적용되는 것이다(요 14:12). 우리는 더 큰 일들을 위해 계획 준비되었다. 우리는 더 큰 일들을 위해 창조되었고, 더 큰 일들을 위해 구속 받았다.

내주하시는 성령님은 우리에게서 흘러나오는 강이 되어 손대시는 모든 것에 생명을 불어넣으신다.

예수님의 부활 생명

나는 예수님이 이 땅에서 사역하시는 동안 그분을 따르던 제자들이 아직 성령을 받지 못한 이유가 늘 궁금했다. 내주하시는 전능하신 하나님의 임재로 그들이 정말로 큰 수혜를 누렸을 것 같았다. 아마 그리 많은 문제를 일으키지도, 그리 많은 질문에 잘못된 대답을 하지도 않았을 것이다(물론 내 안에 성령님이 거하심에도 그런 일을 피하지는 못했다!). 하지만 요한복음 7장 본문은 어째서 그때는 성령님이 그들에게 임하지 않으셨는지 명확히 설명하고 있다. 예수님이 아직 영광을 받지 않으셨기 때문이다.

우리는 예수님이 죽으시고 부활하신 후 승천하셔서 아버지 우편에 앉으심으로써 영원토록 영광 받으셨음을 알고 있다. 성령님이 오셔서 모든 믿는 자들 안에 거하게 하시려면 왜 이 모든 과정이 필요했을까? 이것을 이해하려면, 우리 삶에서 성령님의 주된 역할을 기억해야 한다. 바로 예수님을 닮게 하시려는 것이다. 성령님은 우리의 죄를 깨닫게 하시고 우리를 인도하시며 가르치시고 공급하시며 능력을 주시고 보호하시며 위로하신다… 그 외에도 셀 수 없이 많다.

하지만 그분이 하시는 일은 전부 우리를 하나님의 아들의 형상, 곧 예수 그리스도의 형상으로 변화시키시는 것이다. 그분은 우리 안에서 우리를 통해 역사하셔서 우리가 그리스도 안에 있는 위치에 걸맞게 행동하게 하신다. 이것이 바로 그분의 주된 사명이다. 그런데 왜 이러한 이해가 예수님이 영광 받으신 후에 비로소 성령님이 임하신 것에 대한 논의에 중요한 것일까?

미술작가가 조각을 하거나 그림을 그리는 모습을 상상해 보자. 그들은 종종 어떤 모델을 놓고, 그 모습 그대로 점토나 돌로 형상을 만들거나 캔버스에 재현한다. 만약 성령님이 예수님이 영광을 받으시기 전에 임하셨다면, 위대한 작가께서는 부활하시고 승리하셔서 영원히 영광 받으신 그리스도 대신 십자가로 향하시는 예수님의 형상으로 우리를 빚으셨을 것이다! 성령님은 영광 받으신 하나님의 아들의 형상으로 우리를 빚고 계신다. 어쩌면 이것이 "너희 안에 계신 그리스도시니 곧 영광의 소망이니라"는 말씀의 의미 중 일부일 수도 있다(골 1:27). 사도 요한은 3년 반 동안 인간의 모습으로 계신 예수님을 보았고, 계시록에 기록된 것처럼 밧모 섬에서 환상 중에 영광스럽게 부활하신 예수님의 모습도 보았다.

> 몸을 돌이켜 나에게 말한 음성을 알아보려고 돌이킬 때에… 인자 같은 이가 발에 끌리는 옷을 입고 가슴에 금띠를 띠고 그의 머리와 털의 희기가 흰 양털 같고 눈 같으며 그의 눈은 불꽃 같고 그의 발은 풀무불에 단련한 빛난 주석 같고 그의 음성은 많은 물소리와 같으며 그의 오른손에 일곱 별이 있고 그의 입에서 좌우에 날선 검이 나오고 그 얼굴은 해가 힘 있게 비치는 것 같더라 (계 1:12-16)

요한이 "주께서 그러하심과 같이 우리도 이 세상에서 그러하니라"(요일 4:17)고 기록한 사실을 바탕으로 위의 말씀은 좀 더 명확하고 선명하게 우리의 모델을 제시한다. 우리는 예수님이 "그러하심"과 같은 자들이라는 사실을 기억하라. 우리 회심의 핵심과 본질인 예수님의 부활 생명이 우리의 삶을 통해 드러나야 한다. 성령님은 부활의 영이시며, 흐르는 강처럼 자신을 내어드린 믿는 자들의 삶을 통해 흘러가신다. 바로 이것이 바로 그리스도인의 삶이다.

아름다움의 정수

만일 성령님이 뜻대로 하신다면 교회는 과연 어떤 모습일까? 예수님과 같이 단순하고 순전한 모습일 것이다. 이러한 이유로 우리가 "그리스도의 몸"이라 불리는 것이다(고전 12:27). 예수님은 주님의 백성들 안에 거하시는 성령님과 완전히 연합을 이루시며, 형언할 수 없이 기뻐하시며 생명으로 넘치도록 충만하시고 아버지의 놀라운 기사에 즐거워하신다. 아버지께 기쁨을 드리는 방식으로 능숙하게 모든 것을 다스리신다. 그분은 완벽하게 아름답고 놀라우며 위엄 있는 분이시다. 보좌 주변에서는 "거룩하다, 거룩하다, 거룩하다"(사 6:3; 계 4:8)라고 지속적으로 울려 퍼지고 있다! 거룩함은 분명히 그분의 인격과 존재의 주된 부분이다. 그분의 존귀, 아름다움, 사랑, 거룩 등 그분에 대해 선포할 수 있는 모든 표현 가운데 영원토록 선포되는 것이 바로 그분의 거룩이다.

성경은 "거룩함의 아름다움"에 대해 말씀한다(시 29:2, 한글킹제임스). 우리 대부분은 종교적인 의미의 거룩함에 노출되어 좌절감을 느껴 왔다. 하지만 자기의(自己義)나 규율에 대한 집착에 가까운 모습이다. 그로 인해 거룩은 제한적이고 경직된 것으로 여겨지게 되었다. 하지만 참된 거룩은 자유의 본질이다. 우리는 자기 계획과 뜻대로 살아갈 때 자유롭다고 생각하겠지만, 사실 거룩한 삶을 살아갈 때 가장 자유롭다. 이러한 삶이 "아름답다"고 여겨진다.

거룩의 완벽한 정의는 "아름다움의 정수"이다. 거룩하지 않은 것이 아름다운 것처럼 포장되는 것은 참으로 안타까운 일이다. 우리의 원수는 사람들이 가짜에 속아 넘어가는 것에 틀림없이 기뻐할 것이다. 마귀가 주는 것에는 언제나 큰 대가가 따른다. 지금은 쾌락을 얻을 수 있지만, 전혀 예상치 못한 때에 그 대가를 치러야 한다. 원수의 일과 방식에 협조함으로써 영원히 그의 빚에 갇히게 되는 것이다. 거룩은 그 반대이다. 하나님의 성품과 인격에 근거한 영원한 자유이다.

히브리서 기자가 "모든 사람과 더불어 화평함과 거룩함을 따르라 이것이 없이는 아무도 주를 보지 못하리라"(히 12:14)고 선언한 것이 흥미롭지 않은가? 이것이 우리 자신으로부터 나오는 거룩함을 요구하는 것이라면, 우리는 모두 멸망할 것이다. 하지만 성령님을 통해 예수님께 순복하게 되면 그분이 우리의 삶에 영향력을 끼치셔서 그분의 본성이 우리 안에서 우리를 통해 나타내실 수 있게 된다. 그분 자체가 성령, 곧 "거룩한" 영이시다. 그분의 영향력에 순종하는 것이 바로 우리 삶을 통해 흐르는 하나님의 거룩함을 경험하고 살아갈 수 있는 유일한 방법이다.

예수님을 통해 흐르는 강

예수님은 이 땅에서 사역하시는 동안에도 자신의 부활 후에 믿는 자들의 일상이 될 승리의 삶의 본을 보이셨다. 이사야 53장에 언급된 바와 같이 그분이 채찍에 맞으심으로 십자가에서 치유의 대가를 치르시기도 전에 이미 병자들을 치유하셨다.

> 그는 실로 우리의 질고를 지고 우리의 슬픔을 당하였거늘 우리는 생각하기를 그는 징벌을 받아 하나님께 맞으며 고난을 당한다 하였노라 그가 찔림은 우리의 허물 때문이요 그가 상함은 우리의 죄악 때문이라 그가 징계를 받으므로 우리는 평화를 누리고 그가 채찍에 맞으므로 우리는 나음을 받았도다 (사 53:4-5)

흥미롭게도, "질고"와 "슬픔"으로 번역된 히브리어의 문자적 의미는 각각 "질병"과 "고통"이다.[1] 실제로 예수님은 마태복음 8장 17절에서 이 구절을 인용하시면서 "연약함"과 "병"이라는 단어를 사용하셨다.[2] 선지자 이사야는 우리가 값없이 치유 받는 것을 가능하게 하는 일종의 거래가 있을 것이라고 선포했다. 그러나 예수님이 행하신 모든 치유와 기적들은 고난 받으시기 전에 일어났다는 점에 주목할 필요가 있다. 이것은 아내와 아이들을 데리고 마트에 가던 때를 떠올리게 한다. 쇼핑을 하는 동안 보통 아이들은 카트에 타고 있었다. 종종 아이스크림 코너로 먼저 가서 아이들에게 아이스크림을 쥐어 주고 쇼핑하는 동안 먹게 했는데, 그러면 아이들도 우리도 행복했다. 사실 그들은 아직 값을 지불하지 않은 것을 먹는 것이었

---

1) "Isaiah 53:4," *NASB Lexicon, Bible Hub*, https://biblehub.com/lexicon/isaiah/53-4.htm.
2) *NKJV Spirit-Filled Life Bible*, 1032.

다. 아이스크림 포장지를 카트에 넣고 다니다가 나가기 전에 그 값을 계산하곤 했다. 예수님이 하신 일도 이것과 비슷하다. 그분의 사역을 받은 사람은 모두 치유 받았고, 이 땅을 떠나시기 전에 그들의 치유를 위한 값을 치르셨다.

혈루증으로 고통 받던 여인의 이야기를 살펴보자. 그녀는 수년간 이 병을 앓고 있었지만, 어떤 의사도 그녀를 도와주지 못했다. 그때 그녀는 불가능한 일이 없다는 예수님에 대해 듣게 되었다. 이 질병 때문에 그녀는 사람들과 멀리 떨어져 있어야 했지만, 눈앞에 있는 기적을 붙잡기 위해 군중들의 시선과 조롱을 무릅쓰고 나아갔다. 모두가 예수님께 가까이 몰려들어 그분을 만지고 있었지만, 오직 그녀에게만 그분께 닿으면 받을 수 있는 것이 보였다. 그녀의 직관 때문에 그녀는 기적을 경험할 수 있게 되었다.

그녀가 기적적인 치유를 받자마자 예수님이 멈추시더니 누군가 자신을 만졌다고 말씀하셨다. 제자들을 포함한 무리들은 그분이 어째서 그런 말씀을 하시는지 이해할 수 없었다. 그 순간에도 무리가 예수님께 가까이 가기 위해 밀치고 있었기 때문이었다. 하지만 예수님은 자기에게서 능력이 흘러나갔음을 아셨다. 바로 성령의 강이다. 살아 계신 하나님의 영이 예수님으로부터 흘러나온 것이다. 그리하여 그 여인은 치유 받았다.

대부분은 우리에게서 흘러나가는 하나님의 임재를 인식하지 못한다. 하지만 예수님은 그것을 알아차리셨다. 그분이 내주하시는 성령님을 언제나 의식하며 살아가셨음을 보여 준다. 성령님을 의식하며 살아가는 감각을 키우는 것은 우리에게 주어진 가장 큰 특권이자 책임이다. 남에게 보여 주기 위한 것이 아니다. 능력 있는 사람으로 보이기 위해서도 아니다. 성령의 강이 우리를 통해 흘러가는 것이 정상적인 기독교인의 삶이기 때문이다.

당신 안에 계시는 성령님은 밖으로 나오기 원하신다! 그분은 우리 안에 계신 강이지, 호수가 아니다. 강은 흐르며 주변 지형을 변화시킨다. 그분이 우리에게서 흘러나가신다는 것은 우리를 떠나 더 이상 우리와 함께 계시지 않는다는 의미가 아니다. 그것은 불가능한 일이다. 왜냐하면 예수님이 결코 우리를 떠나지 않겠다고 약속하셨기 때문이다(요 14:16-18). 예수님은 영원하고 무한하신 분이다. 성경은 그분에 대해 "그분은 성령을 한량없이 받으셨다"고 말씀한다(요 3:34). 성령님이 내주하시는 은혜를 선물로 받은 우리 각 사람도 마찬가지이다.

성령님과 협력하면, 그분이 우리에게서 자유롭게 흘러나오셔서 우리가 가는 모든 공간과 주의를 기울이는 모든 상황에 영향을 끼치신다. 이것이 바로 성령으로 충만한 사람의 삶의 특징이며 사역의 삶이다. 사역은 결국 깨어진 상황들 가운데 하나님의 임재를 풀어내는 것이기 때문이다.

❖

> 성령님과 협력하면, 그분이 우리에게서 자유롭게 흘러나오셔서 우리가 가는 모든 공간과 주의를 기울이는 모든 상황에 영향을 끼치신다.

사도들을 통해 흐른 강

예수님을 통해 흐르던 강은 그분을 따르는 자들을 통해서도 흐르게 되어 있다. 사도들이 된 제자들은 이러한 놀라운 기적을 처음으로 체험한 자들이었다. 자신이 지니고 있던 능력에 대한 베드로의 확신은 정말 놀랍다. 태어날 때부터 앉은뱅이였던 남자에게 말할 때, 그는 자기 안에 있던 하나님의 기적의 능력이 흘러갈 것을 알고 있었다.

> 베드로가 이르되 은과 금은 내게 없거니와 내게 있는 이것을 네게 주노니 나사렛 예수 그리스도의 이름으로 일어나 걸으라 하고 오른손을 잡아 일으키니 발과 발목이 곧 힘을 얻고 뛰어 서서 걸으며 그들과 함께 성전으로 들어가면서 걷기도 하고 뛰기도 하며 하나님을 찬송하니 (행 3:6-8)

그의 선포와 명령에 하나님의 임재, 즉 기적이 풀어졌음을 주목하라. 베드로는 "나사렛 예수 그리스도의 이름으로 일어나 걸으라"고 말했다. 그 음성에 의해 기적이 활성화되었다.

제자들은 예수님과 함께하는 여정 초기부터 이러한 사고방식을 훈련 받았다. 예수님이 모든 사역의 본이었다.

가면서 전파하여 말하되 천국이 가까이 왔다 하고 병든 자를 고치며 죽은 자를 살리며 나병환자를 깨끗하게 하며 귀신을 쫓아내되 너희가 거저 받았으니 거저 주라 (마 10:7-8)

"너희가 거저 받았으니 거저 주라." 당신은 무엇을 받았는가? 그분, 즉 성령님을 받았다.

상황에 하나님의 임재를 풀어내는 4가지 방법

아마도 어떠한 상황 속에 하나님의 임재를 풀어내는 방법은 수도 없이 많을 것이다. 나는 그중 4가지 주요 방법을 알고 있다. 하지만 우리는 결코 하나님을 통제하거나 지시할 수 있는 위치에 있을 수 없다. 기억하라. 하나님이 나를 위해 일하시는 것이 아니라 내가 하나님을 위해 일하는 것이다. 그리고 우리의 삶이나 타인의 삶 가운데 역사하시는 하나님의 방법을 절대로 제한하지 않고 성령님의 인도하심에 언제나 열려 있어야 한다.

1. 선포된 말씀

하나님의 임재는 그분이 하시는 말씀을 우리가 말할 때마다 상황 속에 풀어진다. 그렇게 예수님이 경험하셨고 우리에게 보여 주신 본이었고, 또한 우리의 경험과 본이 되어야 한다. 예수님은 "내가 너희에게 이른 말은 영이요 생명이라"고 말씀하셨다(요 6:63). 또한 시편 107편 20절은 다음과 같이 말씀한다. "그가 그의 말씀을 보내어 그들을 고치시고" 선포에 의해 치유자께서 상황 속에 임하신다. 신약의 백부장과 그의 종 이야기에서도 이 일이 일어났다. 이 군인의 권위에 대한 통찰력은 특히 그가 로마인인 것을 감안할 때 정말 놀라웠다. 그의 이러한 이해와 사고방식은 큰 믿음의 배경이 되었고, 예수님은 이에 대한 응답으로 그의 종이 치유되었다고 말씀하셨다. 백부장은 집에 돌아가서 그의 종이 예수님이 말씀하신 그 순간에 치유되었음을 알게 되었다(마 8:5-13).

어쩌면 당신도 두려움과 불확실함 가운데 가족이나 친구들과 함께 한 공간에 모여 있는 절박한 상황에 누군가가 들어와서 격려의 한마디를 했는데, 그로 인해 그곳 분위기가 완전히 바뀌는 것을 경험한 적이 있을지도 모르겠다. 이런 일은 단순히 그 사람이 좋은 생각을 나누었다고 일어나지 않는다. 생각은 분위기를 바꾸지 못하지만, 임재는 가능하다. 그 사람이 말을 할 때, 성령님의 임재가 그 공간에 풀어졌고, 그 상황에 대한 당신의 시각도 변화되었다. 임재가 흐르는 사람의 격려하는 말 한마디가 때로 깨어진 상황에 하나님의 임재를 가져온다. 하나님의 마음과 뜻에 나의 음성을 내어드리는 법을 배우는 것이, 하나님이 주신 이 책임을 충실하게 감당하는 법을 발견하는 유일하고도 안전한 길이다.

2. 접촉

성경은 다양한 영적 필요에 따라 안수하는 것에 대해 가르친다. 이것은 때때로 하나님이 누군가에게 사역을 위임하실 때 사용하시는 방법이다. 예를 들어 모세는 여호수아에게 자신이 가진 권위 일부를 위임해주었다(민 27:17-22). 민수기 27장 20절에 "권위(새번역, 개역개정은 '존귀')"로 번역된 히브리어 단어의 문자적 의미는 "위엄"이다.[3] 이것은 "왕권의 영광을 가진 모든 물건이나 사람"을 의미한다. 모세는 하나님이 그에게 주신 위엄 일부를 여호수아에게 주어 자신의 후임자로서 하나님의 백성들을 초자연적인 방식으로 이끌 수 있게 하였다.

신약에서 사도 바울과 다른 지도자들은 "안수"로 디모데를 사역자로 임명했다(딤전 4:14). 그가 책임지고 보존해야 할 은사들도 주어졌다. 그 은사들을 활성화하고 계속해서 발전시키는 것이 주님이 디모데에게 주신 임무였다. "이 모든 일에 전심전력하여 너의 성숙함을 모든 사람에게 나타나게 하라"(딤전 4:15)와 같은 바울의 권면은 교회 지도자들의 사역을 통해 받은 것을 잘 관리하는 것이 디모데의 책무였음을 보여 준다.

또한 안수는 치유를 전달할 수 있는 실제적인 방법이다. 예수님은 자신을 믿는 자들에 대해 "병든 사람에게 손을 얹은즉 나으리라"(막 16:18)고 말씀하셨다. 예수님의 이름으로 누군가에게 손을 얹

---

3) *NKJV Spirit-Filled Life Bible*, 606.

는 것은 상징적인 행위에 불과한 것이 아니다. 손을 얹음으로써 실제로 나눠 주어야 하는 것, 곧 성령님의 임재를 나눠주게 된다.

치유를 구하는 사람에게 예수님이 안수하신 것이 아니라, 오히려 그 사람이 직접 그분을 만진 성경의 예도 있다. 혈루증으로 고통받던 여인뿐만 아니라 예수님의 옷자락을 만진 다른 사람들에게도 일어났다(마 14:34-36; 막 6:56). 또한 사도 바울이 걸쳤던 것을 만진 사람들도 치유나 축사를 받았다(행 19:11-12). 예수님이나 바울의 옷을 만진다는 것은 단순한 상징적 행위를 훨씬 넘어서는 것이었다. 성령님은 마치 강물에 흠뻑 젖은 것처럼 천이나 직물에 깊이 스며드시는 경우가 있다. 한 사람의 삶에 임한 기적의 기름부음은 믿음의 행위로 성령의 기름부으심이 흥건한 옷을 만지기만 해도 받을 수 있는 것이다. 흥건한 기름부음을 가진 사람이 입었던 옷을 만지는 것만으로도 그 안에 머문 성령님의 임재를 어느 정도 경험할 수 있다.

이러한 현상이 나타난 가장 극적인 예는 아마도 사도들이 안수하자 사람들이 성령세례를 받은 경우일 것이다(행 8:14-17) 성령의 권능으로 그들의 삶을 영원히 변화시킨 하나님과의 만남이 한 번의 안수로 임한 것이다. 생각해 보라. 하나님의 권능과 임재가 인간의 순종의 손길을 통해 풀어진 것이다. 이것은 어떤 개인이 아니라 하나님의 위대함을 증거하는 것이다. 결국 이 모든 것이 하나님의 은혜로 임한다.

3. 예언적 행위

성경 곳곳에 예언적 행위가 나타나지만, 그것을 간과하거나 중요하지 않게 여기는 경우가 많다. "예언적 행위"라는 말이 성경에 나오는 용어는 아니다. 단지 하나님이 어떠한 행위를 통해 역사하시는 경우를 지칭하는 서술적 표현에 불과하다. 자연계에서 이루어지는 행위를 통해 영적 차원에 무언가를 풀어놓는 것으로, 의도하는 결과와 논리적으로 아무런 연관이 없는 경우가 거의 대부분이다.

엘리사와 선지자의 제자들이 관련된 열왕기하의 사건 속에서 예언적 행위의 예를 찾아볼 수 있다. 엘리사는 선지자들과 함께 그들 모두가 함께 거할 거처를 짓기 위해 나무를 베러 갔다. 그런데 그들 중 한 명이 사용하던 도끼의 머리 부분이 날아가 요단강물 어딘가에 빠져 잃어버린 것이다. 그 도끼는 빌려온 것이었기에 그 사람은 크게 괴로워했다. 그는 도끼 머리를 되찾고 싶어서 엘리사에게 호소했다. 엘리사는 도끼 머리가 어디에 빠졌는지 물은 다음, 나뭇가지를 꺾어 그곳에 던졌다. 그러자 잃어버렸던 도끼날이 수면 위로 떠올라 그것을 되찾을 수 있었다.

예수님이 재림하실 때까지 물속에 나뭇가지를 던진다 해도 가라앉은 도끼 머리가 수면으로 떠오르지 않을 것이다. 나뭇가지를 물에 던져서 쇠 덩이가 뜬 것이 아니다. 엘리사가 성령님의 인도에 따라 예언적인 행위를 함으로써 기적이 일어난 것이다(왕하 6:1-7).

예언적 행위의 또 다른 예는 이스라엘 백성이 광야에서 자신들을 공격하던 아말렉 사람들과 싸울 때 일어난 사건이다. 모세가 손을 하늘로 들어 올리고 있는 동안에는 여호수아와 그의 군대가 전투에서 승리했다. 하지만 모세가 손을 내리자 그들은 패배하기 시작했다(출 17:8-13). 군대의 승리와 지도자의 들어 올린 손 사이에는 논리적 연관성이 없다. 이상하거나 비합리적인 행동을 하고 그것이 하나님께로부터 온 것이라고 주장한다고 해서, 하나님이 어떻게든 우리를 위해 역사해 주실 것이라고 믿는 것은 잘못된 기대이다. 우리에게 요구되는 핵심은 순종이다. 먼저 하나님이 우리에게 뭐라고 명령하시는지 들은 다음에 그대로 따라야 한다.

4. 믿음의 행위

믿음의 행위는 하나님에 대한 우리의 믿음과 신뢰를 보여주는 행위이다. 예언적 행위와는 달리 이것은 우리가 원하는 결과와 직접적으로 연결되어 있다. 캘리포니아 위버빌에서 목회를 할 때, 한번은 우리가 주일마다 모여 예배드리던 마을 극장에 어떤 남자가 찾아왔다. 그는 자기 집 데크에서 떨어져 발목에 심한 상처를 입은 상태였다. 그는 기어서 집 안으로 들어가 아내에게 병원으로 데려가 달라고 말했다. 다리에 극심한 통증이 느껴져서 발을 딛을 수 없었기 때문이다. 극장은 병원으로 가는 길에 있었고, 그 사람은 그날 아침 우리가 그곳에서 예배드리고 있음을 알고 있었기에 혹시 하나님이 자신을 치유해 주실까 하여 아내에게 거기에 들러달라고 요청했다.

마침 예배가 끝나서 나는 집으로 가려는 사람들과 극장 앞에서 이야기를 나누고 있었다. 그의 아내는 내가 서 있던 인도 쪽으로 차를 몰고 왔다. 차에서 내린 그는 한쪽 다리로 몸을 지탱한 채 조수석 차 문을 붙잡고 상황을 설명했다. 나는 그를 위해 두 번이나 기도했지만 아무런 변화도 보이지 않았다. 그때 한 번 더 기도해 주면서 그에게 천천히 발목에 무게를 실어 보게 해야겠다는 감동을 받았다. 나의 믿음을 증명하기 위해 누군가에게 더 큰 부상을 입힌다는 것은 생각만으로도 끔찍하다. 하지만 그가 최대한 조심스럽게 발을 디뎌 자기 상태를 점검할 수 있을 것이기에, 그의 동의를 얻어 다시 기도하며 다친 발에 천천히 무게를 실어보게 했다. 결국 그는 아무런 통증 없이 설 수 있게 되었다. 이 이야기를 통해 우리가 원하는 결과와 믿음의 행위가 서로 연결되어 있음을 알 수 있다. 그는 치유 받아 통증 없이 걷기를 원했다. 그가 자기 발에 천천히 무게를 실어 본 것은 믿음의 행위였고, 그로 인해 기적이 일어났다.

나는 오랫동안 이와 같은 장면을 수도 없이 목격했다. 꼬리뼈가 부러진 사람들이 힘차게 의자에 앉고, 뒤꿈치에 비정상적으로 자란 뼈 때문에 발을 땅에 디딜 수 없었던 이들이 발을 구르며, 걷지 못하던 이들이 달리기 시작하다 통증이 없어졌다. 이러한 행위들을 통해 기적이 일어난다. 예수님은 "일어나 네 자리를 들고 걸어가라"(요 5:8) "실로암 못에 가서 씻으라"(요 9:7)와 같이 말씀하심으로 믿음의 행위를 격려하셨다. 믿음의 행위는 하나님의 손길을 아름답게 풀어놓는다.

사람들이 자신의 믿음의 행위가 기적을 가져온다고 생각할 때마다 반드시 경각심을 갖게 해야 한다. 이런 사고방식을 가진 사람들은 자기 믿음을 증명하려고 어리석은 일을 저지르는 경우가 많으며, 그것은 보통 큰 문제들을 야기한다. 나는 단지 성경적 원리라서가 아니라 오직 하나님의 임재에서 비롯된 지시임을 감지했을 때에만 누군가에게 위험을 감수하라고 제안할 것이다.

이것이 잘못된 말처럼 들릴 수도 있겠지만, 엘리야 시대의 한 과부가 마지막 남은 음식을 요리하여 선지자에게 주라는 지시를 받았던 것을 생각해 보자. 그녀의 순종으로 하늘의 문이 열렸고, 그러한 믿음의 행위로 인해 풍성함의 축복을 누리며 살아가게 되었다(왕상 17:8-16). 하지만 성경에 그러한 원리가 있다고 해서 하나님의 백성들에게 그들의 은행 계좌를 털어 사역에 바치라는 등의 행동을 요구하는 것은 옳지 않은 일이다. 물론 성경에 나오는 내용이지만, 나는 어떤 원리에 기반하여 다른 사람을 위험에 빠뜨리는 일은 결코 하지 않을 것이다. 이러한 지침은 반드시 하나님의 임재와 성령님으로부터 와야 하며, 그때 우리는 반드시 순종해야 한다.

이러한 맥락에서 믿음의 행위와 순종은 반드시 함께 가야 한다. 그렇게 할 때 기적이 풀어진다.

이 네 가지 행위들은 각각 하나님의 능력과 임재를 상황 속에 풀어놓는다. 그분이 나타나시면, 기적을 행하시며, 그분의 역사는 언제나 구속적이다.

성령님의 흐름

나는 하나님을 섬기는 놀라운 사람들이 성령님의 흐름에 대해 말하는 것을 자주 듣는다. 이것은 그들 안에 흐르는 강에 대한 경험을 설명하는 매우 효과적인 방법이다. 그분을 인식하고 그분과 협력하는 법을 배우는 것은 우리 삶의 놀라운 특권들 중 하나이다. 마치 우리에게 주도권이 있는 것처럼 그분의 역사하심을 통제하거나 명령할 수 있다고 생각하면, 우리는 오류에 빠져 잘못을 저지르게 된다. 성령님은 우리의 통제를 받지 않으신다. 하지만 이 책에서 반복해서 강조했듯이 우리를 통해 기사와 이적을 일으키시려는 하나님의 소원을 외면하는 것 또한 마찬가지로 심각한 잘못이다. 그분이 우리에게 주신 자격을 스스로 박탈하는 것은 궁극적으로 자기중심성과 교만을 보여 주는 것이다.

영적 돌파는 그분의 음성을 순종하는 자들을 통해 이루어진다. 그분의 음성을 잘 듣고 순종하는 자들은 보통 이러한 돌파가 애초에 그분의 소원임을 믿고 그 일이 이루어지도록 그분의 얼굴을 구하는 자들이다. 이들은 하나님의 뜻이 하늘에서와 같이 땅에서도 이루어지는 모습을 보기 위해 어떤 위험이라도 감수하는 자들이다. 달리 말하자면, 단순히 하나님의 명령을 듣고 순종하려는 의지만으로는 충분하지 않을 때가 많다. 그것은 이미 성경을 통해 하나님의 뜻이라고 계시된 일에 대해 그분이 알아서 전적으로 행하시도록 모든 책임을 떠넘기는 것이다.

경험상 그분의 명령을 들을 수 있는 것은 더 높은 차원의 돌파를 위해 그분의 얼굴을 구한 결과로 받게 되는 경우가 많다. 특정한 상황을 놓고 하나님을 찾는 것도 옳은 일이지만, 그것보다 훨씬 더 깊은 차원의 영적 추구인 경우가 많다. 그분이 누구시며 어떤 분이시고 그분의 얼굴을 구하는 자들의 삶을 통해 무엇을 이루려 하시는지 더 많이 드러내고자 그분을 구할 때 돌파가 임하는 경우가 많다.

사도행전 3장에 있는 베드로와 태어날 때부터 걷지 못하던 남자의 일화는 주목할 만한 가치가 있다. 기도하러 성전으로 가던 베드로와 요한은 그 남자가 구걸하는 모습을 보게 되었다. 베드로는 그 사람에게 자신을 보라고 말하며 그를 향해 시선을 고정시켰다.

> 베드로가 이르되 은과 금은 내게 없거니와 내게 있는 이것을 네게 주노니 나사렛 예수 그리스도의 이름으로 일어나 걸으라 하고 (행 3:6)

이것은 성령님의 능력으로 사역하셨던 예수님의 삶에서도 발견되는 원리이다. 베드로에게는 그 남자가 구하는 것이 없었다. 그러나 그 사람이 진정으로 필요로 하는 것, 가능하다는 것을 알았다면 반드시 구했을 것이 있었다. 그것은 바로 치유였다. 베드로가 자기에게 있는 성령님의 임재를 풀어내자, 그 삶이 걷게 되었다. 베드로는 "일어나 걸으라"고 선포함으로써 필요한 임재를 풀어놓았다.

그러면 어떻게 해야 성령님이 우리를 통해 흘러가실 수 있을까? 최선을 다해 믿음으로 행하되, 긍휼의 마음으로 행하라. 이것이 삶의 방식이 되면, 당신을 통해 성령님이 다른 이들에게 흘러가는 모습을 점점 더 많이 보게 될 것이다.

성령님에 대한 인식을 갖고 살아가는 것만으로도 이미 싸움의 절반은 이긴 것이나 다름없다. 믿음과 긍휼은 성령님으로부터 비롯된다. 따라서 그분을 인식하며 살아가면 우리가 갈망하는 승리를 얻을 수 있게 된다.

Chapter 12

성령님과의 관계

이번 장은 지금까지 내가 쓴 글 중 가장 부담스럽고 두려운 내용이다. 정확한 이유는 모르겠지만, 이 책의 마지막 부분을 시작하자마자 눈물이 날 것 같다. 여기서 일생일대의 모험에 대해 묘사할 것인데, 당신 또한 성령님과 더 깊고 온전한 관계를 경험하기를 기도한다.

두렵고도 놀라우신 분

성령님은 누구시며 어떤 분이실까? 그분은 모든 면에서 두렵고도 놀라우신 분이다.

시편 51편 11절의 "주의 성령을 내게서 거두지 마소서"라는 다윗의 열정적으로 부르짖음을 이해할 수 있다. 성령님이 우리의 삶에서 떠나시는 것보다 더 두렵고 끔찍한 상황은 없을 것이다. 이 익숙하지 않은 생각을 한 계기는 어쩌면 치유 부흥사 캐서린 쿨먼(Kathryn Kuhlman)의 영상을 본 영향이었을지도 모른다. 그녀는 눈물을 흘리며 성령님에 대한 절대적인 의존을 표현했고, 그분께 자신을 완전히 내어드린 날에 대하여 간증했다. 그녀는 성령님께 자신의 모든 것을 드린 그 순간, 그 장소로 우리를 데려갈 수 있을 정도로 그때의 기억이 생생하다고 말했다. 그 당시에는 몰랐지만, 그 말은 나에게 매우 깊은 인상을 남겼다. 성령님은 모든 것 가운데 가장 온화한 분이지만, 피조물이 아니시다. 그분은 모든 생명을 모아 하나님의 아름다우심과 성품을 드러내는 의미 있고 영광스러운 실례(實例)로 만들어 가시는 인격적인 분이다. 그분은 우리와 함께하시는 하나님이다.

일단 그분이 진정 어디에나 계신다는 사실을 깨달으면, 그토록 확실한 분을 우리가 얼마나 인식하지 못하고 살아왔는지 새삼 부끄러워질 것이다. 특히 그분의 손길이 우리 주변에 가득하여 하나님의 선하심과 아름다우심 그리고 놀라우심을 끊임없이 증언하고 있음을 알게 되면 더욱 그러할 것이다. 무엇이든지 원하는 대로 구하면 받으리라고 하신 요한복음 15장 7절 말씀의 응답은 우리가 그분과 그분의 음성을 인식하며 살아갈 때 누리는 결과이다.

값을 매길 수 없는 도전

어떤 억만장자가 당신에게 찾아와서 도전한다고 상상해 보자. 그는 가장 희귀한 다이아몬드가 세팅된 반지를 소유하고 있는데, 그 가치가 5천만 달러에 달한다. 억만장자의 제안은 다음과 같다: 그 반지를 6개월 동안 끼고 있되, 샤워할 때는 물론 절대로 빼면 안 된다. 만일 그 반지를 잘 착용하고 관리하는 데 성공하면, 그것을 가질 수 있다. 그러나 어떤 이유로든 그 반지를 잃어버리면, 그 사람에게 5천만 달러를 갚아야 한다. 즉 당신은 모든 것을 잃게 된다. 당신은 이 도전을 받아들이겠는가? 우리 중 대부분은 의심의 여지없이 받아들일 것이다.

만일 당신이 이 도전을 받아들이겠다면, 이제 묻겠다. 외식을 하러 나갈 때, 당신은 그 반지를 의식할까? 샤워할 때, 손가락에 무엇이 있는지 의식할까? 교회에 가서는 어떠한가? 사람들이 그 반지에 대해 묻지 않도록 손을 주머니에 넣고 있지 않을까? 아침에 일어날 때나 수영장에서 나올 때는 어떨까? 반지를 의식할까? 대부분의 사람들은 "그렇다"고 대답할 것이다.

나 역시 엄청나게 비싼 그 반지를 항상 의식하게 될 것이다. 그것에 대해 잊어버리거나 무시할 수 없을 것이다. 그리고 90일이나 심지어 6개월 후에도 그러한 태도가 사라지지 않을 것이다. 5년 동안 착용하고 있으면, 익숙해진 나머지 무심해질지도 모르겠다. 하지

Chapter 12
성령님과의 관계

만 고작 6개월 만에는 아니다. 그런데 우리 안에 세상 모든 부보다 더 가치 있고 더 영광스럽고 더 존재감 있으신 분이 살아계신다. 만약 우리가 그분을 의식하지 않고 살아간다면, 슬프게도 그것은 하나님과 깊이 연결될 수 있고 그분을 향한 우리의 사랑을 키울 수 있는 소중한 기회를 슬프게도 낭비하는 것이다.

보통 호흡에 문제가 있는 사람들만이 자신이 내쉬고 들이쉬는 모든 숨을 의식하며 살아간다. 숨 쉬는 것이 너무 힘들기 때문에 어쩔 수 없이 의식 되는 것이다. 하지만 건강한 폐를 가지고 정상적으로 숨 쉬는 사람들은 우리 모두에게 당연한 것으로 생각하게 된다. 우리의 호흡은 날마다 모든 순간, 심지어 잠을 자는 동안에도 계속된다. 우리는 하루 종일 밤새도록 숨을 쉬고 있다는 사실을 의식적으로 생각하지 않는다. 그렇지만 우리는 숨을 쉬고 있다.

마찬가지로 성령님의 임재도 변함이 없으시다. 그분은 결코 우리를 떠나지 않으신다. 하지만 우리가 그분의 손이 닿는 곳에 살아가면서도 그분을 의식하지 못하는 경우가 너무나도 많다. 나에게 있어 성령님과의 친밀한 관계를 유지시키는 힘은 그분을 향한 나의 애정이다. 그분과 그분의 가까이 계심에 대해 그리고 그분의 성품에 대해 생각할 때면, 나의 마음은 그분을 향해 불타오른다. 그분을 생각하면서 그분께 아무런 반응도 보이지 않는 것은 나에게는 불가능한 일이다. 그분이 가까이 계심을 느끼고도 아무런 감흥도 받지 않을 만큼 오랫동안 그분을 인식하지 못한 채 살아간다는 생각은 나를 두렵게 만든다.

로렌스 형제의 《하나님의 임재 연습》이라는 고전은 날마다 모든 순간 성령님의 임재를 의식하며 살아가는 그의 여정을 묘사하고 있다. 그는 이 영역의 완성에 이르지는 못했다고 스스로 말하며, 끊임없이 그것을 갈고닦았다. 결국 그는 설거지를 하면서도 그분을 의식함으로써 예배당에서 기도할 때만큼이나 깊이 하나님을 만나 교제할 수 있는 단계에 이르게 되었다.

무의식적으로 의식하기

전능하신 하나님의 임재가 단순히 우리와 함께 계실 뿐만 아니라 우리 안에 거하신다는 현실을 깨닫는 것은 우리의 의식을 근본적으로 변화시켜 우리 삶의 모든 측면을 바꿔놓는다.

나는 너무도 많은 것을 관리하는 청지기이다. 가족, 친구, 은사, 통찰, 기회, 은총 외에도 수많은 것을 하나님께 받았다. 이 모든 영역들을 경외심을 가지고 하나님의 영광을 위해 가꿔야 한다. 하지만 내 안에 계신 하나님의 임재를 관리하는 것보다 더 큰 사명은 없다. 하나님은 우리에게 그분 자신을 유업으로 주셨다. 그분은 지나치게 익숙해져버려서 경외감을 잃어버릴 수도 있는 5천만 달러짜리 반지 같은 분인 것이다. 나와 함께 계신 하나님을 명확하게 인식할 수 있게 해주는 것이 바로 경외심이다.

창세기 1장 5절에는 "저녁이 되고 아침이 되니 이는 첫째 날이니라"고 기록되어 있다. 이것은 하루가 사실 밤에 시작된다는 의미이다. 그리고 대부분의 사람들이 밤을 편안히 보내야 더 좋은 날을 보내게 된다.

나는 하루를 성경 읽기로 시작해서 성경 읽기로 마친다. 밤에 성경을 읽고 난 다음에는 누워서 사랑하는 마음으로 성령님을 바라본다. 이 시간에는 찬양을 부르거나 열방을 위해 중보하지 않는다. 잠들되, 하나님의 영에 안겨서 잠들고 싶다. 그분을 의식하며, 그분이 나의 영혼의 닻이 되어 드리도록 허용해 드린다. 성령님은 사랑이 많으신 분이기에 그분을 향한 내 마음의 사랑에 즉시 반응해 주신다. 그분의 친밀한 임재는 놀라워서 놓치거나 의식하지 않고 살아갈 수가 없다. 밤중에 잠에서 깨면, 그분에 대한 나의 인식을 다시 활성화시켜 성령님의 품에 안기려 한다. 이것은 실현 가능할 뿐만 아니라 다른 어떤 것보다도 탁월한 삶의 방식이다.

솔로몬은 "내가 잘지라도 마음은 깨었는데"라고 말했다(아 5:2). 우리의 영은 육체가 잠을 자고 있을 때에도 항상 깨어 있으며, 언제든지 하나님과 교제할 준비가 되어 있다. 이것은 믿는 자들에게는 자연스러운 일이다.

❖

전능하신 하나님의 임재가 단순히 우리와 함께 계실 뿐만 아니라 우리 안에 거하신다는 현실을 깨닫는 것은 우리의 의식을 근본적으로 변화시켜 우리 삶의 모든 측면들을 바꿔놓는다.

저자께 반응하기

성령님은 성경에 영감을 주신 분이다. 일부 영역본에 나타난 디모데후서 3장 16절의 표현처럼 "하나님이 숨결을 불어넣으신"(개역개정은 "하나님의 감동으로") 것이었다. 이것은 대단히 정확한 묘사이다. 성경을 읽을 때, 하나님의 생명이 그 안에서 흘러나오는 것을 느끼기 때문이다. 성경은 이 세상에서 유일하게 우리가 읽을 때마다 저자가 직접 나타나시는 책이다.

성령님과 함께 성경을 읽는 것은 성경을 읽는 유일하고도 당연한 방법이다. 물론 내가 읽는 모든 내용을 이해한다거나 그분이 나의 모든 질문에 즉시 응답해 주신다는 의미는 아니다. 하지만 성령님과의 친밀한 관계를 쌓는 여정은 그 자체로 기쁨이다. 그리고 이러한 관계는 내가 성경을 읽을 때에도 이어진다. 성경을 읽을 때 그분은 나에게 영감을 주시고 성경에 기록된 것을 이해할 수 있게 해주신다.

나 역시, 나는 마음이 불안할 때 그분의 음성을 잘 듣지 못한다. 성경을 읽을 때도 마찬가지이다. 그래서 나는 두려움에서 벗어나 평안하게 살아가는 법을 지속적으로 배우고 있으며, 이것이 교회 전체에 가장 필요한 가르침 중 하나라고 생각한다.

평강을 유지하기

지난 몇 년간 평강을 지키는 것이 내 인생의 그 어느 때보다도 힘겨운 일이었다. 우리는 그분의 임재의 평강을 의식해야만 그것을 지킬 수 있다. 그렇지 않으면, 상처, 원망, 후회 또는 그 외에 평강의 많은 적들 중 하나를 받아들여 비둘기(성령님)에게 머물 곳을 드리지 못하게 된다. 평강이 없음을 느끼면, 나는 어디에 내가 그것을 두고 왔는지 되짚어 본다. 평강은 그분이 나의 삶에 주신 영구적인 선물이다.

나는 하루를 돌아보며, 어떤 상황을 왜곡되거나 1차원적 시각으로 보다가 어디에서 평강을 놓쳐버렸는지 찾으려 한다. 어쩌면 전화 통화 중 실망해서 기분이 상한 것일 수도 있고 우편함에서 국세청의 고지서를 발견했을 수도 있다. 평강이 공황에 밀려난 것이다. 아니면 신뢰하던 친구가 나에 대한 거짓 소문을 퍼트리고 다닌다는 소식을 들었던 때 일수도 있다. 원망과 복수의 마음은 평강과 함께 거할 수 없다. 평온함을 잃어버린 순간이나 문제를 인식할 때마다 나는 회개한다. 회개가 가장 중요한 열쇠이다. 나는 나의 부주의로 평강을 놓친 것을 다른 사람의 탓으로 돌리지 않는다. 나에게 일어나는 일을 통제할 수는 없지만, 그것에 대한 반응은 통제할 수 있다. 그래서 나는 죄를 고백하고, 나의 삶에 하나님이 주신 평강의 선물을 회복한다. 이것은 노력으로 얻을 수 없는 선물이기에, 두고 온 곳으로 돌아가서 다시 찾아오는 것이다.

사랑하는 법 배우기

나의 삶을 되돌아보면, (마치 출애굽기 19장 6절과 베드로전서 2장 9절 말씀대로) 감사와 찬양을 드리는 제사장으로서 하나님을 섬기기로 헌신한 것이 하나님과 맺은 가장 중요한 언약들 중 하나였다. 이것은 제사장들에게 안뜰과 바깥뜰에서 어떻게 섬겨야 하는지 지시한 에스겔서 44장 15-31절 말씀에 대한 내 아버지의 가르침에 내가 반응한 것이었다. 아버지의 설교는 신약 시대 믿는 자들을 향한 하나님의 본래 계획이 무엇인지 가르쳐 줌으로서 나의 삶을 완전히 바꿔 놓았다.

하나님께 우리의 섬김은 그분께 집중하는 것이다. 하나님은 우리의 인정이나 칭찬을 필요로 하는 자기중심적인 분이 아니다. 우리는 경배하는 분을 닮아가게 되기 때문에 하나님이 우리에게 바라시는 최고의 일은 우리가 그분을 닮아 가는 것이다. 사랑은 가장 좋은 것을 선택한다. 이것이 바로 사랑이 하는 일이다. 이것은 하나님이 왜 예배 자체가 아니라 예배자들을 찾으시는지 설명해 준다.

우리가 이와 같이 섬길 때 하나님의 임재가 매우 강력하게 임한다. 다윗은 하나님이 그분의 백성들의 찬양 속에 거하신다고 말했다(시 22:3). 이것은 마치 우리의 찬양이 그분이 앉으시는 보좌가 되는 것과 같다. 그분의 임재 속에서 우리는 받는 법, 주는 법, 무엇보다도 그분을 인식하는 법을 배운다. 다시 말하지만, 바로 성령님이 모든 진정한 예배를 인도하시는 분이다. 왜냐하면 하나님을 진정으로 예배하는 자들은 "영과 진리"로 그분을 예배하기 때문이다(요 4:23-24).

하나님의 방식을 배우면 우리가 삶에서 경험하는 다양하고 이례적인 문제들 속에서 그분이 일하고 계심을 알아차릴 수 있게 된다. 하나님을 적극적으로 갈망하는 자들은 그분이 자신들의 공간에 주권적으로 개입하셔서 공개적으로 나타나시기를 수동적으로 기다리는 자들보다 더 쉽게 그분을 뵙게 된다. 갈망과 믿음은 우리로 하여금 그분을 볼 수 있게 해준다.

하나님에 대한 사랑은 대단히 중요한 표현이며, 그것은 넓어진 마음에서 흘러나온다. "주께서 내 마음을 넓히시면 내가 주의 계명들의 길로 달려가리이다"(시 119:32). 넓어진 마음은 점점 더 기쁨으로 하나님을 인식하고 그분이 말씀하시는 것은 무엇이든 순종할 수 있게 된다. 이렇게 친밀한 관계 가운데 우리는 그분의 사랑 방식을 배우게 된다. 우리는 예수님의 실제적인 임재, 그 영광 속에서 시간을 보냄으로써 주님의 형상으로 빚어지게 된다.

이러한 사랑의 관계 가운데 우리 안에 평생 잠들어 있던 영적인 것들에 대한 이해가 깨어나게 된다. 하나님의 영광스러운 임재의 차원에 들어간 후에야 비로소 우리가 본래 살아가게 되어 있던 영적 기류를 발견하게 된다. 우리의 속사람은 그것을 명확히 보고 그것에 순종함으로 반응하게 된다.

애정은 우리를 숭배로 이끈다. 숭배(adoration)는 애정(affection)보다 더 성경적인 용어이다. 숭배는 진정한 예배의 핵심과 본질이다. 예배를 의미하는 헬라어 중 하나가 "입을 맞추다"라는 의미를 가지고 있음을 기억하라. 이것은 우리가 태어날 때부터 하나님과 맺게 되어 있는 친밀한 관계를 분명하게 보여 준다.

숭배를 드린다는 것은 그분에게 완전히 사로잡힌다는 의미이다. 나의 모든 삶을 내려놓고 주님의 산에 오르는 것이다. 그곳에서는 시간이 멈추고 문제들이 사라진다. 그분의 마음 외에는 아무것도 중요하지 않다. 주님께 순복하며, 그분을 구하며, 그분께 더 가까이 나아가게 된다. 이것이 하나님을 사랑하는 자의 삶이다.

성경은 우리에게 "우리가 사랑함은 그가 먼저 우리를 사랑하셨음이라"고 가르친다(요일 4:19). 온 우주에서 완벽한 사랑을 찾을 수 있는 유일한 곳은 하나님의 마음뿐이라는 것을 깨닫는 것이 대단히 중요하다. 왜냐하면 우리는 자신이 받은 것만을 남에게 줄 수 있기 때문이다. 따라서 자신이 하나님의 사랑을 받는 존재임을 인식하는 것은 내 마음이 사랑하고 반응할 수 있는 능력을 여는 데 반드시 필요하다. 이 능력은 하나님의 사랑과 임재에 의해 활성화된다.

하나님에 대한 사랑으로 불타는 법은 경배하는 삶의 방식을 통해 배우게 된다. 적어도 나의 경우는 그랬다. 아주 오랫동안 그분만을 온전히 사랑하게 해 달라고 구하면서 마음을 그분께 쏟는 것이 내 꿈이며 소원이었다.

무언가를 배운다고 할 때, 우리는 종종 개요, 단계, 요점, 원칙 같은 것들을 먼저 생각한다. 물론 그런 것들도 필요하긴 하지만, 참된 배움은 마음속에서 이루어진다. 하나님을 온전히 사랑하는 법을 배우기 위해 내 안의 많은 것들이 새롭게 다듬어지고 있다. 나는 지금 훈련 받고 준비되는 중이다.

❖

숭배를 드린다는 것은 그분에게 완전히 사로잡힌다는 의미이다. 나의 모든 삶을 내려놓고 주님의 산에 오르는 것이다. 그곳에서는 시간이 멈추고 문제들이 사라진다. 그분의 마음 외에는 아무것도 중요하지 않다. 주님께 순복하며, 그분을 구하며, 그분께 더 가까이 나아가게 된다. 이것이 하나님을 사랑하는 자의 삶이다.

영혼육으로 그분을 사랑함

생각해 보자. 시편 저자는 "내 마음과 육체가 살아 계시는 하나님께 부르짖나이다"라고 말했다(시 84:2). 여기서 "내 마음과 육체"라는 표현에 주목하라. 인간의 몸(육체)은 본래 창조될 때 함께 하셨던 성령님에 대한 갈망을 다시 일깨울 수 있다. 이것은 우리가 깨우려고 한다고 깨어나는 것이 아니다. 인간의 재능이나 의지로는 불가능하다. 우리가 온전히 내려놓고 순복하며 나아갈 수 있는 영역에서만 일어난다.

우리는 이미 이러한 잠재력을 염두에 두고 창조되었다. 성령님의 임재, 특히 그분의 압도적인 임재 속에 있으면 우리는 완전히 변화된다. 변화는 한 번에 완전히 이루어지거나, 찬송가 "나 같은 죄인 살리신"을 5분 동안 부른다고 이루어지는 것이 아니다. 변화는 전능하신 분의 영광에 지속적으로 우리를 내어드릴 때 이루어진다. 변화는 점진적이고, 다양한 단계로 임하며, 그 주어진 단계들을 잘 수행하고 맡은 바를 잘 감당할 때 더해진다. 우리가 "영광에서 영광으로"(고후 3:18) 나아가는 것은 하나님의 뜻과 계획이며, 우리는 그분의 임재 속에 신실하게 머무름으로 더 큰 영광으로 나아가게 된다.

이 모든 것에 더해 우리는 선과 악을 분별하는 감각을 단련할 수도 있다. "단단한 음식은 장성한 자의 것이니 그들은 지각을 사용함으로 연단을 받아 선악을 분별하는 자들이니라"(히 5:14). 여기서 "지각을 사용함으로"라는 표현이 중요하다. 우리는 의식적으로 그리고 의도적으로 삶 가운데 지속되는 경험들을 통해 배우는 훈련을 한다. 삶의 순간이 그냥 스쳐가는 평범한 시간이 아니라, 하나님이 우리를 훈육과 성장시키시는 기회의 가능성이라고 인식하는 것만으로도 우리는 그 순간을 더 깊이 있게 경험하며 중요한 배움을 얻게 된다.

위조지폐를 감정하는 사람들은 어떤 훈련을 할까? 그들은 진짜 지폐를 연구한다. 어떻게 하면 우리가 악을 분별할 수 있을까? 그것은 참되고 선하신 하나님을 연구함으로써만 가능하다. 성령님께 익숙해지면 거짓을 구분하는 능력이 생기게 된다. 또한 기억하라. 우리의 육적인 감각, 즉 시각, 청각, 촉각, 미각, 후각은 하나님을 인식하도록 설계되었다. 하지만 이것은 강의나 책을 통해서 배우는 것이 아니라 오직 영광 안에서만 활성화된다. 우리가 성령님의 영광스러운 임재 속으로 더 깊이 들어가며 그분께 자신을 온전히 내어드릴 때 비로소 발견하게 된다.

지혜가 태어난 곳

요한일서 4장 18절을 근거로 하나님과 친밀하면서 그분을 두려워 할 수는 없다고 말하는 이들이 있다. 하지만 이러한 결론은 성경 전체의 내용과 일치하지 않는다. 게다가 이런 추론을 한 사람은 아마도 결혼을 해본 적이 없을 것이다. 나는 내 아내를 사랑했고, 그녀로 인해 기뻐했으며, 그녀와 매우 친밀했다. 하지만 동시에 나는 그녀를 향한 건강한 두려움을 가지고 있었고, 어떠한 방식으로든 그녀의 정체성을 훼손하거나 그녀를 존중하지 않는 일을 하는 것을 결코 원하지 않았다. 그것은 나를 그녀와의 더 깊은 사랑과 애정으로 이끌어 주었다.

> 여호와를 경외함이 지혜의 근본이라 그의 계명을 지키는 자는 다 훌륭한 지각을 가진 자이니 여호와를 찬양함이 영원히 계속되리로다
> (시 111:10)

하나님을 경외하는 것이 지혜의 시작이다. 하나님을 경외한다는 것은 단순히 존경심을 갖는 것 이상이다. 그것은 그분의 거룩함, 공의, 권능을 인정하면서도 동시에 그분의 사랑을 완전히 의식하며 살아가는 것을 의미한다. 예수님의 비유 중 달란트를 제대로 사용하지 못한 종이 주인에 대해 왜곡된 두려움을 가지고 있었음을 볼 수 있다.

> 한 달란트 받았던 자는 와서 이르되 주인이여 당신은 굳은 사람이라 심지 않은 데서 거두고 헤치지 않은 데서 모으는 줄을 내가 알았으므로 두려워하여 나가서 당신의 달란트를 땅에 감추어 두었었나이다 보소서 당신의 것을 가지셨나이다 (마 25:24-25)

하나님과 우리의 관계를 멀어지게 하는 건강하지 않은 두려움이 있고, 우리를 하나님께로 친절하게 이끄는 건강한 두려움이 있다. 전자는 그분의 자비와 공의는 알지 못한 채 하나님의 능력에 대해 두려워한다. 후자는 그분의 거룩한 성품과 더불어 그분의 사랑과 용서 그리고 그리스도 안에서 우리를 받아 주신다는 것을 이해하는 것이다. 후자는 우리를 생명으로 이끈다.

지혜는 우리 삶을 다스리는 핵심의 은사이다. 우리가 그리스도의 마음으로 통치할 때, 하늘이 땅에 임하게 되며, 완전하신 아버지의 마음을 드러내는 자유로운 삶을 살아갈 수 있게 된다. 그리고 성령님은 이러한 지혜의 관리자이시다.

"예!(Yes!)"에 합당하신 분

그러면 성령님은 누구시며 어떤 분이신가? 그분은 하나님이시다. 그리고 그분은 친구이시다. 또한 항상 거하시는 임재를 지속적으로 의식하며 그분의 모든 말씀을 받아들이고 깊이 묵상하는 삶을 살도록 이끄시는 그분은 나의 "예!(Yes!)"라는 반응에 합당하신 분이다. 순종의 "예"를 통해, 나는 하나님 나라의 실재가 내 주변의 모든 것들을 형성하고 정의하는 일에 동역할 수 있는 특권을 누리게 된다.

예(Yes!)! 성령님! 예!

또 그가 수정 같이 맑은 생명수의 강을 내게 보이니 하나님과 및 어린 양의 보좌로부터 나와서 길 가운데로 흐르더라 강 좌우에 생명나무가 있어 열두 가지 열매를 맺되 달마다 그 열매를 맺고 그 나무 잎사귀들은 만국을 치료하기 위하여 있더라 다시 저주가 없으며 하나님과 그 어린 양의 보좌가 그 가운데에 있으리니 그의 종들이 그를 섬기며 그의 얼굴을 볼 터이요 그의 이름도 그들의 이마에 있으리라 다시 밤이 없겠고 등불과 햇빛이 쓸 데 없으니 이는 주 하나님이 그들에게 비치심이라 그들이 세세토록 왕 노릇 하리로다 (계22:1-5)

THE HOLY SPIRIT

Copyright ⓒ 2024 by Bill Johnson

Originally published in English under the title: The Holy Spirit
Published by Whitaker House, 1030 Hunt Valley Circle New Kensington, PA 15068, USA
All rights reserved.

Korean Translation Copyright ⓒ 2025 by Pure Nard, Seoul, Republic of Korea
This Korean edition was published by arrangement with Whitaker House.

이 책의 한국어판 저작권은 Whitaker Hous와의 독점 계약으로 순전한 나드에 있습니다.
저작권법에 의해 한국 내에서 보호받는 저작물이므로 무단 전재와 무단 복제를 금합니다.

초판 발행 | 2025년 7월 10일

지 은 이 | 빌 존슨
옮 긴 이 | 조슈아 김

펴 낸 이 | 허철
책임편집 | 인수현, 김선경
디 자 인 | 이보다나
총   괄 | 허현숙
인 쇄 소 | (주)프리온

펴 낸 곳 | 도서출판 순전한 나드
등록번호 | 제2025-000033
주   소 | 경기도 부천시 원미구 길주로347, 305호(중동)
도서문의 | 032)327-6702
홈페이지 | www.purenard.co.kr

ISBN 978-89-6237-397-4 03230